21世纪普通高等教育规划教材·会计学系列

财务会计实训教程

（第三版）

主　编　关玉荣
副主编　郭小婷　张　君
参　编　陆晓岚　曹　蕾

上海财经大学出版社

图书在版编目(CIP)数据

财务会计实训教程/关玉荣主编．—3版．—上海：上海财经大学出版社，2017.12
(21世纪普通高等教育规划教材·会计学系列)
ISBN 978-7-5642-2861-3/F·2861

Ⅰ.①财… Ⅱ.①关… Ⅲ.①财务会计-高等学校-教材
Ⅳ.①F234.4

中国版本图书馆CIP数据核字(2017)第287475号

□ 责任编辑 石兴凤
□ 封面设计 晨 宇

CAIWU KUAIJI SHIXUN JIAOCHENG
财务会计实训教程
(第三版)

主　编 关玉荣
副主编 郭小婷 张 君
参　编 陆晓岚 曹 蕾

上海财经大学出版社出版发行
(上海市中山北一路369号 邮编200083)
网　址：http://www.sufep.com
电子邮箱：webmaster@sufep.com
全国新华书店经销
上海宝山译文印刷厂印刷
上海淞杨装订厂装订
2017年12月第3版 2017年12月第1次印刷

787mm×1092mm 1/16 23印张 589千字
印数：49 001—53 000 定价：39.80元

21世纪普通高等教育规划教材

21 SHI JI PU TONG GAO DENG JIAO YU GUI HUA JIAO CAI

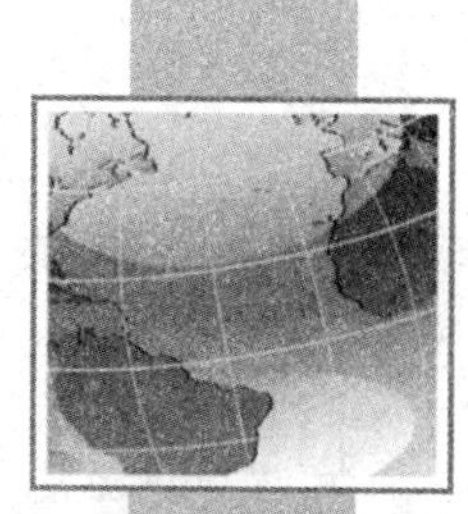

编委会

BIAN WEI HUI

再版前言

会计是一门集理论、实践和技术于一体的综合性学科，具有内容复杂、图表数据多、操作性强等特点。因此，学生只学理论不进行实践是达不到预期效果的。许多高校对会计的实践教学都很重视。为此，我们根据多年的模拟实践教学指导经验、长期的财务会计教学经历及广泛的实践信息积累，编写了这部与时俱进、能够培养学生实践动手能力并且可操作性强的模拟教材。

该教材根据最新会计准则、《会计工作规范》，结合银行各种支付结算方式及其变化，以某中型制造企业近期实际发生的业务资料为基础，充实一些《财务会计》课程中需要学习且必须掌握的业务知识，使教材的内容既能涵盖财务会计的理论知识点，又能满足学生实践动手能力训练的要求。本教材基本遵循《财务会计》教材的内容框架，使各部分内容及业务数据，既相互独立，又相互联系，构成完整的财务会计知识体系。书中附有经济业务，配备原始凭证，点明学生的实习目的与要求，提示学生应重点掌握的知识点，提醒注意未来可能发生的变化，并适当穿插一些小问题等。教材具有结构严谨，会计基础知识丰富、全面，实践性、可操作性强，时代性和创新性突出等特点。

本书第二章部分内容、各章的实训业务、有关账户的期初资料、部分答案等由郭小婷编写，各项业务所附的原始凭证由张君收集整理编制，第一章部分内容、第二至七章的实训目的、部分知识框架由曹蕾编写，第八至十四章的实训目的、部分知识框架由陆晓岚编写，该书部分知识框架、报表等部分答案等由关玉荣编写，最后由关玉荣负责总编。

需要说明的是，本教材遵循会计业务连续性的特点，业务通篇连续，参考答案以通篇正确为前提。但是，在指导学生实践时我们发现，学生做错业务的时间不同，发现错误的时间也不同，导致参考答案缺乏有效性而成为真正的参考答案。关于这点，请各位指导教师指导学生时指出何时发现错误以及如何纠正。

由于我们水平所限，加之会计业务连续性的特点，时间紧迫，任务繁重，书中的错误恐难避免，恳请各位读者不吝赐教，多提意见，以便于再版时修订，使我们的教材能够更好地为财务会计实践教学提供服务。

编　者

2017 年 12 月

目　录

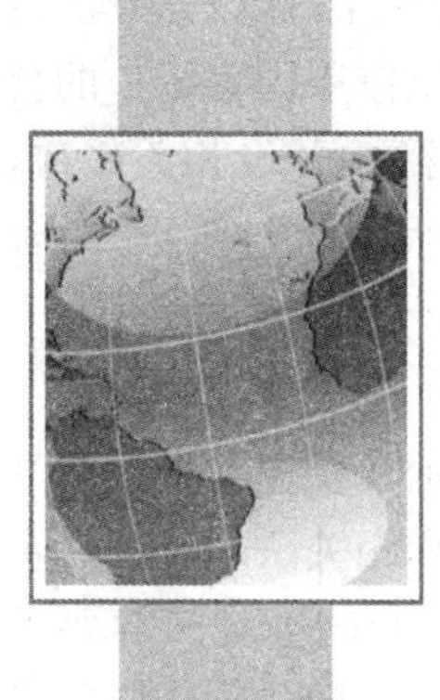

第一章 财务会计实训概述

一、财务会计实训的目的和任务

会计实训教学是会计教学中的一种主要方法,要求学生对某一会计主体在一定时期内发生的经济业务,按照会计准则和会计制度的要求,使用真实的会计凭证、会计账簿和会计报表,完成审核原始凭证、填制记账凭证、登记账簿、编制会计报表等会计实务的演练,使学生对会计工作形成直观、系统的认识。

通过财务会计实训,应当实现如下目的和任务:

1. 理论与实践相结合

在学习会计的基本理论与方法的基础上,通过全面、具体地接触一次规范化的会计实践活动,使学生初步掌握各种会计核算方法及程序操作的基本技能,了解会计循环的基本要素和基本步骤;同时,在财务会计实训的过程中,学生对所发生的经济活动进行归纳、总结,可以加深对已学会计理论知识的理解,从实践的角度验证理论知识,从而达到巩固会计专业知识的目的。

2. 提高动手能力

会计工作是一项技术性较强的管理活动,要胜任会计工作,光学不练是不行的。通过模拟真实的企业环境,让学生亲自动手操作,以达到提高学生动手能力、实践能力和综合能力的目的。具体包括:建账;填制与审核原始凭证;填制与审核记账凭证;编制科目汇总表;登记库存现金日记账、银行存款日记账以及各种明细分类账和总分类账;结账、对账、更正错账;编制资产负债表、利润表和现金流量表等基本报表。

3. 培养职业意识

通过财务会计实训,培养学生作为一名合格的会计人员所应该具备的认真、细致、实事求是的工作作风,以及解放思想、勇于开拓、不断探索、积极进取的职业精神。学生在通过与岗位要求完全相同的实训操作中,可以培养职业意识,提高职业素质和工作能力,为即将从事的会计工作打下坚实的基础,成为把理论与实践相结合的会计专业人才。

二、财务会计实训的内容

(一)建账

账主要是指会计账册,也称会计账簿,是记录会计核算的载体。建账是会计工作得以开展的基础环节，是单位进行日常经济核算的前提。为此，《中华人民共和国会计法》第三条规定："各单位必须依法设置会计账簿，并保证其真实、完整。"所谓建账，就是单位按照国家统一的会计制度的规定，设置一套适应其经营规模和管理要求的会计账簿，并在账簿中开设相关账户，登记期初余额资料的工作。具体工作包括：设置会计科目、确定记账方法和会计核算形式、合理选择账簿、登记期初余额。

1. 设置会计科目

会计科目是记账、算账的工具，是填制记账凭证和编制会计报表的基础。企业在设置会计科目时，应遵循统一性与灵活性相结合的原则，即企业既要遵守会计制度和相关法规，按照《企业会计制度》的规定设置和使用会计科目，又要结合企业的实际情况，在不影响会计核算要求和会计报表汇总的前提下，允许企业自行增加、减少或者合并某些会计科目，所设会计科目必须连续、系统、全面、综合地反映企业的经济业务，满足企业经济管理的需要。

2. 确定记账方法和会计核算形式

我国颁布的《企业会计准则——基本准则》第十一条规定："会计记账采用借贷记账法。"确定了记账方法也就明确了各会计科目的记账方向，为正确进行会计核算打下了基础。

会计核算形式，又称账务处理程序，是以账簿体系为核心，把会计凭证、会计账簿、记账程序和记账方法有机结合起来的技术组织方式。我国经济单位采用的会计核算形式有以下几种：

(1)记账凭证核算形式，适用于经济业务简单且数量较少的小型经济单位；

(2)汇总记账凭证核算形式，适用于经营规模大、经济业务较多的经济单位；

(3)科目汇总表核算形式，广泛适用于经济业务较多的经济单位；

(4)多栏式日记账核算形式，适用于会计科目少、涉及收付款业务较多的经济单位；

(5)日记总账核算形式，适用于规模小、经济业务简单、使用会计科目少的经济单位。

企业会计在实践中运用最普遍的是"科目汇总表核算形式"。

3. 合理选择账簿

一个单位应该设置哪些账簿、采用什么样的格式，这要根据会计制度、管理要求和实际经济业务情况来决定，同时也受该单位所选择的会计核算形式的影响。一般来说，企业应该设置总分类账、明细分类账、日记账三种账簿。总分类账是对日记账、明细分类账的综合和控制，日记账、明细分类账是对总分类账的进一步细分。

4. 登记期初余额

根据会计科目，在会计账簿中开设账户并预留账页后，就可以在相关账户中登记期初余额。期初余额一般根据上期期末余额对应登记，并在"摘要"栏填写"期初余额"字样，"年月日"栏填写"××××年××月1日"。

(二)填制和审核原始凭证

原始凭证是进行会计核算的主要原始资料和依据，是具有法律效力的证明文件。真实、准确地填制和审核原始凭证是一名合格会计人员应该具备的一项基本技能，也是会计核算工作得以顺利进行的保障。

1. 原始凭证的填制要求

(1)原始凭证的内容必须具备：凭证的名称；填制凭证日期；填制凭证的单位全称；填制人姓名；经办人员签名或盖章；接受凭证单位名称；经济业务的内容、数量、单价及金额。

(2)如实记录各项经济活动的真实情况，做到数字准确、内容完整、书写规范、手续完备，不得随意涂改、刮擦、挖补。

(3)在规定的时间内及时填制原始凭证，并按规定程序传递、审核原始凭证，以便据以编制记账凭证。不允许任意耽误或者隔时补填，要确保原始凭证填制的及时性。

2. 原始凭证的审核要求

(1)合法性。合法性是指原始凭证上记录的业务符合国家财经会计法律法规和规章制度，符合本单位内部财务管理办法。对于不合法的原始凭证不予受理；对于弄虚作假、严重违法的原始凭证，在不予受理的同时应予以扣留，并及时向单位领导人报告，请求查明原因，追究当事人责任。

(2)真实性。真实性是指原始凭证确实是本单位经济业务发生或完成时最初的原始证明。审核经济业务的双方当事人和经办人，经济业务发生的时间、地点和凭证日期，经济业务的内容是否真实；涉及实物收付的原始凭证，审核其数量、单价、金额是否真实、准确等。

(3)完整性。完整性是指原始凭证的内容齐全、计算无误、填制符合要求。审核发票是否有销货单位财务专用章、税务或财政监制章和编号；审核是否为“发票联”(增值税发票有无税款抵扣联)；审核经办人是否签名或盖章等。

(三)填制和审核记账凭证

记账凭证是根据已经审核无误的原始凭证或原始凭证汇总表，对经济业务的内容进行归类整理，用以编制会计分录，直接作为登记账簿依据的会计凭证。

1. 记账凭证的填制要求

(1)记账凭证的内容必须具备：记账凭证的名称；填制凭证的日期和凭证编号；会计科目、借贷方向和金额；经济业务的内容摘要；所附原始凭证的张数；相关人员签章。

(2)根据审核无误的原始凭证编制记账凭证，应该做到内容填写完整、凭证编号连续、会计分录正确、摘要简明确切、书写符合规范、字迹清晰工整。

(3)在同一笔经济业务中，如果既有收款业务又有付款业务，则只填写付款凭证。

(4)如果填制记账凭证发生错误，应当重新填制。如：已经登记入账的记账凭证，当年内发现填写错误的，可以用红字填写一张与原内容相同的记账凭证，同时再用蓝字填写一张正确的记账凭证；如果会计科目没有错，只是金额错误，则可将正确数字与错误数字之间的差额，另编一张调整的记账凭证，调增金额用蓝字，调减金额用红字。发现以前年度记账凭证有错误的，用蓝字填写一张更正的记账凭证。

(5)空行应画线注销。记账凭证经济业务事项填制完毕后，如有空行，则应当从金额栏的最后一笔金额数字之下至合计数之上的空行处画线注销。

2. 记账凭证的审核要求

(1)按照原始凭证的审核要求，对所附的原始凭证进行复核。

(2)记账凭证所附的原始凭证是否齐全，是否同所附原始凭证的内容相符、金额一致。

(3)记账凭证中会计科目使用是否正确；应借、应贷的金额是否一致；账户的对应关系是否清晰；核算的内容是否符合会计制度的有关规定。

(4)记账凭证所需要填写的项目是否齐全，相关人员是否签章。

(四)登记日记账、明细分类账

出纳根据有关库存现金和银行存款的收款或付款业务的记账凭证，按照经济业务发生的先后顺序，逐日逐笔序时登记库存现金日记账和银行存款日记账。登记时，要将记账凭证上的日期、摘要、借方或贷方发生额等信息一一抄录到账簿的有关栏目中，同时要在记账凭证的“√”栏填上“√”，并在记账凭证上签章，表示已经过账，以避免重复过账。每日终了，需结出当天的库存现金余额和银行存款余额，以示日清月结，即逐日、逐笔、顺序登记，每日结出当日发生额及余额。

不同类型的经济业务的明细分类账，由会计人员根据管理的需要，依据记账凭证、原始凭证或汇总原始凭证，逐日逐笔或者定期汇总登记。一般固定资产、债权、债务等明细分类账应逐日逐笔登记；库存商品、原材料收发明细账以及收入、费用明细账可以逐日逐笔登记，也可以定期汇总登记。

(五)登记总账

总分类账的记账依据和登记方法取决于该单位采用的会计核算形式。企业会计在实践中运用最普遍的是“科目汇总表核算形式”。在科目汇总表核算形式下，根据本月记账凭证中涉及的总账账户逐个开设“T”形账户，并将借方或贷方发生额按凭证号顺序登记到“T”形账户的借方或贷方，汇总计算出每个“T”形账户的借方发生额合计数和贷方发生额合计数，编制科目汇总表，根据科目汇总表登记总分类账。

(六)对账、结账

为了确保账簿所提供的会计资料正确、真实、可靠，会计人员在记账完毕后，应做好对账工作。所谓对账，就是定期对各账簿的记录进行核对，以检查记账工作有无错误。对账工作包括账证核对，做到账证相符；账账核对，做到账账相符；账实核对，做到账实相符。

结账，是在把本期发生的经济业务全部登记入账的基础上，结算出各种账簿的本期发生额和期末余额，对该期的经济活动进行总结。结账时，应当结出每个账户的期末余额。需要结出当月发生额的，应当在摘要栏内注明“本月合计”字样，并在下面通栏划上单红线；需要结出本年累计发生额的，应当在摘要栏内注明“本年累计”字样，并在下面通栏划上单红线，12月末的“本年累计”就是全年累计的发生额，全年累计发生额下面画双红线。年度终了结账时，所有总账账户都应结出全年发生额和年末余额。年度终了，要把各账户的余额转到下一个会计年度，并在摘要栏注明“结转下年”的字样；在下一个会计年度新建有关会计账簿的第一行余额栏内填写上年结转的余额，并在摘要栏注明“上年结转”字样。

(七)编制会计报表

会计报表所提供的会计信息与凭证、账簿相比更为集中、概括、系统，使用上更为方便。编制会计报表是对会计凭证和账簿等日常核算资料所做的最后一步技术处理。

结账后，会计人员应根据总账的本期发生额和期末余额编制试算平衡表，通过试算平衡检验账簿记录的正确性。在此基础上，根据总分类账和明细分类账编制资产负债表、利润表、现金流量表等会计报表，总括地反映企业的财务状况、经营成果和现金流量。

(八)资料归档

根据《会计档案管理办法》的规定，手工会计档案的范围包括会计凭证、会计账簿、会计报表以及其他会计资料。因此，应当认真整理和装订会计凭证、会计账簿和会计报表，并做好归档管理工作，确保会计档案资料的安全和完整。

综上所述，财务会计实训的内容可以用图1说明如下：

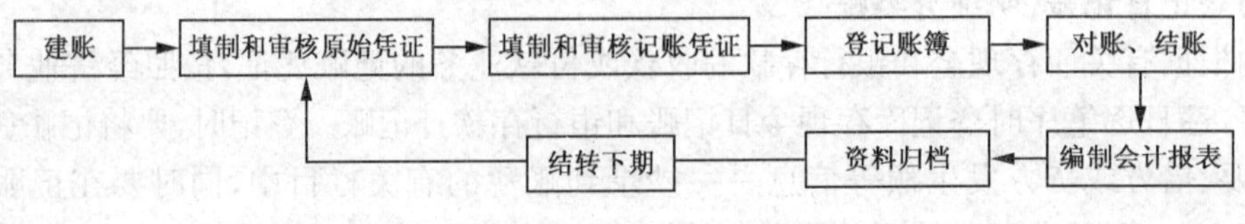

图1

三、财务会计实训的一般要求

(一)仿真性要求

(1)要把整个财务会计实训过程当成一次实际会计工作,要求每个学生进入角色,以认真的态度和高度的责任心,在严格的管理和控制状态下完成此次实训任务。

(2)完全按照企业财会部门的核算程序,实训过程中使用的会计凭证、会计账簿和会计报表符合国家会计制度统一要求的格式。填写有误的会计凭证、会计账簿、会计报表,必须按照要求重新填写或者按照规定进行更正,不能随意撕毁。

(二)系统化要求

(1)保证实训环节和实训内容具有完整性,充分体现会计循环的内在联系。

(2)按照经济业务发生的先后顺序进行账务处理,不能出现颠倒时间、程序或者改变程序的做法,不能遗漏经济业务和处理程序,通过财务会计实训中的证、账、表的填制,全面掌握会计工作的流程。

(三)规范化要求

(1)财务会计实训的基本操作规范按照《会计基础工作规范》的要求进行;各项经济业务根据最新的《企业会计准则》和《企业会计制度》的规定进行处理。

(2)填制会计凭证、登记账簿和编制报表时除按规定必须使用红色墨水笔书写的以外,所有文字、数字的书写都应该使用蓝(黑)色墨水笔书写,不得使用铅笔或者圆珠笔(复写凭证除外)。做到书写规范、字迹清晰、资料整洁、内容完整、凭证和账簿装订符合要求。

四、财务会计实训的组织

(1)在财务会计实训之前,根据实际情况,制订切实可行的模拟实训计划,并准备好会计实训必备的物品。

(2)学生在教师的指导下先熟悉相应的会计核算必备知识,学习实务操作的方法,把《基础会计学》和《中级财务会计》中学到的理论知识与相关实务相对照,强化对会计核算流程的感性认识。

(3)学习本书第二章内容,了解模拟实训单位的基本情况、财务会计制度及有关规定说明。

(4)弄清本书第三章到第十四章的与经济业务有关的数字的来龙去脉及会计核算方法的内在联系,然后由学生进行实务操作。记账凭证可以全员编制,账簿登记可采用“分岗式”运行方式,学生按组分工,根据填制的记账凭证、登记的账簿和编制的报表,体会企业财务部门会计核算业务的传递过程、相互间的制约性以及不同工作岗位的任务和职责。

(5)教师按照考核标准给出成绩,学生根据会计实训情况撰写财务会计实训总结报告。

五、财务会计实训的考核

财务会计实训按照百分制进行考核,从账务处理情况、书写质量、会计档案装订情况、实训总结和出勤情况几个方面,按照全面性、准确性和规范性的要求予以考核,具体考核标准如下:

(一)账务处理情况(60分)

1. 原始凭证部分

(1)漏填原始凭证,每张扣1分;(2)原始凭证填制错误,每张扣1分;(3)原始凭证填制不规范,每处扣1分;(4)本部分累计扣分不超过10分。

2. 记账凭证部分

(1)漏填记账凭证,每张扣 2 分;(2)记账凭证填制错误,每张扣 2 分;(3)记账凭证填制不规范,每处扣 1 分;(4)本部分累计扣分不超过 20 分。

3. 会计账簿部分

(1)漏设账户,每个扣 2 分;(2)漏登账户,每个扣 2 分;(3)账户登记错误,每个扣 2 分;(4)账簿登记不规范,每处扣 1 分;(5)本部分累计扣分不超过 20 分。

4. 会计报表部分

(1)报表数据错误,每处扣 2 分;(2)报表编制不规范,每处扣 1 分;(3)本部分累计扣分不超过 10 分。

(二)书写质量(10 分)

根据数字书写是否规范,字迹是否清晰、工整,酌情给分。

(三)会计档案装订(10 分)

根据会计档案装订是否整齐、规范,封面书写是否符合要求,酌情给分。

(四)实训总结(10 分)

根据实训总结酌情给分。

(五)出勤情况(10 分)

(1)迟到或者早退,每次扣 2 分;(2)旷课一节,扣 5 分。

(六)其他

除上述考核标准以外,有下列情形之一者,直接判为不合格:

(1)未完成实训内容者;(2)无故旷课三次以上者;(3)有明显抄袭他人行为者。

六、财务会计实训必备的物品

(一)实训耗材

(1)原始凭证见附件;(2)记账凭证 180 张;(3)记账凭证封面 2~3 套;(4)总分类账账页 50 张;(5)日记账 10 张;(6)三栏式明细账 50 张;(7)多栏式明细账 10 张;(8)数量金额式明细账 10 张;(9)“应交税费——应交增值税”明细账 1 张;(10)科目汇总表 5 张;(11)会计报表 1 组。

(二)实训器材与装订工具

(1)计算器、算盘;(2)直尺;(3)小刀;(4)蓝黑色水笔、红色水笔;(5)铁夹;(6)回形针;(7)凭证装订机;(8)锥子;(9)装订线;(10)胶水。

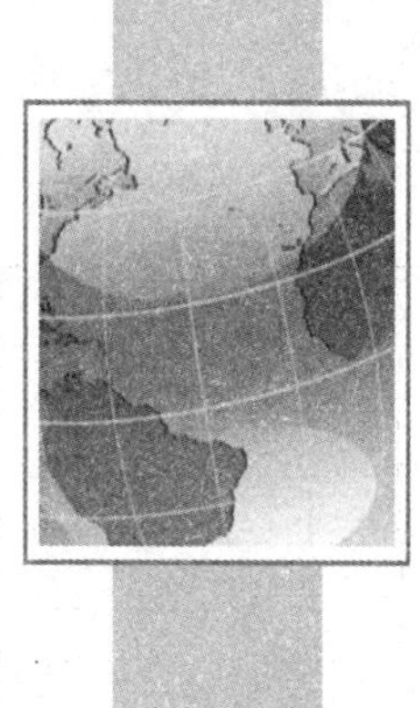

第二章 模拟单位基本情况

一、模拟单位基本情况说明

(一)概述

本模拟实践教程选择的模拟单位是“辽宁华宇起重机有限公司”。该厂是技术密集型的集体所有制企业,位于辽宁省锦州市凌河区凌云路255号,占地4 200平方米,有职工110人,总资产1 000多万元,其中固定资产500多万元,注册资金850万元,主要生产和销售LN型旋臂起重机和GF12汽车起重机两种产品,质量稳定,适销对路。

该公司的生产部门设有第一、第二两个封闭式的基本生产车间以及修理、供电两个辅助生产车间。公司管理部门设有办公室及若干行政职能科室、材料仓库、成品仓库,以组织公司生产经营活动及后勤保障工作;财务部门人员配备齐全,职责分工明确。

该公司会计核算采用集中核算方式,成本核算采用品种法。

(二)企业名称及其他自然概况

企业名称:辽宁华宇起重机有限公司

地址:锦州市凌河区凌云路255号

联系电话:0416-5858588

法人代表:高飞

企业类型:有限公司

注册资金:人民币850万元整

经营范围:生产、销售两种类型起重机,分别为LN型旋臂起重机和GF12汽车起重机,产品全部国内销售

纳税人登记号:210703987654321

企业代码:98765432-1

(三)在银行及证券公司开户情况

基本存款账户:中国银行锦州分行凌南支行　　账号:021686822882537

证券资金账户:中国建设银行锦州分行　　账号:158123456784796

(四)内部组织机构情况

基本车间:生产工人60人,管理人员5人;

辅助车间:生产工人 12 人,管理人员 2 人;

销售部门:6 人;

行政、后勤科室:25 人;

人数合计:110 人。

组织机构名称		负责人	人员类别	人数
基本生产车间	第一车间	张　顺	工人	32
		张　伟	管理人员	3
	第二车间	刘明业	工人	28
		李　东	管理人员	2
辅助生产车间	机修车间	张大江	工人	7
			管理人员	1
	供电车间	高　众	工人	5
			管理人员	1
销售部门				6
行政、后勤等科室				25
人数合计				110

(五)生产工艺流程

本公司属于小型机械厂,设有第一、第二两个封闭式的基本生产车间以及修理、供电两个辅助生产车间,以及若干管理科室。本公司利用兄弟厂提供的铸件、锻件等各种半成品和外购材料作为本厂的原材料,进行加工、装配,大量生产两种起重机。第一车间生产 LN 型旋臂起重机,第二车间生产 GF12 汽车起重机。根据生产特点和管理要求,这两种产品均采用品种法计算成本。

本公司主要产品的生产工艺流程是:基本车间从仓库领用各种铸件、锻件,经过车、钳、铣、刨、磨等工序,加工成各种不同的零部件,经检验合格后,再连同从仓库领来的各种外购半成品组装成各种起重机,经检验合格后,送交产成品仓库。其工艺流程如图 1 所示:

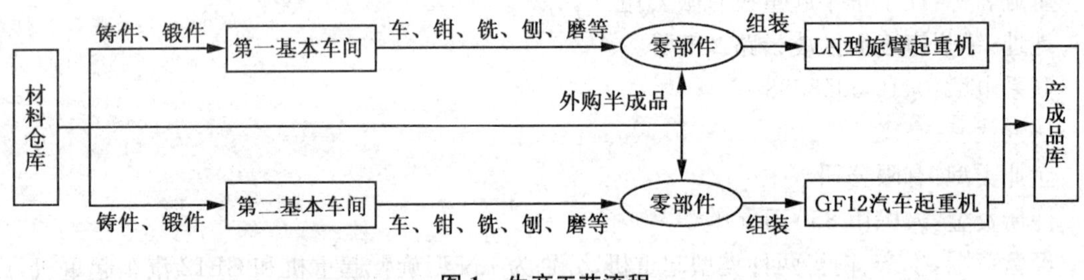

图 1　生产工艺流程

二、企业内部财务制度及会计核算办法

(一)财务科内部分工

该公司财务科共有会计人员 5 名,分工如下:

1. 财务科长:李国俊

审核业务,调度资金,进行财务分析,制订财务计划,参与企业经营决策,负责财务科的全面工作。

2. 出纳：范苗

办理货币资金的收付业务，编制收款、付款记账凭证，登记现金日记账、银行存款日记账。

3. 债权债务结算及固定资产核算：会计 1 王丽

编制有关债权债务结算的记账凭证、登记有关明细账；编制固定资产构建、计提折旧、清理及清查等业务的记账凭证，登记有关明细账；编制有关职工薪酬的结算、分配表及记账凭证。

4. 材料核算、成本核算：会计 2 江慧林

编制材料采购、入库、领用等业务的记账凭证，计算及分摊材料成本差异，登记材料核算的有关明细账。

编制费用发生、分配及成本结转等业务的记账凭证，填制各种费用分配表和产品成本计算单，登记有关成本、费用的明细账。

5. 销售及利润核算（兼登记总账、编制会计报表）：会计 3 曲萌

编制销售、计提税金、结算损益及利润分配等业务的记账凭证，登记有关明细账，填制各项税金纳税申报表。登记总账，编制对外报送的会计报表。

（二）账务处理程序

该厂采用科目汇总表账务处理程序。每月分两次，根据科目汇总表汇总登记总分类账，即 1～15 日汇总一次，16 日至月底汇总一次。

科目汇总表账务处理程序如下（见图 2）：

（1）根据原始凭证（或原始凭证汇总表）编制记账凭证；

（2）根据记账凭证，逐日逐笔登记现金日记账、银行存款日记账；

（3）根据记账凭证或所附原始凭证，逐笔登记明细账；

（4）根据记账凭证定期汇总编制科目汇总表；

（5）根据科目汇总表登记总分类账；

（6）将库存现金日记账、银行存款口记账与其总分类账核对，将总账与其明细账核对；

（7）根据核对无误的总账、明细账有关金额编制会计报表。

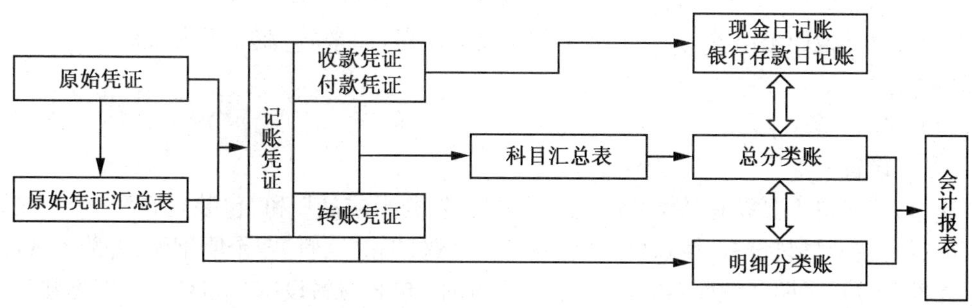

图 2　科目汇总表账务处理程序

（三）模拟单位的财务会计制度及有关规定说明

1. 货币资金

（1）库存现金开设现金日记账，库存现金限额为 2 000 元。

（2）银行存款开设银行存款日记账，每天相同类型的业务可以合并编制记账凭证，但在登记银行存款日记账时，必须根据各种结算凭证序时逐笔登记。

（3）银行存款日记账，应根据开户单位分别设置。

为简化起见，公司只设有一个基本存款账户，除了证券买卖之外的一切款项的收付均通过该基本存款账户结算。基本存款账户：

中国银行锦州分行凌南支行　　账号:021686822882537

证券买卖另在证券公司开户，证券资金账户：

中国建设银行锦州分行　　账号:158123456784796

(4)通过银行结算的各种收、付业务，凡属应由本单位编制的各种结算凭证，如托收承付收款、进账单、付款支票、汇款单、应付的商业汇票、申请的银行汇票、向银行申请借款、办理还款等，均应按银行规定的凭证和填制方法，先填制相关原始凭证，然后将相应联次留作记账凭证附件。

2. 应收及预付款项

(1)应收账款。按欠款单位名称设置明细账。发生的坏账损失，实行坏账备抵法进行处理。对于附有现金折扣条件的赊销业务，按照总价法进行核算。

(2)应收票据。按商业承兑汇票和银行承兑汇票分别设置明细账户，按每一张商业汇票逐笔登记，并记明汇票到期日期，将收到的商业汇票抽出另外保存。未到期的商业承兑汇票及银行承兑汇票申请贴现后，应设登记簿，登记或有负债。

(3)预付款项。设置"预付账款"账户核算，按每笔业务付出内容设明细账进行登记，并按摊销期计算每月摊销额，在账户中给予说明，以便按月摊销。

(4)坏账准备的核算。经公司领导机构审核批准，将单项金额在150万元及以上的应收款项认定为金额重大的应收款项。

①期末对单项金额重大的应收款项单独进行减值测试，根据其未来现金流量现值低于其账面价值的差额，确认减值损失，并以此调整"坏账准备"的余额。

②对单项金额非重大的应收款项以及单独测试后未发生减值的单项金额重大的应收款项采用应收款项余额百分比法估计其坏账损失，计提比例为年末余额的5‰，以此调整"坏账准备"的余额。

(5)备用金核算。采用一般备用金(非定额备用金)制度核算。

采购员及其他职工出差前，到财务部门预支差旅费，回来后，在3天内报销。

3. 存货

(1)原材料核算。

①账户设置。

"原材料"账户主要设有"原料及主要材料"、"外购半成品" 和"包装材料"三个二级账户。其中:原料及主要材料设有"铸铁件"、"铸铜件"、"锻件"和"燃料"四个明细账;外购半成品设有"电器元件"、"液压件"、"螺栓"和"油漆"四个明细账;包装材料设有"木材"一个明细账。

②铸件按照材质划分，包括铸铁件和铸铜件两大类。铸铁件按照结构划分，又分为普通铸铁件和精密铸铁件两小类。每一类铸件又都包括多种规格型号的具体材件。锻件包括起重机用齿轮、起重机行车轮等;起重机用齿轮又包括齿轮、齿圈、支承、轴套、环类、筒类等。为了避免过多地进行方法相同的、重复的计算工作，本实验教材对于"原料及主要材料"仅仅按照铸铁件、铸铜件、锻件和燃料四项归集费用和计算成本，不要求按照各种具体配件逐一计算明细成本。

③原材料核算的计价方法。

原材料购进，根据"入库单"逐笔结转入库材料成本，并及时结转收入材料的成本差异。原材料发出，月末根据全月全部"领料单"和"退库单"汇总编制"原材料发出汇总表"，发出材料平时不填制记账凭证，月末汇总后集中填制。委托加工物资发出原材料时，逐笔结转成本。

为简化起见，只有原料及主要材料按计划成本计价核算，月末先计算出本月发出材料的成本差异率，然后再汇总结转发出材料的计划成本和实际成本的差异额。

对于铸件的计划价格，铸铁件为8元/千克，铸铜件为20元/千克；锻件的计划价格为10元/千克；燃料的计划价格为365元/吨。

外购半成品和包装材料按实际成本计价核算，其材料发出计价采用先进先出法。

④材料成本差异。材料成本差异设置一个“材料成本差异——原材料”明细账，采用多栏式账页。

结转收发材料成本差异时，同时登记收发材料的计划成本，以便计算材料成本差异率。购入材料的成本差异采取入库时逐笔结转差异，发出材料的材料成本差异按月末计算的材料成本差异率集中计算结转。

(2)周转材料——低值易耗品、包装物核算。

①计价方法。

低值易耗品、包装物按其实际成本计价核算。购进时，根据“入库单”逐笔结转入库成本。低值易耗品、包装物发出，月末根据全月全部“领料单”和“退库单”汇总编制“周转材料发出汇总表”，汇总结转发出成本。发出计价采用先进先出法。

包装物大多无偿提供给客户周转使用，采用五五摊销法核算。有时，包装物也随产品销售，其成本一次转销。

低值易耗品包括电动机、压力表等。为简化起见，采用一次摊销法核算。

②账户设置。

设置“周转材料”总账账户核算，下设“低值易耗品”和“包装物”进行明细核算。

为了避免过多地进行方法相同的、重复的计算工作，本实验教材对于低值易耗品不再设置明细账户进行核算。包装物设置“在用”、“在库”、“摊销”三个明细账户。

(3)库存商品的核算。

①账户设置。

“库存商品”总账下按产品种类设置两个明细账，分别为“LN型旋臂起重机”和“GF12汽车起重机”。

②计价方法。

产成品按实际成本计价。产成品入库，根据“产品入库单” 和“产品成本计算单”月末集中计算结转；产成品发出，月末按全月的“产品出库单”汇总编制“产成品发出汇总表”集中计算结转。采用全月一次加权平均法计价。

(4)材料采购成本的核算。

设置“材料采购”账户。按照材料名称设置明细账，包括“铸铁件”、“铸铜件”、“锻件”、“燃料”、“螺栓”等。采用多栏式账页按横线登记法记账，每月更换一次账页。月末在途材料，转入下月新开账页时，应逐笔分别结转。

(5)存货清查的核算。

①存货盘盈、盘亏，根据存货盘点报告表，分别编制入库单、出库单结转。

②原料及主要材料是按计划成本计价核算的，其发生盘亏，须等到月末，计算出材料成本差异后，再集中结转成本。

③材料盘亏时，应该计算与盘亏材料的实际成本相应的增值税额，作为“进项税额转出”

处理。

(6)存货按其可变现净值低于账面价值的差额,按类别单项计提存货跌价准备。

4. 固定资产、在建工程、无形资产、投资性房地产、长期待摊费用

(1)固定资产是指同时具有下列特征的有形资产:①为生产商品、提供劳务、出租或经营管理而持有的;②使用寿命超过一个会计年度。

(2)"固定资产"总账下设置"基本生产车间用"、"辅助生产车间用"、"管理部门用"和"销售部门用"四个明细账户。

为了便于计算折旧,对报废、出售及盘亏的固定资产,提供有关固定资产核算卡片。销售固定资产时,应该按照税法要求计算应交的营业税。

(3)固定资产折旧。

①采用平均年限法计提折旧,净残值率统一定为4%,折旧方法和净残值率都与税法规定保持一致。

各类固定资产预计使用年限如下:

房屋、建筑物 20年; 管理设备 5年;

生产设备 10年; 运输工具 5年。

②"累计折旧"总账下设置"房屋、建筑物"、"管理设备"、"生产设备"、"运输工具"四个明细账户。

(4)固定资产增加必须填制验收单,并办理有关手续。

(5)固定资产清理应由设备科提出并报告,经技术部门鉴定后,报分管副厂长审批后处理。

(6)对符合下列两个条件的固定资产,在使用过程中发生的更新改造支出和修理费用等后续支出,计入固定资产成本:①与该固定资产有关的经济利益很可能流入企业;②该固定资产的成本能够可靠地计量。否则,在发生时计入当期损益。

(7)财产保险费率为:固定资产原价(扣除车辆原价)的3.7‰(年),按季预付,分月摊销。机动车辆单独保险,按年预付,分月摊销。

(8)每年末对固定资产进行清查,根据盘点结果编制盘盈盘亏报告单。如果固定资产盘盈的金额较大(占固定资产总额10%及以上),作为前期差错直接调整年初未分配利润,记入"以前年度损益调整"账户。如果固定资产盘盈的金额不大,直接计入当期损益,增加"营业外收入"账户;盘亏的固定资产报经分管副厂长审批后在年末结账前处理完毕。

(9)在建工程。按投资项目设置账户进行明细核算。

(10)无形资产。按种类设置明细账。为便于编制财务报表,除提供年初数外,还提供每月摊销额、1~11月份累计摊销额及12月份的期初余额等资料。

(11)按照《企业会计准则第8号——资产减值》的规定,企业应在资产负债表日,判断资产是否存在可能发生减值的迹象,进行减值测试。若预计可回收金额低于账面价值时,确认资产减值。《企业会计准则第8号——资产减值》适用于非流动资产和非金融资产的减值,并且上述资产的减值损失一经确认,在以后会计期间不得转回。

(12)长期待摊费用。按支出内容设置明细账户,进行明细分类核算。同样提供年初数、每月摊销额、1~11月份累计摊销额及12月份的期初余额等资料。

5. 交易性金融资产、可供出售金融资产、持有至到期投资、长期股权投资

(1)交易性金融资产。

①定义:指企业为了近期内出售而持有的金融资产。确认后,不能再重分类为其他类金融

资产。

②账户：设置“交易性金融资产”科目，按照交易性金融资产的类别和品种，分别设置“成本”、“公允价值变动”等进行明细核算。

(2)可供出售金融资产。

①定义：指初始确认时即被指定为可供出售的非衍生金融资产，以及除下列各类以外的金融资产：贷款和应收款项；持有至到期投资；以公允价值计量且其变动计入当期损益的金融资产。

②账户：设置“可供出售金融资产”科目，按照可供出售金融资产的类别和品种，分别设置“成本”、“公允价值变动”、“利息调整”、“应计利息”等进行明细核算。

(3)持有至到期投资。

①定义：指到期日固定、回收金额固定或可确定，且企业有明确意图和能力持有至到期的非衍生金融资产。

②账户：设置“持有至到期投资”科目，按照持有至到期投资的类别和品种，分别设置“成本”、“利息调整”、“应计利息”等进行明细核算。

③持有期间利息收入的确认：持有期间，采用实际利率法确认利息收入，即应当按摊余成本和实际利率计算确认利息收入，记入“投资收益”。而票面利息记入“应收利息”。二者的差额记入“持有至到期投资——利息调整”。

④持有至到期投资减值：持有至到期投资按单项进行减值测试，根据其未来现金流量现值低于其账面价值的差额计提资产减值准备；如果单独测试未发生减值，则以相同信用风险为特征进行资产组合后再进行减值测试，根据资产组合未来现金流量现值低于其账面价值的差额计提资产减值准备。

(4)长期股权投资。

①定义：指企业准备长期持有的权益性投资。

②核算方法。

当投资企业能够控制被投资企业或者投资企业对被投资企业不具有共同控制或重大影响，并且在活跃市场中没有报价、公允价值不能可靠计量时，采用成本法核算，设置“长期股权投资”科目，按照长期股权投资的类别和品种，设置“成本”进行明细核算。

当投资企业对被投资企业具有共同控制或重大影响时，采用权益法核算，设置“长期股权投资”科目，按照长期股权投资的类别和品种，设置“成本”、“损益调整”、“其他权益变动”等进行明细核算。

③长期股权投资的减值。按照《企业会计准则第 8 号——资产减值》的规定，企业应在资产负债表日，判断资产是否存在可能发生减值的迹象，进行减值测试。若预计可回收金额低于账面价值时，确认资产减值。《企业会计准则第 8 号——资产减值》适用于非流动资产和非金融资产的减值，并且上述资产的减值损失一经确认，在以后会计期间不得转回。

6. 流动负债、长期负债

(1)短期借款：只设“流动资金担保借款”一个明细账。借款利息按月份计提、按季度支付。

(2)应付票据：按银行承兑汇票和商业承兑汇票分别设置明细账户，按每次付款对象逐笔登记。

(3)应付及预收款：按结算对象设置明细账户，凡涉及用汇款方式还款的，应按银行规定填制汇款凭证。

(4)职工薪酬的核算。

①应付工资:由于职工人数和出勤状况比较稳定,且各月变化不大,因此,当月应付工资和实发工资均以上月考勤计算。

②应付福利费:按照本月应付工资总额的2%计提,必须据实列支,未列支部分,不许税前抵扣。

③企业应负担的各项经费、保险费和公积金的计提。

(注:上年月平均工资总额为345 020元,本年月平均工资总额为344 900元。)

说明:

A. 本企业给职工缴纳三项保险费,即养老保险、医疗保险、失业保险。

B. 各项经费、保险费、公积金的计提基数和比例,由于各地区政策之间存在差异,以及政策本身的变化,可能与实务不一致,本实验教材着重要求掌握会计处理的基本方法。

(5)应交税费。

①增值税税率:本公司为增值税一般纳税人,销售产品及应税劳务适用基本税率17%,运费的扣除率为7%。

应纳增值税额=当期销项税额-(当期进项税额-进项税额转出)

②营业税:5%。

③城市维护建设税。

应纳税额=(实际缴纳的增值税额+消费税额+营业税额)×适用税率

本企业适用税率为市级7%。

④教育费附加。

应交教育费附加=(实际缴纳的增值税额+消费税额+营业税额)×适用费率

本企业适用费率为3%。

⑤地方教育费。

应交地方教育费=(实际缴纳的增值税额+消费税额+营业税额)×适用费率

本企业适用费率为1%。

⑥企业所得税。

应纳税所得额=企业实现利润总额+规定项目调整数-允许扣除项目数

应纳所得税额=应纳税所得额×所得税税率

本企业适用税率为25%。

⑦个人所得税。由企业根据职工的每月工资所得,按9级超额累进税率计算且代扣代缴。

⑧车船税。按年计征,因金额较小,直接计入缴纳当月的管理费用。

轿车:年税额为320元/辆;货车:年税额为120元/吨。

⑨房产税。

自用房屋:

月应纳税额=房产账面原值×[1-扣除率(30%)×适用税率(1.2%)÷12]

出租房屋:

月应纳税额=月租金收入×税率(12%)

⑩印花税。

在购买印花税票时直接计入当月的管理费用。

⑪土地使用税。

土地使用税＝每平方米2元×土地面积

(6)长期借款。

本企业的长期借款都是到期一次还本付息，借款利息于年末按单利一次计算。

(7)应付债券。

应付债券是本企业发行的债券。债券标明利率，计单利，到期一次还本付息。企业债券一般与生产经营有关，为了贯彻权责发生制、正确计算当期损益，应按月计息，如果是溢价或折价发行的，还要按实际利率法在存续期内进行摊销。

7. 所有者权益

(1)实收资本：账面所列为注册资本。

(2)资本公积：设有“资本溢价”、“其他资本公积”等明细账。

(3)盈余公积：该账户下设置法定盈余公积和任意盈余公积两个明细账。企业会计准则规定，法定盈余公积按照税后利润扣除被罚没收财产物资的损失、税收滞纳金和罚款及弥补以前年度亏损后的10%提取；任意盈余公积由公司自行决定提取。

8. 成本费用

成本核算应设置“生产成本”账户，下设“基本生产成本”和“辅助生产成本”两个二级账户。本题为方便记账，将“基本生产成本”和“辅助生产成本”两个二级账户升为一级账户。

(1)“基本生产成本”科目，按基本车间及产品种类设置“第一车间(LN型旋臂起重机)”、“第二车间(GF12汽车起重机)”进行明细核算。账内按成本项目设专栏。成本项目为：直接材料、直接动力、直接人工、制造费用。

(2)“辅助生产成本”科目，按辅助车间设置“供电车间”、“修理车间”进行明细核算。账内按成本项目及费用项目设专栏。成本项目为：直接材料、直接动力、直接人工；费用项目为：机物料、折旧费、人工费、水电费、其他费用。

(3)“制造费用”科目：辅助生产车间的制造费用不单独核算。按基本车间设置“第一车间”、“第二车间”进行明细核算。账内按费用项目设专栏。费用项目为：机物料、折旧费、人工费、水电费、其他费用。

(4)产品成本计算方法。虽然产品生产是由多个步骤完成的，但是鉴于本公司是一个小型企业，生产组织都是大量生产，根据生产特点和管理要求，这两种产品采用品种法计算成本。

(5)辅助生产费用的分配方法。两个辅助车间的生产费用采用直接分配法分配。

(6)在完工产品与月末在产品之间分配费用的方法：两种产品均采用约当产量比例法分配。两种产品加工进度比较均衡，其月末在产品的完工程度均为50%。

(7)期间费用包括管理费用、财务费用和销售费用，分别设置“管理费用”、“财务费用”和“销售费用”明细账。采用多栏式明细账账页，按费用项目设专栏，所发生的各项费用应逐笔在明细账中登记。

9. 收入、利得、利润形成与分配

(1)主营业务收入：企业产品已经发出，同时收讫价款或者取得收取价款的凭据时，确认销售收入的实现(本企业在建工程领用产成品按成本结转视同销售处理，但同时需按销价结转应交增值税。为简化起见，在建工程领用本企业产品假设不考虑所得税)。发生的销售折扣、折让或退回，冲减主营业务收入。主营业务收入按产品品名分别设置明细账。

(2)其他业务收入：采用多栏式明细账账页，按收入内容设专栏，所发生的材料销售收入、包装物出租收入和技术转让收入等逐笔在该明细账中登记。本公司还受托代销锦州矿山机械厂的 W2 型挖掘机,采用收取手续费的方式。

(3)主营业务成本:按产品品名分别设置明细账。

(4)其他业务成本:采用多栏式明细账账页,按费用项目设专栏,所发生的材料销售成本、技术转让成本等逐笔在该明细账中登记。

(5)投资收益:采用多栏式明细账账页,按收益内容设专栏,所发生的债券投资收益和股票投资收益等逐笔在该明细账中登记。

(6)营业外收入:采用多栏式明细账账页,按收入内容设专栏,所发生的固定资产盘盈净收益、处理固定资产净收益、接受捐赠、罚款净收入等逐笔在该明细账中登记。

(7)营业税金及附加:采用多栏式明细账账页,按费用项目设专栏,分别设置城市维护建设税及教育费附加等明细项目。

(8)营业外支出:采用多栏式明细账账页,按费用项目设专栏,所发生的固定资产盘亏损失、非常损失、赔偿金、违约金及处理固定资产净损失等逐笔在该明细账中登记。

(9)月末,根据当月实现的主营业务收入、其他业务收入、投资收益、营业外收入及当月发生的主营业务成本、销售费用、营业税金及附加、其他业务成本、管理费用、财务费用、营业外支出等全部转入本年利润,以计算本月实现的利润总额。以上账户都是虚账户,记录的是本期发生额,月末都要结平,不保留余额。为了反映全年发生额,各账户期初都提供 1～11 月份的累计发生额,以便于计算全年发生额。

(10)“本年利润”账户:既是一个所有者权益账户,又是利润计算账户。每月结转收入、成本和费用后,根据当月实现的利润,按规定计算应交所得税。每月应交所得税,借记“所得税费用”科目,贷记“应交税费——应交所得税”科目,再由“所得税费用”账户转入“本年利润”账户以计算净利润。年末将全年实现的净利润,转入“利润分配”账户以结平此账户。因此,本账户 12 月份期初提供 1～11 月份的借贷方累计发生额和 11 月底的余额,以反映净利润的实现情况。

(11)“利润分配”账户:反映企业的利润分配情况及未分配利润的结余额。该账户设置“提取法定盈余公积”(按净利润的 10%提取)、“提取任意盈余公积”(按公司实际情况提取)、“分配投资者利润”和“未分配利润”等明细账户。本公司实行合同承包制,按承包合同规定:企业的税后利润分配后,按当年剩余利润的 80%向投资者分配利润。

(12)所得税费用的核算方法。

企业会计准则规定,对所得税费用采用资产负债表债务法进行核算。

“所得税费用”科目分设“当期所得税费用”和“递延所得税费用”两个明细账。

当期所得税费用＝当期应交的所得税额(应记入“所得税费用”科目核算)

当期应交的所得税额＝当期应纳税所得额×所得税税率(记入“应交税费”科目核算)

递延所得税费用＝递延所得税负债－递延所得税资产(记入“递延所得税负债或递延所得税资产”科目核算)

当期递延所得税负债＝期末递延所得税负债－期初递延所得税负债

当期递延所得税资产＝期末递延所得税资产－期初递延所得税资产

其中:

期末递延所得税负债＝期末应纳税暂时性差异×所得税税率

期末递延所得税资产＝期末可抵扣暂时性差异×所得税税率

(四)模拟单位核算程序

(1)首先开设账户,包括年初数和期初数(11 月 30 日结余额)都要进行总账和明细账核对，防止开账错误，影响核算。

(2)根据模拟经济业务的原始凭证，进行经济业务的会计处理即编制记账凭证，登记有关日记账和明细分类账。总账采取科目汇总表核算形式。每半月汇总一次，全月分两次汇总登账。业务登记完毕后，都要进行试算平衡和总账、明细账核对，以便发现错误，及时更正。

(3)下旬业务涉及月结与年终决算，因此，在处理完毕发生的基本经济业务后，即在成本计算和各损益账户结转前，还要进行一次试算平衡和总账、明细账核对，发现错误，及时更正，避免发生连环错误难以更正。在进行成本计算、损益结转和利润分配后，即全部账务处理完毕，再进行最后的试算平衡和总账、明细账核对，无误后才能进行结账和编制报表。

(4) 关于结账方法。

资产、负债和所有者权益账户属永久性账户，年终一般有余额结转下年度。在12月份月结的下一行，结出全年累计(或本年合计)，然后将年初借(或贷)方余额列入下一行借(或贷)方栏内，并在摘要栏内注明“年初余额”字样：将年末借(或贷)方余额，列入再下一行的借(或贷)方栏内，并在摘要栏内注明“结转下年”字样。最后加总借、贷两方合计数(借、贷双方的合计数应平衡)，再在合计数下划两条通栏红线，表示封账。本模拟资料除“库存现金”账户，提供有全年累计发生额，可以按上述方法进行年结外，其余资产、负债和所有者权益账户受资料限制，不采用此法，只在月结后一行摘要栏内注明“结转下年”即可。收入、费用等损益类账户，属结清账户，月末、年末无余额。最后一月月结下一行，结算出全年累计发生额，并在摘要栏注明“本年合计”，在“借或贷”栏写上“平”，在余额栏注明“0”。

(五)会计凭证、账簿、会计报表、资料装订与整理

1. 会计凭证

包括原始凭证和记账凭证。对业务中涉及的各种原始凭证应该先填制完整并认真审核，再据以填制记账凭证。记账凭证采用通用记账凭证，按经济业务发生的时间先后顺序编号。记账凭证要求填制完整、正确，并按要求将相应的原始凭证黏附在背面。

2. 账簿

包括总分类账簿、明细分类账簿、现金日记账、银行存款日记账。首先，按账簿的种类正确开设相应的账户，选择相应的账页格式，再依据经济业务内容和具体要求正确登记相应的账簿。日记账要求进行日结、月结和年结。其他账簿要求月结和年结。月末，先进行试算平衡，再进行月结，结出本月发生额合计及余额。

3. 会计报表

主要包括资产负债表、利润表、现金流量表、所有者权益变动表。要求根据相关账簿资料正确编制各种报表。

4. 资料装订与整理

上述会计凭证填制完毕，月末，领用记账凭证封皮，按照正确的方法进行装订。

(六)附加说明

本次会计模拟资料是以当地一家小型制造企业为基础，经过加工、整理、添加、串并、综合，将其有限的业务类型和数据变成该模拟资料。鉴于模拟实践的需要，本教程在原有业务资料的基础上，特增添了一些本企业很少发生或者未发生的其他类型的经济业务，比如各类资产减值、发行公司债券、进行各种投资、进行自建工程、进行非货币性资产交换等。这样一来，公司的资产、权益金额就会发生相应的变化，可能与企业实际的数字不相符，但是，对于学习财务会计的广大同学而言，业务类型较全面，可以得到综合而全面的训练，特此说明。

三、建账资料

(一)企业会计科目表

序　号	科目名称	序　号	科目名称
	一、资产类		二、负债类
1	库存现金	38	短期借款
2	银行存款	39	应付票据
3	其他货币资金	40	应付账款
4	交易性金融资产	41	预收账款
5	应收票据	42	应付职工薪酬
6	应收账款	43	应交税费
7	预付账款	44	应付利息
8	应收股利	45	应付股利
9	应收利息	46	其他应付款
10	其他应收款	47	长期借款
11	坏账准备	48	未确认融资费用
12	材料采购	49	递延所得税负债
13	在途物资		三、所有者权益类
14	原材料	50	实收资本
15	材料成本差异	51	资本公积
16	库存商品	52	盈余公积
17	委托加工物资	53	本年利润
18	包装物	54	利润分配
19	周转材料		四、成本类
	——低值易耗品	55	基本生产成本
20	——存货跌价准备	56	辅助生产成本
21	持有至到期投资	57	制造费用
22	持有至到期投资减值准备		五、损益类
23	可供出售金融资产	58	主营业务收入
24	长期股权投资	59	其他业务收入
25	长期股权投资减值准备	60	公允价值变动损益
26	固定资产	61	投资收益
27	累计折旧	62	营业外收入
28	固定资产减值准备	63	主营业务成本
29	在建工程	64	其他业务成本
30	工程物资	65	营业税金及附加
31	固定资产清理	66	销售费用
32	无形资产	67	管理费用
33	累计摊销	68	财务费用
34	无形资产减值准备	69	资产减值损失
35	长期待摊费用	70	营业外支出
36	递延所得税资产	71	所得税费用
37	待处理财产损溢	72	以前年度损益调整

(二)2017 年 12 月初账户余额及账页格式

单位:元

总账科目	子目	细目	余额	账页格式
库存现金			1 921.53	三栏式总账、日记账
银行存款			1 128 303.44	三栏式总账、
	中国银行	基本存款户	1 128 303.44	日记账
其他货币资金			180 000.00	三栏式
	江苏工商银行	外埠存款	160 000.00	三栏式
	中国建设银行	存出投资款	20 000.00	三栏式
交易性金融资产			620 000.00	三栏式
	股票——北辰实业	成本	575 000.00	三栏式
		公允价值变动	45 000.00	三栏式
可供出售金融资产			618 000.00	三栏式
	债券——大华债券	成本	600 000.00	三栏式
		利息调整	13 788.00	三栏式
		公允价值变动	4 212.00	三栏式
应收利息			0	三栏式
应收票据			571 000.00	三栏式
	银行承兑汇票	鞍山益达有限公司	325 600.00	三栏式
	商业承兑汇票	北京新通贸易公司	245 400.00	三栏式
应收账款			260 000.00	三栏式
		大连星海电机厂	210 000.00	三栏式
		鞍山益达有限公司	50 000.00	三栏式
		上海明珠有限公司	0	三栏式
		广州茂源有限公司	0	三栏式
预付账款			2 643.06	三栏式
	××邮局	报刊订阅费	351.22	三栏式
		财产保险费	1 721.00	三栏式
		机动车辆保险费	570.84	三栏式
其他应收款			0	三栏式
	差旅费借款		0	三栏式
	存出保证金		0	三栏式
	应收赔款		0	三栏式
坏账准备			(贷)7 125.00	三栏式
		应收账款	(贷)7 125.00	三栏式
		其他应收款	0	三栏式
材料采购				三栏式
	原料及主要材料	燃料(煤)	18 000.00 (50 吨)	横线登记式
原材料			691 547.80	三栏式
	原料及主要材料	(计划成本)	496 850.00	
		铸铁件(8 元/千克)	(18 000 千克)144 000	数量金额式
		铸铜件(20 元/千克)	(10 000 千克)200 000	数量金额式
		锻件(10 元/千克)	(12 000 千克)120 000	数量金额式
		燃料(365 元/吨)	(90 吨) 32 850	数量金额式

续表

总账科目	子目	细目	余额	账页格式
	外购半成品	(实际成本)	186 697.80	
		螺栓(14.8 元/套)	(3 020 套)44 696	数量金额式
		液压件(3 407.42 元)	(20 套) 68 148.40	数量金额式
		电器元件(1 135.5 元)	(50 套)56 775	数量金额式
		油漆(21.348 元)	(800 千克)17 078.40	数量金额式
	包装材料	(实际成本)	8 000.00	
		木材	(4 立方米)8 000.00	数量金额式
周转材料			54 785.00	三栏式
	低值易耗品		43 400.00	
		压力表	(20 块)12 400	数量金额式
		电动机	(10 台)11 000	数量金额式
		工作服	(100 套)20 000	数量金额式
	包装物		11 385.00	
		在库	(440 只)7 260	数量金额式
		在用	(500 只)8 250	数量金额式
		摊销	贷 4 125	三栏式
材料成本差异			(贷)12 905.41	三栏式
	原材料	铸铁件(8 元/千克)	(贷)4 012.20	三栏式
		铸铜件(20 元/千克)	(贷)1 040.00	三栏式
		锻件(10 元/千克)	(贷)6 927.91	三栏式
		燃料(365 元/吨)	(贷) 925.30	三栏式
库存商品			1 406 000	三栏式
	LN 型旋臂起重机	单位成本 38 800 元	(15 台)582 000	数量金额式
	GF12 汽车起重机	单位成本 82 400 元	(10 台)824 000	数量金额式
持有至到期投资			522 922.00	三栏式
	国库券(5 年期、6%、每年末计息)	成本	500 000.00	三栏式
		利息调整	22 922.00	三栏式
长期股权投资			2 400 000	三栏式
	新能源股票	成本	2 400 000	三栏式
固定资产			6 268 000.00	三栏式
	房屋、建筑物		2 760 000.00	三栏式
	机器设备		1 700 000.00	三栏式
	管理设备		1 008 000.00	三栏式
	运输工具		800 000.00	三栏式
累计折旧			(贷)1 045 000.00	三栏式
	房屋、建筑物		384 500.00	三栏式
	机器设备		281 500.00	三栏式
	管理设备		206 400.00	三栏式
	运输工具		172 600.00	三栏式
固定资产减值准备			0	三栏式
在建工程			0	三栏式
	冷却塔工程		0	三栏式
工程物资			0	三栏式
固定资产清理			0	三栏式
无形资产			204 000.00	三栏式

续表

总账科目	子目	细目	余额	账页格式
	商标权		120 000.00	三栏式
	非专利技术		84 000.00	三栏式
累计摊销			(贷)26 500.00	三栏式
	商标权	预计 10 年	(贷)23 000.00	三栏式
	非专利技术	预计 20 年	(贷) 3 500.00	三栏式
		1～11 月累计摊销额	42 889.65	
递延所得税资产			0	三栏式
待处理财产损溢			0	三栏式
短期借款			600 000.00	三栏式
	中国银行	流动资金借款	600 000.00	三栏式
应付票据			100 000.00	三栏式
	商业承兑汇票	上海辰星公司	100 000.00	三栏式
应付账款			250 000.00	三栏式
		长城有限公司	250 000.00	三栏式
应付职工薪酬			4 750.00	三栏式
	职工福利		2 800.00	三栏式
	教育经费		1 950.00	三栏式
应交税费			345 232.00	三栏式
		应交增值税	0	多栏式
		未交增值税	205 000.00	三栏式
		应交城建税	14 700.00	三栏式
		应交房产税	1 932.00	三栏式
		应交教育费附加	6 300.00	三栏式
		应交地方教育费	2 100.00	三栏式
		应交营业税	2 500.00	三栏式
		应交车船使用税	0	三栏式
		应交土地使用税	700.00	三栏式
		应交印花税	0	三栏式
		应交企业所得税	112 000.00	三栏式
		应交个人所得税	0	
应付利息			8 000.00	三栏式
	预提短期借款利息		8 000.00	三栏式
长期借款	一号生产线借款	(2010 年 10 月到期)	1 070 000.00	三栏式
——本金			1 000 000.00	
——应计利息			70 000.00	
应付债券			0	三栏式
实收资本			8 500 000.00	三栏式
资本公积			136 388.00	三栏式
	资本溢价		132 176.00	三栏式
	其他资本公积		4 212.00	三栏式
盈余公积			600 000.00	三栏式
	法定盈余公积		400 000.00	三栏式
	法定公益金		200 000.00	三栏式

续表

总账科目	子目	细目	余额	账页格式
本年利润			2 250 000.00	三栏式
利润分配			158 500.00	三栏式
	未分配利润		158 500.00	同上
基本生产成本			167 277.50	三栏式
	LN 型旋臂起重机		48 185.30	多栏式
		直接材料	31 920.00	
		直接人工	9 425.30	
		直接动力	2 280.00	
		制造费用	4 560.00	
	GF12 汽车起重机		119 092.20	多栏式
		直接材料	86 100.00	
		直接人工	14 542.20	
		直接动力	6 150.00	
		制造费用	12 300.00	
辅助生产成本			0	三栏式
	供电车间		0	多栏式
	机修车间		0	多栏式
制造费用			0	三栏式
	基本车间		0	多栏式
主营业务收入等损益类账户的格式				三栏式

(三)损益类等账户 2017 年 1～11 月发生额累计汇总表

会计科目		发生额累计(1～11 月)	
总账科目	明细科目	借　方	贷　方
主营业务收入	LN 型旋臂起重机	14 386 157.30	14 386 157.30
	GF12 汽车起重机	15 268 415.50	15 268 415.50
	合计	29 654 572.80	29 654 572.80
其他业务收入	销售包装物	318 539.50	318 539.50
	销售原材料	481 900.20	481 900.20
	转让非专利技术使用权	145 000.00	145 000.00
	合计	945 439.70	945 439.70
投资收益		188 956.51	188 956.51
营业外收入		44 890.40	44 890.40
主营业务成本	LN 型旋臂起重机	9 543 146.20	9 543 146.20
	GF12 汽车起重机	12 520 460.12	12 520 460.12
	合计	22 063 606.32	22 063 606.32
其他业务成本	销售包装物	300 283.92	300 283.92
	销售原材料	450 425.88	450 425.88
	转让非专利技术使用权	132 478.20	132 478.20
	合计	883 188.00	883 188.00
营业税金及附加		386 663.87	386 663.87
管理费用		2 272 726.35	2 272 726.35
销售费用		1 653 180.00	1 653 180.00
财务费用		224 284.37	224 284.37

续表

会计科目		发生额累计(1～11月)	
总账科目	明细科目	借　方	贷　方
资产减值损失		0	0
公允价值变动损益	注:借方损失	108 000.00	108 000.00
营业外支出		32 000.00	32 000.00
所得税费用		960 210.50	960 210.50
本年利润		28 583 859.41	30 833 859.41
库存现金		112 750.00	112 805.00

(四)资产负债表各项目2017年12月月初数(11月末)

资产负债表

2017年11月30日

资　产	期末余额	年初余额	负债和所有者权益	期末余额	年初余额
流动资产	—	—	流动负债	—	—
货币资金	1 310 224.97		短期借款	600 000.00	
交易性金融资产	620 000.00		交易性金融负债		
应收票据	571 000.00		应付票据	100 000.00	
应收账款	252 875.00		应付账款	250 000.00	
预付账款	2 643.06		预收账款		
应收股利	0		应付职工薪酬	4 750.00	
应收利息	0		应交税费	345 232.00	
其他应收款	0		应付利息	8 000.00	
存货	2 324 704.97		应付股利		
一年内到期的非流动资产			其他应付款		
其他流动资产			一年内到期的非流动负债	1 070 000.00	
流动资产合计	5 081 448.00		其他流动负债		
非流动资产			流动负债合计	2 377 982.00	
可供出售金融资产	618 000.00		非流动负债	—	
持有至到期投资	522 922.00		长期借款	0	
投资性房地产			应付债券		
长期股权投资	2 400 000.00		长期应付款		
长期应收款			专项应付款		
固定资产	5 223 000.00		预计负债		
在建工程			递延所得税负债		
工程物资			其他非流动负债		
固定资产清理			非流动负债合计	0	
生产性生物资产			负债合计	2 377 982.00	

续表

资　产	期末余额	年初余额	负债和所有者权益	期末余额	年初余额
油气资产			所有者权益	—	
无形资产	177 500.00		实收资本(或股本)	8 500 000.00	
开发支出			资本公积	136 388.00	
商誉			盈余公积	600 000.00	
长期待摊费用			未分配利润	2 408 500.00	
递延所得税资产			减:库存股		
其他非流动资产			所有者权益合计	11 644 888.00	
非流动资产合计	8 941 422.00				
资产总计	14 022 870.00		负债和所有者权益总计	14 022 870.00	

(五)资产负债表各项目2017年年初数

资产负债表

2017年11月30日　　单位:元

资　产	期末余额	年初余额	负债和所有者权益	期末余额	年初余额
流动资产		—	流动负债		—
货币资金		769 040.29	短期借款		650 000.00
交易性金融资产		452 500.00	交易性金融负债		
应收票据		714 000.00	应付票据		300 500.00
应收账款		797 377.00	应付账款		291 359.45
预付账款		45 583.78	预收账款		100 000.00
应收股利			应付职工薪酬		
应收利息		85 000.00	应交税费		311 960.55
其他应收款		3 610.00	应付利息		8 500.00
存货		2 136 917.99	应付股利		
一年内到期的非流动资产			其他应付款		0
其他流动资产			一年内到期的非流动负债		500 000.00
流动资产合计		5 004 029.06	其他流动负债		—
非流动资产			流动负债合计		2 162 320.00
可供出售金融资产			非流动负债		
持有至到期投资			长期借款		1 000 000.00
投资性房地产			应付债券		
长期股权投资		2 258 000.00	长期应付款		
长期应收款			专项应付款		
固定资产		4 753 631.12	预计负债		
在建工程		162 994.42	递延所得税负债		

续表

资　产	期末余额	年初余额	负债和所有者权益	期末余额	年初余额
工程物资			其他非流动负债		
固定资产清理			非流动负债合计		1 000 000.00
生产性生物资产			负债合计		3 162 320.00
油气资产			所有者权益		
无形资产		149 000.00	实收资本(或股本)		8 300 000.00
开发支出			资本公积		135 000.00
商誉			盈余公积		600 000.00
长期待摊费用			未分配利润		158 500.00
递延所得税资产		28 165.40	减:库存股		
其他非流动资产			所有者权益合计		9 193 500.00
非流动资产合计		7 351 790.94			
资产总计		12 355 820.00	负债和所有者权益总计		12 355 820.00

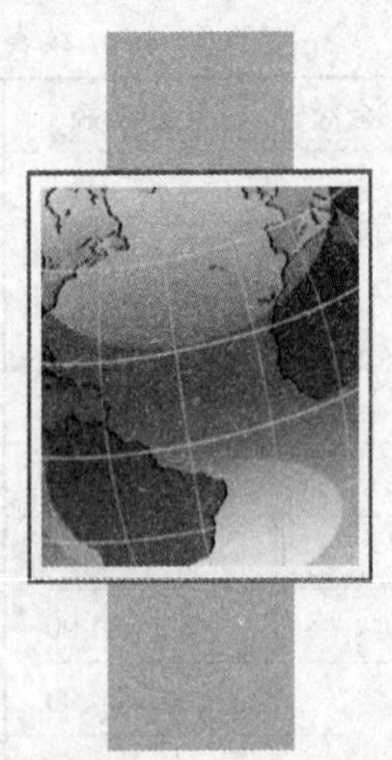

第三章 货币资金实训

一、知识框架

货币资金包括库存现金、银行存款、其他货币资金，是流动性最强的资产。学习本章，主要掌握库存现金、银行存款的日记账登记，货币资金的内部控制，正确对货币资金进行会计处理。

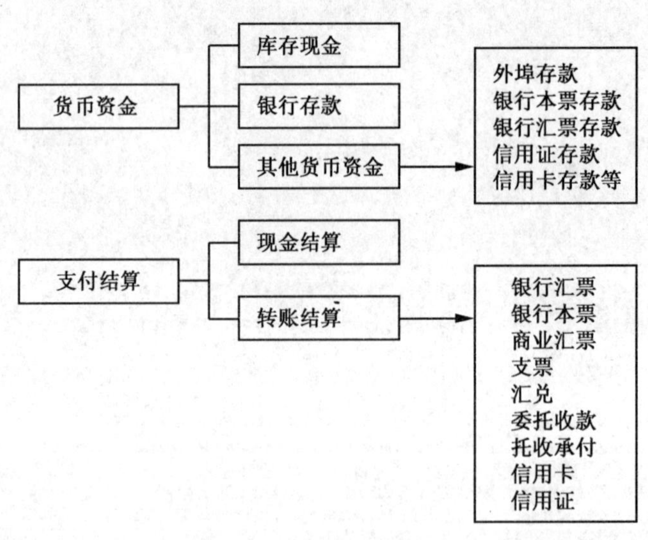

图 1

现　金	1. 现金分为广义的现金和狭义的现金。广义的现金：库存现金、银行存款、个人支票、旅行支票、银行汇票、银行本票和邮政汇票；狭义的现金：仅指库存现金。
	2. 现金的管理与控制：(1)适用范围；(2)现金的库存限额：3～5 天的正常现金需要量；(3)现金收支的内部控制：现金收入的控制、现金支出的控制、库存现金的控制；(4)不许坐支现金。
	3. 设置“现金日记账”，出纳员根据审核后的记账凭证，对现金业务进行序时登记，做到日清月结。

续表

银行存款	银行存款的管理办法:银行存款账户的设置与使用，一个企业只能设置一个基本存款账户，同时应遵守结算纪律。其他核算与库存现金核算相同。 注意:从银行提取现金,应编制什么记账凭证?以何原始凭证为依据?
其他货币资金	其他货币资金的内容:外埠存款、银行汇票存款、银行本票存款、在途货币资金、信用证存款、信用卡存款、存出投资款等。
	会计处理:须设置“其他货币资金”账户,按内容设置明细账户。 注意:其他货币资金与哪些支付结算方式相关?

二、实训目标

通过实训,使学生熟悉银行结算凭证,明确结算业务的工作程序,能够熟练运用“库存现金”、“银行存款”和“其他货币资金”科目,了解各种结算方式所需要的原始凭证以及相关票证的填写和审核方法,掌握各种记账凭证的填制与粘贴,熟练掌握“库存现金”、“银行存款”日记账的登记方法。

三、实训资料

1. 1 日,签发中国银行转账支票一张(号码为 00275001),预付公司各科室明年全年的报刊订阅费 4 214.60 元,收到邮局的订阅收据。

要求:签发中国银行转账支票。

2. 1 日,签发中国银行现金支票一张(号码为 00051001),金额为 10 000 元,备用。

要求:签发中国银行现金支票。

3. 1 日,向中国银行申请签发不定额银行本票一张,金额为 248 625 元,交给采购员王新,予以向锦州美菱钢铁有限公司采购原材料。

要求:填制“银行业务委托书”(取得银行盖章后退回的回单联)。

(注:锦州美菱钢铁有限公司的地址:锦州市凌河区云飞街 58 号;电话:3158791;开户行:工行凌河支行;银行账号:021444004892678。)

4. 1 日,采购员王新向美菱公司购入铸铁件 25 000 千克,单价为 8.5 元/千克,增值税专用发票上价款为 212 500 元,增值税税率为 17%,增值税进项税额为 36 125 元,价税款由银行本票支付。铸铁件尚未运到。

5. 1 日,公司对库存现金进行清查,发现短缺 50 元。

要求:填写“现金盘点报告单”。

(注:盘点日现金日记账账面余额为 1 921.53 元,实际盘点现金为 1 871.53 元。盘点监督人为李国俊、江慧林、范苗。)

6. (平日暂时无须填制记账凭证,待到月底进行发料汇总后统一填制。而会计凭证编号可以顺序上连续编号,无须受写书编号之影响。因为实际工作中没有编号,只有办理业务的时间先后顺序。)

1 日,第一车间生产产品领用铸铁件 8 000 千克,计划单位成本为 8 元/千克。填制领料单(一)(编号 001)。

第一车间生产产品领用铸铜件 5 000 千克,计划单位成本为 20 元/千克。

第一车间生产产品领用锻件 6 000 千克,计划单位成本为 10 元/千克。

第一车间取暖领用煤(燃料)5 吨,生产产品领用电器元件 42 套。

供电车间发电领用煤(燃料)60 吨,修理车间领用螺栓 1 000 套。

(无须填制记账凭证,月底统一核算。)

(注:仓库主管:余东;发料人:王兰。第一车间主任:张顺;车间领料人:崔放。)

7. 一般备用金制度下的核算业务:

1 日,本公司行政管理部门职工张影因公出差预借差旅费 500 元,财会部门以现金支付。

要求:填写借款单(一式三联)。

8. 2 日,职工张影出差回来报销,实际支出 450 元,剩余现金 50 元交回财会部门。

要求:填写差旅费报销单。

(注:张影为公司一般员工,按照《公司差旅费报销管理规定》,(1)其他人员乘坐硬席车、长途汽车、轮船三等以下舱位,可据实报销,乘坐卧铺者无夜行车补助。(2)市内交通费实行包干,一般员工为每天 15 元。(3)住宿费分不同职级在标准内据实报销,超标部分不予报销,低于标准部分按 30%发给个人。一般员工到省会城市的住宿费标准为 100 元。(4)伙食补助标准:出差期间分不同地区每天给予伙食补助,补助天数按自然天数扣减一天计算。一般员工的伙食补助标准为 40 元。)

定额备用金制度下的业务:附加业务共 3 笔,本项业务不属于本月的经济业务,不需要登记入账,即不与本套模拟相联系。

附加 1　假设 20××年 1 月 1 日,本公司会计部门对供应部门实行定额备用金制度。根据核定的金额,付给供应部门定额备用金 3 000 元,签发中国银行现金支票一张。

附加 2　供应部门在一定时间内共发生备用金支出 2 600 元,持开支凭证到会计部门报销。会计部门审核后付给现金,补足定额。

附加 3　12 月 25 日,会计部门因管理需要,决定取消定额备用金制度。供应部门持尚未报销的开支凭证 1 100 元和余款 1 900 元,到会计部门办理报销和交回备用金的手续。

9. (平日暂时无须填制记账凭证,待到月底进行发料汇总后统一填制。而会计凭证编号可以顺序上连续编号,无须受写书编号之影响。因为实际工作中没有编号,只有办理业务的时间先后顺序。)

2 日,第二车间生产产品领用铸铜件 4 000 千克;

第二车间生产产品领用铸铁件 8 000 千克;

第二车间生产产品领用锻件 5 000 千克;

第二车间取暖领用煤(燃料)6 吨,生产产品领用液压件 15 套;

修理车间取暖领用煤(燃料)3 吨。

10. 2 日,9 月份购货时开给上海辰星公司的一张不带息商业承兑汇票今日到期,票面金额为 100 000 元,已经收到中国银行转来的委托收款凭证的付款通知联。

11. 2 日,采购员陈祥向江苏丰华铸造有限公司购入锻件 12 000 千克,单价为 11 元/千克,增值税专用发票上价款为 132 000 元,增值税进项税额为 22 440 元。当日办理铁路托运,发生运输费 1 500 元,搬运装卸费 50 元。价税款项及运杂费均以存入江苏工商银行的外埠存款支付。材料尚未到达。(注:运输费按 7%计入进项税额。)

12. 2 日,公司办公室向三辰办公用品商店购买打印纸,增值税专用发票列明:单价为 24.45 元/包,价款为 122.25 元,税额为 20.78 元。价税款均以现金支付。

13. 3 日,上述现金短缺原因无法查明,批准转入管理费用。

四、注意问题

(1)销售商品收到银行本票或者银行汇票记哪个会计科目？有哪些原始凭证？

(2)“银行承兑汇票”等于“银行汇票”吗？

(3)在对账时为了消除未达账项的影响而编制的“银行存款余额调节表”是原始凭证吗？企业是否需要据此编制会计分录，调整账户记录？

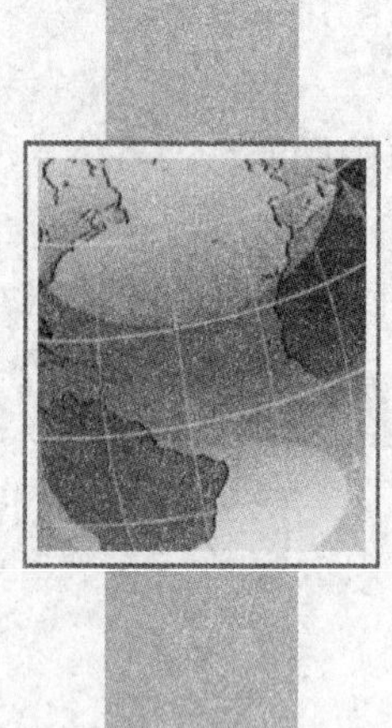

第四章 应收及预付款项实训

一、知识框架

应收及预付款项是指企业在日常生产经营过程中发生，在活跃市场中没有报价，回收金额固定或可确定的非衍生金融资产，包括金融企业发放的贷款和其他各项债权，具体有应收票据、应收账款、预付账款、应收股利、应收利息和其他应收款等。

<table>
<tr><td rowspan="6">应收账款</td><td colspan="2">1. 初始计量：一般企业对外销售商品或提供劳务的应收债权，通常应按从购货方收取的合同或协议上的价款，作为初始确认金额（总价法，即不减现金折扣）。</td></tr>
<tr><td colspan="2">2. 相关概念：销售折让、商业折扣、现金折扣。</td></tr>
<tr><td colspan="2">3. 后续计量：以摊余成本进行后续计量。</td></tr>
<tr><td>4. 坏账损失</td><td>（1）坏账是指企业无法收回或收回的可能性极小的应收款项。因坏账而产生的损失，称坏账损失。
（2）坏账损失的核算：有直接转销法和备抵法。
直接转销法：平时不计提坏账准备，坏账发生时：借：管理费用，贷：应收账款。
备抵法：估计坏账损失，先计提坏账准备，待发生坏账时，再冲销坏账准备，应设置“坏账准备”科目。
计算公式：
当期应计提的坏账准备＝当期按应收款项计算应提坏账准备金额－（或＋）“坏账准备”账户的贷方（或借方）余额</td></tr>
<tr><td>5. 估计坏账损失的方法</td><td>（1）应收账款余额百分比法（计算的结果是坏账准备的余额）；
（2）账龄分析法（计算的结果是坏账准备的余额）；
（3）销货（赊销）百分比法（计算的结果是坏账准备的发生额）。</td></tr>
<tr><td colspan="2">6. 取得应收账款时，借：应收账款，贷：主营业务收入、应交税费——应交增值税（销项税额）。
7. 收回应收账款时，借：银行存款（实际收到金额）、财务费用（发生的现金折扣），贷：应收账款（账面价值）。
与债务人进行债务重组的，应分别根据债务重组的不同方式对重组债权进行处理。</td></tr>
</table>

续表

<table>
<tr><td rowspan="5">应收票据</td><td>1. 种类</td><td>(1)商业汇票按承兑人不同分为商业承兑汇票和银行承兑汇票；
(2)商业汇票按是否载有利息分为带息票据和不带息票据。</td></tr>
<tr><td colspan="2">2. 取得应收票据时，借：应收票据，贷：主营业务收入、应交税费——应交增值税(销项税额)。</td></tr>
<tr><td colspan="2">3. 持未到期的商业汇票向银行贴现(不附追索权)：
借：银行存款(实际收到金额)
其他应收款(负担可能发生的退货额)
营业外支出(出售损益，金额应倒挤)
贷：应收票据(账面余额)</td></tr>
<tr><td colspan="2">4. 持未到期的商业汇票向银行贴现(附追索权)：
借：银行存款(实际收到金额)
财务费用(发生的现金折扣)
贷：短期借款(注意：不应减少应收票据)</td></tr>
<tr><td colspan="2">5. 到期收回应收票据时：
借：银行存款(实际收到金额)
贷：应收票据(账面余额)
应收账款的转让与贴现与应收票据的核算相同。</td></tr>
<tr><td rowspan="3">其他应收款——备用金</td><td colspan="2">备用金是企业为日常零星开支的方便，事先预付给单位内部的部门或个人的备用款项，分为一般备用金和定额备用金。</td></tr>
<tr><td colspan="2">1. 一般备用金使用原则，先领后用，用后报销，多退少补。
领用时：借：其他应收款
贷：库存现金
报销时：借：管理费用等
贷：其他应收款</td></tr>
<tr><td colspan="2">2. 定额备用金使用原则，核定定额，先领后用，用后报销，补足定额。
领用时：借：其他应收款
贷：库存现金
报销时：借：管理费用等
贷：库存现金或银行存款</td></tr>
</table>

二、实训目标

通过实训，使学生掌握应收账款的确认及坏账损失的处理方法；熟悉应收票据的计价、取得、贴现等核算；懂得预付账款及其他应收款，特别是备用金的核算业务。熟练操作与应收和预付款项有关的经济业务。

三、实训资料

14.(本题无须根据出库单结转已销产品的销售成本，因为本月销售的产品可能有本月生产，也有以前结存，而本月的生产成本待月末才能计算，因此，月末才能结转已销产品成本。)

3 日，向上海明珠有限公司销售 GF12 汽车起重机 1 台，每台售价 100 000 元，开出增值税专用发票(号码：00340001)，增值税率为 17%，货已发出，货款尚未收到。双方订立购销合同，约定采用现金折扣方式结算，折扣条件为：2/10, 1/20, n/30，计算折扣不考虑增值税。

要求：填制产品出库单。

(注：GF12 汽车起重机存放于成品仓库，产品货号为 10101。仓库主管：余东；出库经手

人:韩笲;销售人:范立杰。)

15.3 日,收到锦州矿山机械厂委托代销的 W2 型挖掘机 5 台,单价为 25 000 元/台,已验收入库。

16.3 日,与锦州鸿铭房地产开发公司签订仓库租赁合同,签发转账支票一张,金额为 50 000元,系支付租用仓库的押金。

17.(本题无须根据出库单结转已销产品的销售成本,因为本月销售的产品可能有本月生产,也有以前结存,而本月的生产成本待月末才能计算,因此,月末才能结转已销产品成本。)

3 日,向广州茂源有限公司销售 LN 型旋臂起重机 1 台,订立销售合同,每台售价为50 000 元,开出增值税专用发票,增值税率为 17%,货已发出,并向中国银行办理托收承付结算手续。采用验单承付方式。

要求:填制托收凭证。

(注:广州茂源有限公司,地址:广州市黄花岗区 188 号;电话:21375533;开户行:工行黄花岗分行;银行账号:2404770041134768。)

18.4 日,将上月 20 日销货时由鞍山益达有限公司交来的一张银行承兑汇票到中国银行申请贴现,票面金额为 325 600 元,票面利率为 8%,期限为 3 个月。银行规定贴现率为 10%,贴现协议中不带追索条款。银行已办理完毕,款项转入本企业存款账户。

要求:填制贴现凭证。

19.4 日,职工王涛报销购买工具书款 160 元,以现金支付。

20.(本题无须根据出库单结转已销产品的销售成本,因为本月销售的产品可能有本月生产,也有以前结存,而本月的生产成本待月末才能计算,因此,月末才能结转已销产品成本。)

4 日,向青岛嘉鸣机械有限公司销售 LN 型旋臂起重机和 GF12 汽车起重机,同时随产品销售包装箱 340 只,开出增值税专用发票,货已发出,收到青岛嘉鸣机械有限公司一张不带息的、3 个月到期的商业承兑汇票,面额为 768 456 元。其中,增值税专用发票列明:

LN 型旋臂起重机 3 台,单价为 50 000 元/台,税率为 17%;

GF12 汽车起重机 5 台,单价为 100 000 元/台,税率为 17%;

包装箱 340 只,单价为 20 元/只,税率为 17%。

包装箱期初结余 440 只,单位成本为 16.5 元/只。采用先进先出法计价。

21.4 日,与大连鑫宇有限公司签订采购合同,购买铸铜件 8 000 千克,单价为 20.8 元/千克,价款总额为 166 400 元。按照合同规定,提前一周向鑫宇有限公司预付货款的 40%,待货物验收后再补付其余款项。本日,签发一张中国银行的转账支票,预付货款。

22.5 日,将上月收到的、金额为 245 400 元的北京新通贸易有限公司交来的、不带息的商业承兑汇票,背书转让给朝阳长城有限公司,不附带追索权,用以偿付前欠货款 250 000 元。另签发转账支票一张,金额为 4 600 元,交给长城有限公司补付余额。

要求:办理背书转让手续。

23.5 日,接银行通知,公司上半年度已经冲销的 55 000 元坏账(常州北鸣公司)又收回,今已收到银行转来的收账通知联(注:公司采用备抵法)。

24.5 日,签发中国银行转账支票,金额为 12 012.2 元。预付明年第一季度财产保险费 5 162.15元,预付明年全年机动车辆保险费 6 850.05 元。收到保险公司的保单和结算凭证。

25.5 日,上海明珠有限公司采用电汇方式支付其本月 3 日购买 GF12 汽车起重机的价税款项 115 000 元。已经收到银行转来的收账通知联。

四、注意问题

(1)是否需要对应收票据计提坏账准备？

(2)应收票据贴现如何计算？

(3)企业应如何确定其应收款项的减值损失？

(4)比较商业折扣、现金折扣、销售折让。

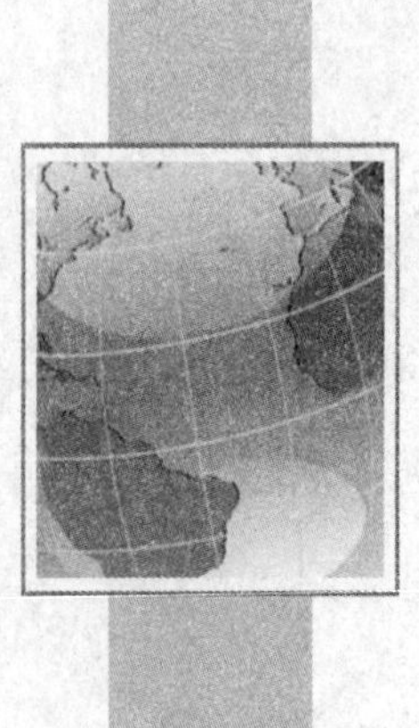

第五章 存货实训

一、知识框架

(一)存货及其确认条件

1.存货的概念	存货,是指企业在日常活动中持有以备出售的产成品或商品、处在生产过程中的在产品、在生产过程或提供劳务过程中耗用的材料或物料等。企业的存货通常包括原材料、在产品、半成品、产成品、商品以及周转材料等。
2.存货的确认条件	符合存货定义的资产项目,要在资产负债表中作为存货予以确认,还必须符合两个确认条件:(1)该存货包含的经济利益很可能流入企业;(2)该存货的成本能够可靠地计量。

(二)存货的初始计量

<table>
<tr><th>取得来源</th><th colspan="4">实际成本构成内容</th></tr>
<tr><td rowspan="8">1.外购的存货</td><td colspan="4">外购存货的采购成本包括购买价款、相关税费、运输费、装卸费、保险费及其他可归属于存货采购成本的费用。</td></tr>
<tr><td>购买价款</td><td colspan="3">指购入材料或者商品发票账单上列明的价款,但不包括按规定可以抵扣的增值税额。</td></tr>
<tr><td>相关费用</td><td colspan="3">包括运输费(可以抵扣增值税的除外)、装卸费、保险费、仓储费、包装费、运输途中的合理损耗、入库前的挑选整理费用等。</td></tr>
<tr><td rowspan="4">相关税金</td><td>价内税</td><td colspan="2">消费税、资源税。</td></tr>
<tr><td rowspan="2">价外税</td><td>一般纳税人企业</td><td>可以抵扣的,确认为进项税额,不计入存货成本。</td></tr>
<tr><td>小规模纳税人企业</td><td>计入存货成本。</td></tr>
<tr><td>进口税</td><td colspan="2">计入存货成本。</td></tr>
<tr><td colspan="4">商品流通企业在采购商品过程中发生的运输费、装卸费、保险费以及其他可归属于存货采购成本的进货费用,应计入所购存货的采购成本。在实务中,企业也可以先进行归集,期末,按照所购商品的存、销情况进行分摊。对于已售商品的进货费用,计入主营业务成本;对于未售商品的进货费用,计入期末存货成本。商品流通企业采购商品的进货费用金额较小的,可以在发生时直接计入当期销售费用。</td></tr>
</table>

续表

取得来源	实际成本构成内容
2.通过进一步加工取得的存货	企业通过进一步加工取得的存货，主要包括产成品、在产品、半成品、委托加工物资等，其成本主要由采购成本和加工成本构成，还可能包括使存货达到目前场所和状态所发生的其他成本。
3.其他方式取得的存货	投资者投入存货的成本应当按照投资合同或协议约定的价值确定，但合同或协议约定价值不公允的除外。 企业通过非货币性资产交换、债务重组、企业合并等方式取得的存货，其成本应当分别按照非货币性资产交换、债务重组、企业合并等的规定确定。但是，该项存货的后续计量和披露应当执行存货准则的规定。
4.盘盈的存货	盘盈的存货应按其重置成本作为入账价值，并通过"待处理财产损溢"科目进行会计处理，按管理权限报经批准后，冲减当期管理费用。

(三)存货发出的计量

内　容	会计处理	
1.存货发出的计价方法	计划成本计价	计算材料成本差异率，调整成实际成本。
	实际成本计价	(1)个别计价法；(2)先进先出法；(3)移动加权平均法；(4)全月一次加权平均法。
2.特殊情况	性质和用途相似的存货应采用相同的方法确定存货成本； 不能替代的存货或者专门用途的存货通常采用个别计价法。	
3.商品流通企业发出存货	通常采用毛利率法和售价金额核算法等进行核算。	

二、实训目标

通过实训，了解原材料核算的基本程序，掌握原材料按计划成本核算的方法及"材料成本差异"账户的运用，编制原材料发料凭证汇总表、材料成本差异分配表及有关记账凭证，登记有关总账和明细账；了解库存商品核算的基本程序，掌握库存商品核算的方法及运用，计算并结转发出存货的成本和结存存货的成本，编制有关记账凭证，并登记有关总账和明细账；了解周转材料核算的基本方法，掌握周转材料的入库、领用、摊销、发出等有关会计凭证的编制，登记有关总账和明细账。

三、实训资料

26.(委托加工发出原材料是特殊材料，有实际成本资料，可以及时逐笔核算。)

5日，委托锦州悦林木器加工厂加工500只包装箱。发出木材的实际成本为6 500元。支付加工费1 500元，增值税率为17%。签发中行转账支票一张，金额为1 755元。

27.5日，从江苏丰华公司购入的锻件12 000千克运达企业，短缺100千克，实收11 900千克，办理验收入库手续(计划成本为10元/千克)(本业务与第11笔业务相联系)。

要求：

(1)填制收料单。

(2)计算短缺的100千克锻件的实际采购成本，并确定其进项税额，转入待处理财产损溢。

(注：杜雷副经理为公司主管材料采购和材料仓库的负责人；仓库负责人：余东；经手人：陆

宏霞。）

28.5 日，向营口熙和螺栓有限公司购入 AT 钢质螺栓（外购半成品）6 000 套，订立购销合同，单价为 15 元/套，增值税专用发票列明：价款 90 000 元，税额 15 300 元。款项用已经承兑的银行承兑汇票结算，自行运输，货已验收入库（注：外购半成品按实际成本计价核算）。

29.8 日，向锦州方圆铸件厂赊购铸铜件 8 000 千克，增值税专用发票列明：单价 20.5 元/千克，价款 164 000 元，税额 27 880 元。根据购货合同规定，现金折扣条件为：2/10、1/20、n/30。货已验收入库（计划成本为 20 元/千克）。

30.8 日，从美菱公司购入的 25 000 千克铸铁件运达企业，已办理验收入库手续。

31.8 日，收到大连鑫宇有限公司开具的增值税专用发票（发票联和抵扣联），本公司购买铸铜件 8 000 千克，单价为 20.8 元/千克，价款总额为 166 400 元，增值税率为 17%。货已运达企业，办理验收入库手续。按照销售合同，本公司已于 4 日预付了 40%的货款。其余款项现采用电汇方式结清（计划成本为 20 元/千克）。

32.8 日，中国银行转来托收承付结算凭证的收账通知联，系广州茂源有限公司结清本月 3 日购货的价税款 58 500 元。

33.8 日，收到委托悦林木器加工厂加工的 500 只包装箱，办理验收入库。

34.（平日暂时无须填制记账凭证，待到月底进行发料汇总后统一填制。而会计凭证编号可以顺序上连续编号，无须受写书编号之影响。因为实际工作中没有编号，只有办理业务的时间先后顺序。）

8 日，修理车间领用压力表 6 块，单位成本为 620 元/块。

供电车间领用电动机 3 台，单位成本为 1 100 元/台。

第一车间领用工作服 35 套，第二车间领用工作服 30 套，管理部门领用 25 套（一次转销法）。

35.（本题无须根据出库单结转已销产品的销售成本，因为本月销售的产品可能有本月生产，也有以前结存，而本月的生产成本待月末才能计算，因此，月末才能结转已销产品成本。）

8 日，给杭州新民重型机械销售公司开具增值税专用发票，销售 GF12 汽车起重机 5 台，每台售价为 100 000 元；销售 LN 型旋臂起重机 10 台，每台售价为 50 000 元，增值税率为 17%。货尚未发出，款项尚未收到。同时，公司领用了 200 只全新的包装箱，无偿提供给杭州新民重型机械销售公司周转使用。包装箱发出计价采用先进先出法，摊销采用五五摊销法。

四、注意问题

（1）企业为建造固定资产等各项工程而储备的各种材料是否能够作为企业的存货进行核算？

（2）哪些税金计入存货的成本？哪些税金不计入存货的成本？

（3）支付的用于连续生产委托加工应税消费品的消费税应记入什么会计科目？支付的回收后直接用于销售委托加工应税消费品的消费税，应记入什么会计科目？

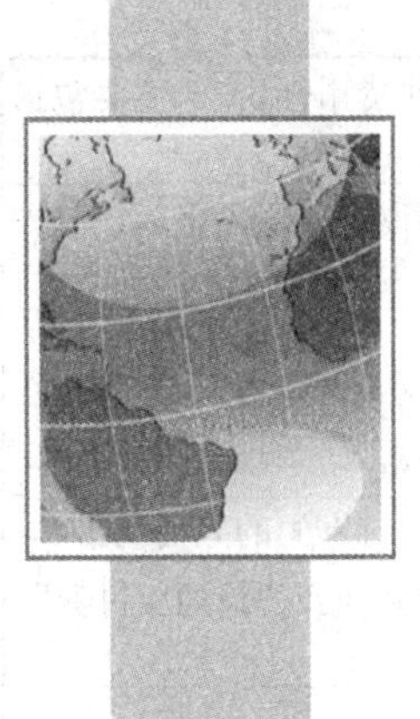

第六章 固定资产、在建工程、无形资产、投资性房地产、长期待摊费用实训

一、知识框架

(一)固定资产、在建工程

1. 固定资产的概念	固定资产是指同时具有以下特征的有形资产:为生产商品、提供劳务、出租或经营管理而持有的;使用寿命超过一个会计年度。
2. 固定资产的确认条件	固定资产同时满足以下条件的,才能予以确认:(1)与该固定资产有关的经济利益很可能流入企业;(2)该固定资产的成本能够可靠地计量。
	固定资产各部件具有不同的使用寿命,采用不同的折旧率,应分别对各部分确认单项固定资产。
3. 外购固定资产成本	企业外购的固定资产的成本包括:(1)购买价款;(2)相关税包括进口关税(增值税从2009年开始不计入);(3)相关费用包括运输费、装卸费、安装费、场地整理费、专业人员服务费等。
	以一笔款项购入多项未单独标价的固定资产,应按固定资产的公允价值比例分配固定资产总入账成本,分别确定固定资产成本。
4. 自行建造的固定资产(自营工程、出包工程)	企业自建固定资产,应按建造该项资产达到预定可使用状态前所发生的必要支出,作为固定资产的入账价值,主要包括:工程物资成本+人工成本+相关税费+借款费用的资本化额。
	会计结转核算顺序:工程物资→在建工程→固定资产
5. 投资者投入的固定资产	投资者投入的固定资产,按照投资合同协议约定的价值(合同协议约定价值不公允的除外)。
6. 非货币性资产交换取得的固定资产	(1)具有商业实质且公允价值能够可靠计量: 固定资产入账成本=换出资产的公允价值(或者换入固定资产公允价)+相关税费+应支付的补价(或-收到的补价) (2)不具有商业实质或者公允价值不能可靠计量: 固定资产入账成本=换出资产的账面价值+相关税费+应支付的补价(或-收到的补价)
7. 固定资产后续计量	折旧方法:(1)年限平均法;(2)年数总和法;(3)双倍余额递减法;(4)工作量法。
	固定资产改良支出,包括装修支出,符合资本化条件的计入固定资产成本,否则计入当期费用。
	固定资产减少,除了盘亏外,不论原因,一律通过“固定资产清理”科目进行核算。

(二)无形资产的确认及计量

1. 无形资产的概念	无形资产是指企业拥有或者控制的没有实物形态的可辨认非货币性资产，主要包括专利权、非专利技术、商标权、著作权、特许权等。
2. 无形资产的确认	(1)符合无形资产的定义；(2)与该无形资产有关的经济利益很可能流入企业；(3)该无形资产的成本能够可靠地计量。
3. 自主研发的无形资产	研究阶段的有关支出→记入“研发支出”→记入“管理费用”； 开发阶段的有关支出→记入“管理费用”(不符合资本化条件的)； 开发阶段的有关支出→记入“无形资产”(符合资本化条件的)。
4. 外购无形资产	购买价款＋相关税费＋直接归属于使该项资产达到预定用途所发生的其他支出
5. 延期支付购买无形资产	以购买价款的现值为基础，记入“无形资产”；购买价款(将来值)记入“长期应付款”；差额记入“未确认融资费用”。
6. 投资者投入无形资产	应当按照投资合同或协议约定的价值(合同或协议约定价值不公允的除外)。
7. 非货币性资产交换取得无形资产	(1)具有商业实质且公允价值能够可靠计量： 无形资产入账成本＝换出资产的公允价值(或者换入资产的公允价值)＋相关税费＋应支付的补价(或－收到的补价) (2)不具有商业实质或者公允价值不能可靠计量： 无形资产入账成本＝换出资产的账面价值＋相关税费＋应支付的补价(或－收到的补价)
8. 债务重组取得	取得资产的公允价值确认。
9. 无形资产后续计量	(1)使用寿命有限的，按使用寿命、合同期限、有效期孰短原则确定摊销期限； (2)摊销方法可以是直线法、生产总量法等； (3)摊销额的去向可能是“管理费用”或者“制造费用”等，同时增记“累计摊销”； (4)使用寿命不确定，在持有期间不进行摊销，但每个会计期间要进行减值测试，确定减值损失； (5)无形资产出售取得的净收益记入“营业外收入”； (6)无形资产转让使用权收益记入“其他业务收入”。

(三)投资性房地产的确认及计量

1. 投资性房地产的概念	投资性房地产是指为赚取租金或使资本增值，或二者兼有而持有的房地产，包括已出租的土地使用权、持有并准备增值后转让的土地使用权、已出租的建筑物，不包括自用房地产、作为存货的房地产。
2. 投资性房地产的确认	(1)符合投资性房地产的定义；(2)与该投资性房地产有关的经济利益很可能流入企业；(3)该投资性房地产成本能够可靠地计量。
3. 外购投资性房地产	购买价款＋相关税费＋直接归属于使该项资产达到预定用途所发生的其他支出。外购必须同时开始出租或用于资本增值。
4. 投资性房地产的计量模式	(1)成本计量模式(我国基本采用)。 (2)公允价值计量模式。
5. 投资性房地产的后续计量	(1)成本计量模式：取得时，借记 “投资性房地产”账户，贷记“银行存款”、“在建工程”账户；赚取租金时，借记“银行存款”账户，贷记“其他业务收入”等账户；计提折旧或摊销时，借记“其他业务成本”等账户，贷记“投资性房地产累计折旧(摊销)”账户；需要计提减值准备的，借记“资产减值损失”，贷记“投资性房地产减值准备”。 (2)公允价值计量模式：取得时，借记“投资性房地产(成本)”账户，贷记“银行存款”、“在建工程”等账户；赚取租金时，借记“银行存款”账户，贷记“其他业务收入”账户；资产负债表日对公允价值的变动进行处理，不计提折旧或摊销价值，不计提减值准备，如果公允价值提高，按公允价值高于账面价值的差额，借记“投资性房地产(公允价值变动)”账户，贷记“公允价值变动损益”账户；如果公允价值降低，做相反的会计处理。

续表

6. 长期待摊费用	长期待摊费用是指企业已经发生但应由本期和以后各期负担的、分摊期限在 1 年以上的各项费用，如以经营租赁方式租入的固定资产发生的改良支出、摊销期超过一年的经营租入固定资产的改良支出等。
	设置“长期待摊费用”账户。企业发生的长期待摊费用，借记“长期待摊费用”账户，贷记“银行存款”、“原材料”等账户。摊销时，借记“管理费用”、“销售费用”等账户，贷记“长期待摊费用”账户。该账户期末借方余额，反映企业尚未摊销完毕的长期待摊费用。

二、实训目标

通过实训，了解固定资产的标准和价值构成，熟悉固定资产增减业务，能够根据不同固定资产选择使用折旧方法并且计提折旧，掌握固定资产后续支出及处置的会计处理；熟悉无形资产确认和计量的原则和方法，掌握无形资产增减变动及相关业务的会计处理；了解投资性房地产和长期待摊费用的相关内容及账务处理。

三、实训资料

36. 9 日，大连星海电机厂发生财务困难，欠我公司的 210 000 元无法偿还。经双方协商，同意大连星海电机厂以一辆马自达 450 小轿车抵偿债务。该轿车原始价值为 365 000 元，已提折旧 178 000 元。其评估确认价值为 190 000 元。该项应收账款已计提坏账准备 12 000 元。

37. 9 日，将一项非专利技术的使用权转让给锦州岚隆公司，转让费金额为 45 000 元，开出发票，收到岚隆公司签发的支票。出纳员填制中国银行进账单，到银行办理收款手续，已于当日下午收到进账单的收账通知联。

38.（本题无须根据出库单结转已销产品的销售成本，因为本月销售的产品可能有本月生产，也有以前结存，而本月的生产成本待月末才能计算，因此，月末才能结转已销产品成本。）

9 日，公司根据生产需要，以库存的一台 GF12 汽车起重机换入银湖电子科技有限公司的电器元件 100 套。该汽车起重机的账面价值为 82 400 元，公允价值为 100 000 元，增值税税额为 17 000 元。电器元件的公允价值为 114 000 元，增值税税额为 19 380 元。支付运输费用为 1 000 元，支付补价为 14 000 元。商品已经发出，电器元件已经验收入库（外购半成品按实际成本计价核算）。

39.（自建工程领用工程物资当日逐笔核算，领用原材料待月底发出材料汇总后统一核算。）

9 日，公司经批准新建一座冷却塔。为冷却塔工程购入 20 吨钢材，每吨 3 000 元，增值税专用发票列明：价款 60 000 元，税额 10 200 元，另付运费 3 000 元。货已经验收入库。款项均以支票支付。当日，工程建设领用 10 吨。

（注：根据我国应对 2009 年全球金融风暴的有关规定，于 2009 年 1 月 1 日起购置固定资产的进项税额可以抵扣。）

40. 9 日，将一辆不再使用的拖板车转让给新迪运输公司，原价 80 000 元，已提折旧 30 000 元，转让价款 60 000 元。将新迪运输公司交来的支票送存银行，并已于当日下午收到进账单的收账通知联（假设不考虑相关税费）。

41.10日,新迪运输公司已将拖板车运回,清理完毕。填制“固定资产清理计算表”,结转清理净损益。

42.(自建工程领用工程物资当日逐笔核算,领用原材料待月底发出材料汇总后统一核算。)

10日,冷却塔工程领用专用钢材10吨。另领用螺栓2 000套。

43.10日,第一生产车间从锦州大定机电设备有限公司购买一台电焊机,增值税专用发票注明:该电焊机价款为18 000元,增值税税率为17%。签发中国银行转账支票,金额为21 060元,支付价税款项。

(注:根据我国应对2009年全球金融风暴的有关规定,于2009年1月1日起购置固定资产的进项税额可以抵扣。)

44.10日,收到香港国际(珠海)电子有限公司捐赠的计算机10台,国内市场价格为8 500元/台,增值税税率为17%,已办理固定资产验收手续。

45.10日,年末财产清查,发现盘盈盘亏情况如下:

(1)盘亏铸铁件100千克;

(铸铁件按计划成本核算,待月末计算出成本差异率,再进行核算。)

(2)盘亏螺栓20套,单位成本为14.8元/套;

(3)另发现账外电钻2台,其市场价格为3 000元/台,估计9成新。

上述盈亏资产均已上报有关部门调查原因。

46.(注:领用产品核算待月末计算出平均单位成本再结转,见第114笔业务集中核算。)

11日,在建的冷却塔工程领用自产的GF12汽车起重机一台。GF12汽车起重机的计税价格为100 000元/台。另签发转账支票一张,支付锦州大同建筑有限公司工程费17 000元。

四、注意问题

(1)以一笔款项购入没有单独标价的多项固定资产,如何进行成本分配?

(2)价值是否“公允”的判断标准是什么?

(3)开发阶段发生的支出是否全部资本化?

(4)无形资产与固定资产在会计核算上有哪些区别?

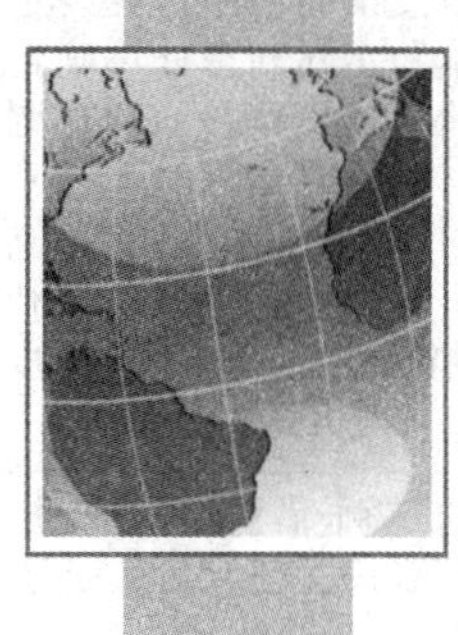

第七章 交易性金融资产、可供出售金融资产、持有至到期投资、长期股权投资实训

一、框架结构

<table>
<tr><td>1. 金融资产的内容</td><td>主要包括库存现金、银行存款、应收账款、应收票据、其他应收款项、股权投资、债权投资、衍生(金融)工具形成的资产等。金融资产中的货币资金有自己的特征,本书在第三章已经介绍。</td></tr>
<tr><td>2. 本章内容</td><td>交易性金融资产、持有至到期投资、可供出售金融资产、长期股权投资。</td></tr>
<tr><td rowspan="5">3. 交易性金融资产</td><td>(1)概念:交易性金融资产是指企业为了近期内出售而持有的金融资产。</td></tr>
<tr><td>(2)企业取得交易性金融资产应当按照取得时的公允价值作为初始确认额,借:“交易性金融资产”、“投资收益”(取得的交易税费)、“应收股利或应收利息”,贷“银行存款”等账户,设置“交易性金融资产——成本”和“交易性金融资产——公允价值变动”两个明细账户。</td></tr>
<tr><td>(3)持有期间,实际收到股利或利息时,借记“银行存款”账户,贷记“应收股利”或“应收利息”账户(取得时宣告的),持有后宣告的股利或利息,贷记“投资收益”账户。</td></tr>
<tr><td>(4)期末,交易性金融资产应按公允价值计量,企业应当在资产负债表日按照交易性金融资产的公允价值与账面价值之间的差额,借记或者贷记“交易性金融资产”账户,贷记或者借记“公允价值变动损益”账户。</td></tr>
<tr><td>(5)交易性金融资产的处置,企业按照实际收到的金额,借记“银行存款”等账户,按该金融资产的账面价值,贷记“交易性金融资产”账户,按其差额,借记或贷记“投资收益”账户。同时,将原计入该金融资产的公允价值变动转出,借记或者贷记“公允价值变动损益”账户,贷记或者借记“投资收益”账户。</td></tr>
<tr><td rowspan="4">4. 可供出售金融资产</td><td>(1)概念:指初始确认时即被指定为可供出售的非衍生金融资产,以及除贷款和应收款项、持有至到期投资、以公允价值计量且其变动计入当期损益的金融资产等以外的金融资产。</td></tr>
<tr><td>(2)种类:划分为可供出售的股票投资、债券投资等金融资产。</td></tr>
<tr><td>(3)“可供出售金融资产”账户的类别和品种,分设“成本”、“利息调整”、“应计利息”、“公允价值变动”等明细账户进行核算。</td></tr>
<tr><td>(4)取得时,企业取得可供出售金融资产为股票的,应按照公允价值与交易费用之和,借记“可供出售金融资产——成本”账户,按支付的价款中包含的已宣告但尚未发放的现金股利,借记“应收股利”账户,按实际支付的金额,贷记“银行存款”账户。
企业取得可供出售金融资产为债券的,应按债券的面值,借记“可供出售金融资产——成本”账户,按支付的价款中包含的已到期但尚未领取的利息,借记“应收利息”账户,按实际支付的金额,贷记“银行存款”账户,按其差额借记或者贷记“可供出售金融资产——利息调整”账户。</td></tr>
</table>

续表

	(5)资产负债表日,可供出售债券为分期付息、一次还本债券投资的,应按票面利率计算确定的应收未收利息,借记“应收利息”账户,按可供出售金融资产摊余成本和实际利率计算确定的利息收入,贷记“投资收益”账户,按其差额,借记或者贷记“可供出售金融资产——利息调整”账户。 可供出售债券为一次还本付息债券投资的,按票面利率计算确定的应收未收利息,借记“可供出售金融资产——应计利息”账户,按可供出售金融资产摊余成本和实际利率计算确定的利息收入,贷记“投资收益”账户,按其差额,借记或者贷记“可供出售金融资产——利息调整”账户。
	(6)资产负债表日,可供出售的金融资产的公允价值高于其账面价值的差额,借记“可供出售金融资产——公允价值变动”账户,贷记“资本公积——其他资本公积”账户。公允价值低于其账面价值的差额,做相反的会计分录。 资产负债表日,确定可供出售金融资产发生减值的,按减记的金额,借记“资产减值损失”账户,按应从所有者权益中转出原计入资本公积的累计损失金额,贷记“资本公积——其他资本公积”账户,按其差额,贷记“可供出售金融资产——公允价值变动”账户。
5. 持有至到期投资	(1)概念:指到期日固定、回收金额固定或可确定,且企业有明确意图和能力持有至到期的非衍生金融资产。
	(2)应按照持有至到期投资的品种和类别,分“成本”、“利息调整”、“应计利息”等明细科目,或者设置“应收利息”账户。
	(3)取得持有至到期投资,应按该投资的面值,借记“持有至到期投资——成本”账户,持有至到期投资为一次还本付息债券投资的,应按支付的价款中包含的已到付息期但尚未领取的利息,借记“持有至到期投资——应计利息”账户,如果购买的为分期付息债券,则支付的价款中包含的已到付息期但尚未领取的利息,借记“应收利息”账户,按实际支付的金额,贷记“银行存款”账户,按其差额,借记或者贷记“持有至到期投资——利息调整”账户。
	(4)期末计息。资产负债表日,若持有至到期投资为分期付息、一次还本债券,按票面利率×债券面值计算确定的应收未收利息,借记“应收利息”账户,按持有至到期投资摊余成本×实际利率计算确定的利息收入,贷记“投资收益”账户,按其差额,借记或者贷记“持有至到期投资——利息调整”账户。 若持有至到期投资为一次还本付息债券投资的,按票面利率计算确定的应收未收利息,借记“持有至到期投资——应计利息”账户,按持有至到期投资摊余成本和实际利率计算确定的利息收入,贷记“投资收益”账户,按其差额,借记或者贷记“持有至到期投资——利息调整”账户。
	(5)持有至到期投资的期末计量。资产负债表日,持有至到期投资发生减值的,按应减记的金额,借记“资产减值损失”,贷记“持有至到期投资减值准备”;已计提减值准备的持有至到期投资价值以后又得以恢复的,应在原已计提的减值准备金额内,按恢复增加的金额:借记“持有至到期投资减值准备”,贷记“资产减值损失”。
6. 长期股权投资	(1)内容。长期股权投资包括持有的对其子公司、合营企业及联营企业的权益性投资,以及企业持有的对被投资单位不具有控制、共同控制和重大影响,且在活跃市场中没有报价、公允价值不能可靠计量的权益性投资。
	(2)企业合并形成的长期股权投资。 同一控制下企业合并形成的长期股权投资,按合并日取得被合并方所有者权益账面价值的份额,记“长期股权投资”账户。支付的合并对价的账面价值与所有者权益的账面价值的差额,记“资本公积”,不足的冲减留存收益。
	(3)非同一控制下的企业合并形成的长期股权投资,按照购买日的企业合并成本(不含应自被投资单位收取的现金股利或利润),借记“长期股权投资”账户,按支付的合并对价的账面价值,贷记有关资产或借记有关负债账户,按发生的直接相关费用,贷记“银行存款”账户,按其差额,记入“营业外收入或支出”。

续表

	(4)以企业合并以外的方式取得的长期股权投资。 以支付现金方式取得的长期股权投资,按实际支付的购买价款,记“长期股权投资”账户。 以发行权益性证券方式取得的长期股权投资,按发行权益性证券的公允价值作为初始投资成本。
	(5)长期股权投资的核算方法有成本法和权益法两种。
	成本法:①取得时分别按同一控制下合并、非同一控制下合并、其他方式取得的初始成本计量;②被投资方实现净利时不处理;③被投资方宣告分派现金股利时,借:应收股利,贷:投资收益;④被投资方资本公积等发生变化,投资方不处理。
	权益法:①取得时分别按同一控制下合并、非同一控制下合并、其他方式取得的初始成本计量;②被投资方实现净利时,借:长期股权投资,贷:投资收益,亏损则相反。但是,连续亏损,长期股权投资账面价值或者实质上构成的长期权益等减记至零为止,分设“成本”、“损益调整”和“其他权益变动”明细账户;③被投资方宣告分派股利时,借:应收股利,贷:长期股权投资;④被投资方资本公积等发生变化,投资方按照出资比例,借:长期股权投资,贷:资本公积。

二、实训目标

熟悉交易性金融资产的确认和计量,掌握交易性金融资产的取得、收益实现、处置和公允价值变动的会计处理。熟悉持有至到期投资的确认和计量,掌握持有至到期投资的取得、收益实现、到期以及计提减值准备的会计处理。熟悉可供出售金融资产的确认和计量,掌握可供出售金融资产的取得、收益实现、公允价值变动、处置和计提减值准备的会计处理。掌握成本法下长期股权投资的取得、取得现金股利或利润、处置和期末计量的会计处理。掌握权益法下长期股权投资的取得、被投资单位实现净损益、取得现金股利或利润、被投资单位除净损益以外所有者权益的其他变动、处置和期末计量的会计处理。

三、实训资料

47. 11 日,将 10 月份购入(每股 11.5 元)的北辰实业股票 50 000 股以每股 13.5 元的价格售出。扣除交易手续费后,实际收到款项 672 975 元已经转入建设银行证券资金账户。

48. 11 日,又以每股 10.8 元购入了长江电力股票 50 000 股,并支付交易费 1 200 元,不准备长期持有。

49. 11 日,公司将持有的可供出售金融资产——大华债券售出,大华债券面值为 600 000 元、期限为 3 年、票面利率为 8%、每年 12 月 31 日付息、到期还本,实际收到价款 637 000 元。当日,大华公司债券计入所有者权益的公允价值变动额(贷方)为 4 212 元;账面余额为 618 000元,其中,成本为 600 000 元,利息调整(借方)为 13 788 元,公允价值变动(借方)为 4 212元。

50. 11 日,委托广发证券公司以每股 1.5 元的价格购入深圳华强股份有限公司的普通股股票(深华股份)500 000 股,作为长期投资,并支付交易税费 3 750 元。该股份占深圳华强股份有限公司普通股股份的 25%。投资当时,深圳华强股份有限公司可辨认净资产的公允价值为 3 062 400 元。采用权益法核算。收到广发证券公司交来的证券交割单。

四、注意问题

(1)长期股权投资的成本法和权益法在核算上有什么不同?

(2)不同渠道取得的长期股权投资应如何初始计量?

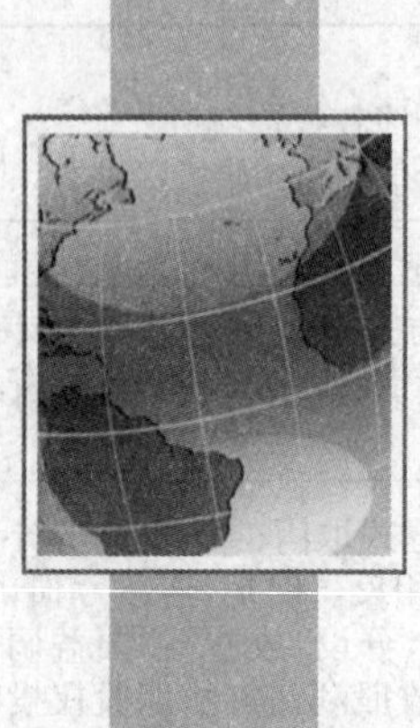

第八章 流动负债、长期负债实训

一、知识框架

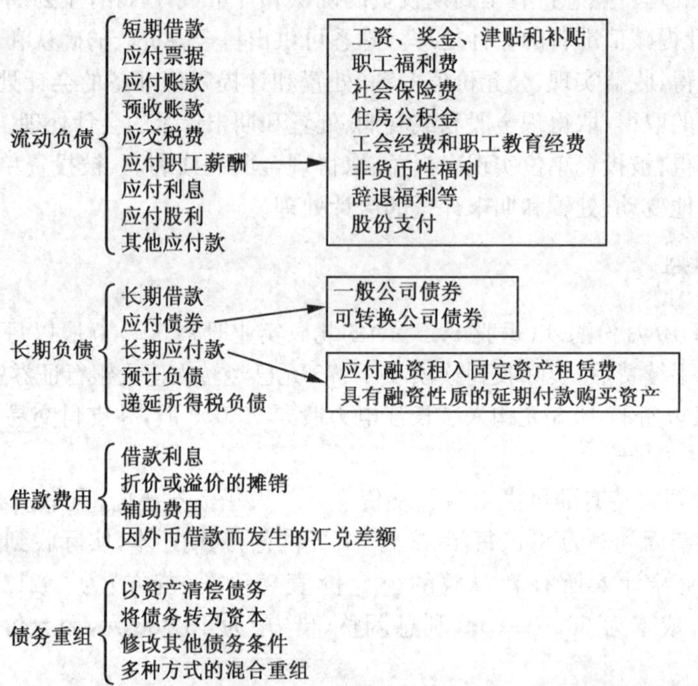

应付债券	(1)设置“应付债券”账户,并分“面值”、“利息调整”、“应计利息”等明细账户或者“应付利息”账户。
	(2)债券发行价格＝未来本金实际利率下的现值＋未来利息实际利率下的现值。
	(3)发行时,应按实收额,借记“银行存款”账户,按债券面值,贷记“应付债券——面值”账户,实收额与面值的差额借记或者贷记“应付债券——利息调整”账户。 (4)期末计算利息并摊销溢价或者折价。债券为到期一次还本付息债券的,按应付债券的面值×票面利率计算的票面利息即应付未付利息,贷记“应付债券——应计利息”账户,如果为分期付息债券,则应付的利息,贷记“应付利息”账户,按实际利率×债券的期初账面价值(或期初摊余成本)计算的实际利息金额,借记“财务费用或在建工程”账户,按票面利息与实际利息的差额,借记或者贷记“应付债券——利息调整”账户。

本章的重点与难点：

(1)负债的含义、特征及分类；

(2)应付账款和应付票据的核算内容及账务处理；

(3)增值税、营业税、消费税和所得税的计算及账务处理；

(4)短期借款与长期借款的核算内容及账务处理；

(5)应付职工薪酬的内容及账务处理；

(6)应付债券的核算内容及账务处理；

(7)实际利率法的应用；

(8)借款费用资本化金额的确定及计算；

(9)各种债务重组方式下债权人、债务人的账务处理；

(10)营改增的范围有哪些？为什么改？税率有哪些变化？

关于营改增内容的说明：

营改增内容是国家税收政策的调整，会计受之影响理应调整。但是，因本业务当初的连续性设计，调整有一定难度，加之本教材内容涉及的营改增业务不多，望使用本教材的广大师生另外学习并与该教材编写组联系。

二、实训目标

通过实训，使学生熟练掌握应付款项、应交税费、应付职工薪酬、长(短)期借款等业务的核算，掌握各种税费纳税申请时所需要的原始凭证的填写，掌握各种职工薪酬的计算及工资结算汇总表的填写，了解并熟悉借款费用及债务重组的具体内容及其账务处理。

三、实训资料

51.(平时无须填制记账凭证，因为成本计算得月末进行，待月末产品成本计算完毕后统一集中填制，平时只记录数量。)

12 日，产成品入库。LN 型旋臂起重机完工入库 8 台；GF12 汽车起重机完工入库 3 台。

52.(注：本公司个人负担的社会保险费、住房公积金、工会经费等部分不通过“其他应付款”科目核算，为了保证各项社会保险费、住房公积金、工会经费等项目的完整性，均通过“应付职工薪酬”科目核算。)

12 日，缴纳本月社会保险费和工会经费。收到地税局返还的税收通用缴款书，已经从社保基金专户划转各项基金共计 138 008 元，缴纳工会经费 6 898 元。

53. 12 日，缴纳上月城建税、教育费附加、地方教育费、房产税、土地使用税、个人所得税、企业所得税，共计 150 206 元。

54. 12 日，向锦州市住房公积金管理中心申报本月应交的住房公积金，取得“锦州市公积金汇(补)缴书”(第一联)，签发中国银行支票，到中国银行交付住房公积金。

55. 12 日，与中国银行锦州分行签订为期 3 个月的流动资金借款合同，利率为 8%，金额为 300 000 元。接到开户银行收账通知，该笔借款已经划转到本企业账户。

56. 12 日，通过中国银行缴纳上月应交未交的增值税 205 000 元。

57. 12 日，企业人事劳资科交来“工资结算汇总表”，根据实发工资数签发支票一张，收款人为本厂职工工资户，金额为 270 322.4 元，委托中国银行锦州支行办理代发工资转存信用卡业务，发放工资 270 322.4 元。工资发放清单已送交银行，并经银行审核。

58.12日，根据"工资结算汇总表"，结转本月各项代扣款项共计74 577.6元。

59.15日，上个月从大连黎明公司购入的50吨煤(燃料)运达企业，单价为360元/吨。现已办理验收入库手续。

60.15日，向中国银行取得900 000元借款，利率为8%，期限为10年，用于高频设备改造工程，已划转到公司账户中。该项工程尚未开始改造。

15日，编制1～15日的科目汇总表。根据本月业务的有关记账凭证，登记库存现金日记账、银行存款日记账，根据有关记账凭证逐笔登记各种明细账，根据科目汇总表登记总分类账。

61.16日，填制还款凭证，归还流动资金借款600 000元，该项借款于本年7月25日借入，今日到期。利息已经结清。

62.16日，委托广发证券公司发行企业债券：面值为100 000元，期限为5年，票面利率为10%，每年年末付息一次，到期一次还本。发行时实际利率为8%，实际收到发行款107 985元，存入中国银行。

63.17日，签发中国银行转账支票一张，向广发证券公司支付债券发行费用(发行手续费和债券印制费)共计5 250元。

四、注意问题

(1)一般纳税人在增值税的账务处理中，属于"进项税额转出"及"视同销售计算销项税额"的业务具体有哪几种？

(2)职工薪酬包括哪些具体内容？企业应如何核算非货币性职工薪酬？

(3)如何分别判断借款费用开始资本化和停止资本化的时点？

(4)以非现金资产抵偿债务时，债务人如何进行会计处理？请一一具体说明。

(5)预计负债和或有负债有何联系及区别？它们在财务报告中是如何列示的？

(6)一般纳税人在进行进项税额抵扣时以哪些凭证为依据？

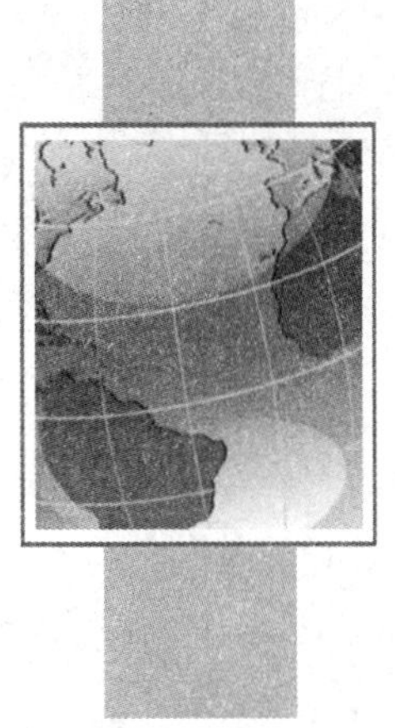

第九章 所有者权益实训

一、知识框架

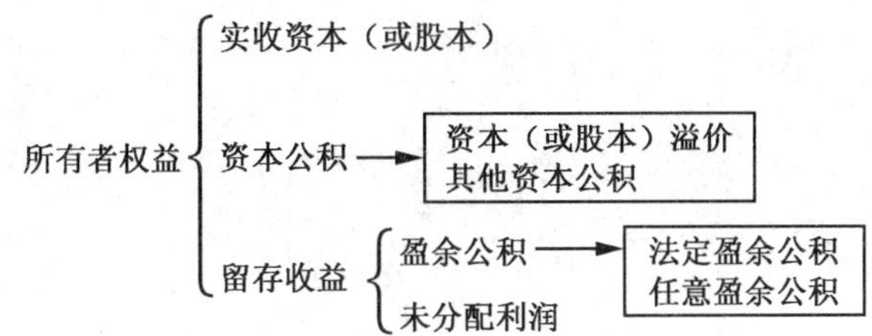

本章的重点和难点：

(1)所有者权益的含义及种类；

(2)投入资本的相关规定；

(3)股票认购及发行的账务处理；

(4)资本公积的构成内容；

(5)留存收益的构成；

(6)关于亏损弥补的有关规定及账务处理。

二、实训目标

通过实训，使学生能够熟练掌握“资本公积”下两个明细账户的具体核算，掌握盈余公积提取和使用时的账务处理，了解并熟悉投入资本的主要法律规定，并对股利分派的主要内容有一定的认识。

三、实训资料

64. 17 日，收到锦州美林铸件有限公司投入的货币资金 600 000 元，其中，500 000 元应计入注册资本，100 000 元为资本溢价。

65. 17 日，接受辽宁凯旋重型机械有限公司以其所拥有的专利权作为投资，协议约定的价值为 300 000 元，按照市场情况估计其公允价值为 350 000 元，已经办妥相关手续。

四、注意问题

(1)《公司法》中对投入资本有哪些主要法律规定?
(2)企业弥补亏损的途径有哪些?应作何账务处理?
(3)盈余公积和未分配利润有何异同?
(4)公司发行股票一般需要经过哪些阶段?各阶段应作何账务处理?
(5)企业增加资本的途径共有哪几种?请分别作出相应的账务处理。

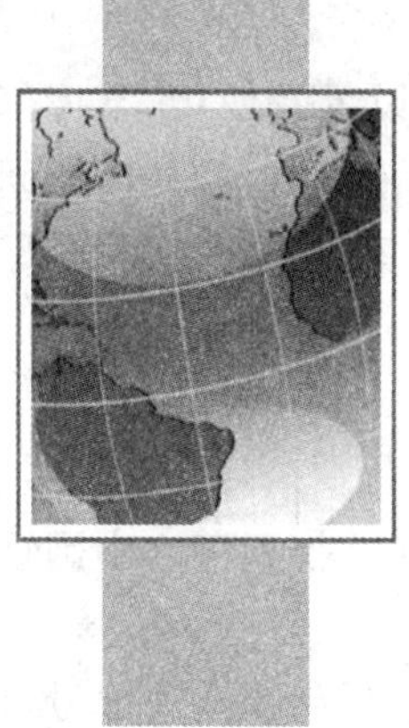

第十章 成本费用实训

一、知识框架

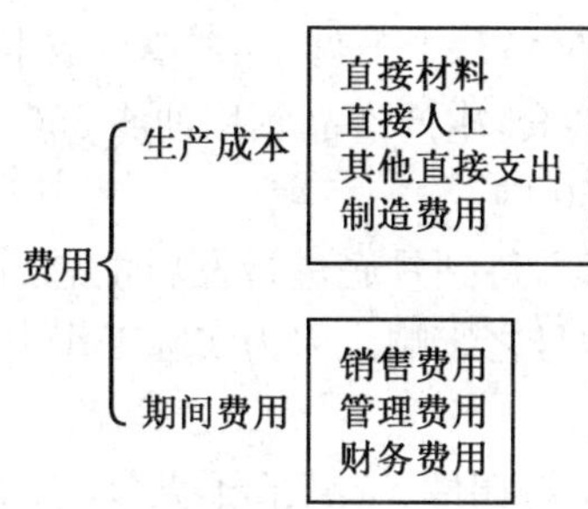

<table>
<tr><td rowspan="12">产品成本核算的一般程序</td><td colspan="2">1. 费用的审核与控制，即费用应否支出，应该支出的费用区分为应计入成本的费用和不应计入成本的费用。</td></tr>
<tr><td rowspan="4">2. 应计入成本的费用在各产品之间进行分配。</td><td>(1)费用要素的归集与分配(重点是外购材料)。</td></tr>
<tr><td>(2)摊销与预计本期应负担的费用。</td></tr>
<tr><td>(3)辅助生产费用的归集与分配：①直接分配法；②交互分配法；③计划成本分配法；④代数分配法；⑤顺序分配法。各方法一般不同时并存，适用于不同的特点和条件。</td></tr>
<tr><td>(4)制造费用的归集与分配：①生产工时比例法；②机器工时比例法；③生产工人工资比例法；④年度计划分配率分配法(适用于季节性企业)。</td></tr>
<tr><td rowspan="7">3. 计入每种产品的成本，在完工产品和月末在产品之间进行分配(各方法适用于不同特点的企业。)</td><td>(1)不计算月末在产品成本；</td></tr>
<tr><td>(2)月末在产品成本按期初固定数计算；</td></tr>
<tr><td>(3)月末在产品成本按所耗材料成本计算；</td></tr>
<tr><td>(4)月末在产品成本按约当产量比例法计算；</td></tr>
<tr><td>(5)月末在产品成本按定额比例法计算；</td></tr>
<tr><td>(6)月末在产品成本按定额成本计算；</td></tr>
<tr><td>(7)月末在产品成本按完工产品成本计算。</td></tr>
<tr><td>期间费用</td><td colspan="2">包括销售费用、管理费用、财务费用，期末转入“本年利润”。</td></tr>
<tr><td rowspan="3">成本计算方法</td><td>3 种基本方法</td><td>品种法、分步法、分批法</td></tr>
<tr><td>2 种辅助方法</td><td>分类法、定额法</td></tr>
<tr><td colspan="2">生产的特点和管理的要求决定成本的计算方法。品种法适用于大量大批单步骤，管理要求按品种计算成本；分步法适用于大量大批多步骤，管理要求按品种经历的各步骤计算成本；分批法适用于单件小批量，管理要求按批别计算成本。分类法、定额法不与特点和要求直接相关，而是在 3 种基本方法基础上的辅助方法。</td></tr>
</table>

二、实训目标

通过实训,使学生能够熟练掌握"生产成本"及其下属各明细账户的设置及使用,掌握产品成本核算的一般程序、制造费用的归集和分配、期末完工产品成本的结转等内容,掌握期间费用包括的内容和具体核算方法,掌握实际工作中如"产品成本计算单"、"辅助生产费用分配表"、"完工产品成本汇总计算表"等各种原始凭证的填写。

三、实训资料

66. 17 日,向杭州新民重型机械销售公司销售 W2 型挖掘机 5 台,货款已收到存入中国银行账户。

67.(平日暂无须填制记账凭证,待到月底进行发料汇总后统一填制。而会计凭证编号可以顺序上连续编号,无须受写书编号之影响。因为实际工作中没有编号,只有办理业务的时间先后顺序。)

17 日,第一车间生产产品领用铸铁件 8 267.34 千克,计划单位成本为 8 元/千克。

第一车间生产产品领用铸铜件 4 109.71 千克,计划单位成本为 20 元/千克。

第一车间生产产品领用锻件 5 452.21 千克,计划单位成本为 10 元/千克。

第一车间生产领用螺栓 2 000 套,生产产品领用油漆 350 千克。

供电车间发电领用煤(燃料)50 吨。

68.(平日暂无须填制记账凭证,待到月底进行发料汇总后统一填制。而会计凭证编号可以顺序上连续编号,无须受写书编号之影响。因为实际工作中没有编号,只有办理业务的时间先后顺序。)

18 日,第二车间生产产品领用铸铜件 5 040.5 千克。

第二车间生产产品领用铸铁件 8 143.75 千克。

第二车间生产产品领用锻件 6 365.2 千克。

第二车间生产领用螺栓 1 800 套;生产领用油漆 300 千克。

管理部门取暖领用煤(燃料)3 吨。

销售部门取暖领用煤(燃料)2 吨。

69. 18 日,用现金支付技术科章洋等 3 人的业务培训费 3 000 元,收到新兴技术培训学校的收款收据。

70. 19 日,收到中国银行转来的锦州环保收费所的专用托收凭证,已经支付排污水费 728.60 元。

71. 19 日,财务科购买账簿 60 本、空白会计报表 30 套,增值税专用发票列明价款 315 元,税额 53.55 元,以现金支付。

72. 22 日,以现金支付职工陆宏霞等 5 人的生活困难补助费 2 500 元。发放元旦慰问金 3 500元。

73. 22 日,签发中国银行支票一张,金额 110 元,购买印花税票。

74. 23 日,签发中国银行支票,支付锦州电视台广告费 68 000 元。

75. 23 日,收到中国银行转来的信汇凭证收账通知联,系江苏工商银行退回的外埠存款的余额 4 010 元,扣除汇费 20.00 元,实收金额为 3 990 元。

76. 24 日,收到中国银行转来的市电信局专用托收凭证,支付本月电话费 2 930.57 元。

77.24 日，收到中国银行的付款通知，结算本年 7 月份借入的生产经营资金周转短期借款本季度的利息 12 059.5 元，利率为 8%。款项已从本公司账户中划转。上两个月已经预提利息8 000元。

78.25 日，有关部门已经查明材料短缺和盘亏的原因，其中：从江苏丰华公司购入的锻件入库时短缺 100 千克，系运输途中被盗，由运输部门赔偿；财产清查中盘亏的 20 套外购半成品，属于收发计量差错，转入“管理费用”。

79.25 日，收到华明能源有限公司开具的增值税专用发票，本月水费 6 984 元，增值税税率 13%；本月电费 7 650 元，增值税税率 17%。签发中国银行的转账支票支付价税款项。

80.26 日，收到中国银行结算存款利息通知，第四季度银行存款利息收入为 4 620.6 元。

81.26 日，锦州欣源酒店开来发票一张，要求结算本月份本公司招待客户就餐费 13 862.5 元。出纳签发支票，金额为 13 862.5 元，交给欣源酒店，结清款项。

82.29 日，通过中国银行缴纳上月应交未交的营业税 2 500 元(滞纳税款)，并从本月 11 日起，按日支付滞纳税款 2‰的滞纳金 135 元。收到营业税缴款书收据联。

83.29 日，收到中国银行通知，支付银行手续费 204.5 元和邮费 12 元。

84.30 日，摊销本月无形资产。

注：本月无形资产有商标权(10 年)、专利权(10 年)和非专利技术(20 年)共 3 项，其中，非专利技术企业已于本月将其使用权转让；另外 2 项均为本企业管理部门自用。

要求：编制无形资产摊销计算表。

85.30 日，摊销以前预付、本月负担的费用，编制本月费用摊销计算表。

86.(平时暂无须填制记账凭证，因为成本计算需要月末进行，待月底产品成本计算完毕后统一集中填制，平时只记录数量。)

30 日，产成品完工入库。LN 型旋臂起重机完工入库 11 台，GF12 汽车起重机完工入库 7 台。

87.30 日，公司于 2009 年 4 月 1 日购入新能源公司的股票 200 000 股，每股价格为 12 元，占新能源公司有表决权股票的 5%。新能源公司于 12 月 30 日宣告分派 2009 年度上半年的现金股利 0.5 元/股，新能源公司上半年实现净利润 200 万元。采用成本法核算。

88.31 日，分配本月水费。

要求：编制外购水费分配表。

部门或用途	耗水量(吨)
基本车间：一车间耗用 二车间耗用	468.62 373.22
辅助车间：机修车间耗用 供电车间耗用	167.36 200.84
行政管理部门耗用	125.52
销售部门	83.68
冷却塔工程耗用	41.84
合　计	1 461.08

89.31 日，根据本月原材料领料单、退料单及相关明细账，计算本月发出材料的成本差异率。

要求：编制原材料成本差异率计算表。

90.31 日，根据本月原材料领料单、退料单和原材料成本差异率计算表，汇总本月原材料的发出和结存情况。

要求：编制原材料发出汇总表（或材料费用分配表）。

91.31 日，根据原材料成本差异率计算表，计算结转本月盘亏材料的成本差异。有关部门已经查明财产清查中盘亏的 100 千克铸铁件，系在仓库保管过程中遭雨淋而变质，由仓库保管员赔偿 50%的损失，其余转入管理费用。

92.31 日，根据本月低值易耗品领料单、退料单，汇总本月低值易耗品的发出和结存情况。

要求：编制低值易耗品发出汇总表。

93.31 日，计提本月固定资产折旧（直线法）。

房屋建筑物月折旧率＝(1－4%)÷20÷12×100%＝0.4%

生产设备月折旧率＝(1－4%)÷10÷12 ×100%＝0.8%

管理设备月折旧率＝(1－4%)÷5÷12×100%＝1.6%

运输工具月折旧率＝(1－4%)÷5÷12×100%＝1.6%

94.31 日，根据“工资结算汇总表”，分配本月工资费用和福利费。

要求：编制工资及福利费用分配表。

95.31 日，根据“保险费、公积金、经费计算表”，计提企业负担的各种保险费、公积金和经费。

要求：编制各种保险费、公积金、经费计算表。

96.31 日，根据本月包装物领料单、退料单，汇总本月包装物的发出和结存情况。

要求：编制包装物发出汇总表。

97.31 日，分配本月外购电费。

注：公司的外购电费都由供电车间耗用。

要求：编制本月外购电费分配表。

98.31 日，根据辅助生产成本明细账及相关耗用资料，分配本月辅助车间的生产费用。各辅助生产车间供应产品或劳务的数量汇总表如下：

受益单位		耗电(度)	修理工时(小时)
第一车间——LN 型旋臂起重机		74 365	
第二车间——GF12 汽车起重机		73 800	
第一车间一般耗用		6 760.4	19 615
第二车间一般耗用		6 000	24 562.5
辅助生产车间	供电车间		50
	机修车间	100	
行政管理部门		20 011.6	3 850
销售部门		10 400	1 807.5
冷却塔工程		590	
合 计		192 027	49 885

要求：编制辅助生产费用分配表。

99.31 日，根据“制造费用”明细账，分配基本车间的制造费用。

要求：编制制造费用分配表。

100.31 日，本月完工 LN 型旋臂起重机 19 台，完工 GF12 汽车起重机 10 台，结转本月完工产品的成本。

要求:填制产品成本计算单。

101.31日,计提本月银行短期借款利息。

注:月末短期借款共1笔,是流动资金借款,本月借入,3个月到期,利率为8%。

要求:编制短期借款利息费用计算表。

102.31日,计提本月银行长期借款利息。

注:月末长期借款共2笔,一笔是一号生产线借款,2013年10月借入,2018年10月到期,利率为6%,该工程已经完工;另一笔是本月借入的高频设备改造借款,利率为8%,该工程尚未开始。

要求:编制长期借款利息费用计算表。

103.(该笔暂时无须填制记账凭证,待月底产品成本计算完毕后统一集中填制,平时只记录数量。)

31日,向杭州新民重型机械销售公司发货,发出GF12汽车起重机5台,发出LN型旋臂起重机10台。

四、注意问题

(1)费用与成本有什么不同?

(2)生产成本计算的一般步骤有哪些?

(3)生产成本核算时应设置哪些明细账?

(4)产品成本计算的基本方法有哪几种?

(5)制造业企业辅助生产费用的分配方法有哪些?

(6)生产费用在完工产品和在产品之间进行分配时有哪些常见的分配方法?

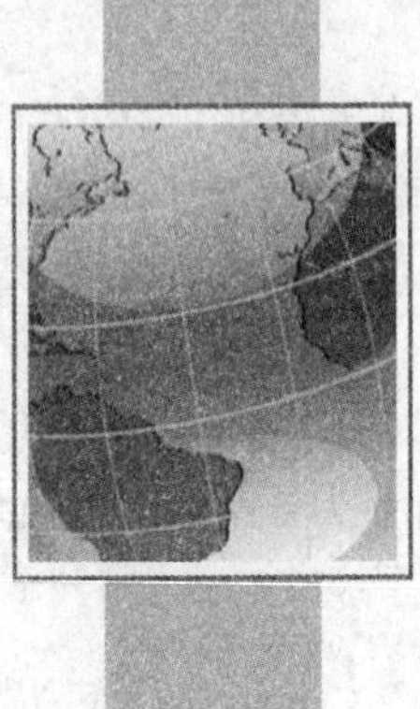

第十一章 期末会计计量实训

一、知识框架

资产期末价值计量

交易性金融资产	以期末交易性金融资产的公允价值来计量，具体根据“交易性金融资产”账下“成本”和“公允价值变动”两个明细账的余额合计计算求得。
应收账款	以“应收账款”账户各明细账的期末借方余额加上“预收账款”各明细账的借方余额减去“坏账准备”后的余额确认。
存货	以“成本与可变现净值孰低法”来确定“存货”项目的期末价值。如果可变现净值低于成本，则应按差额计提存货跌价准备，同时确认本期资产减值损失；如果以后存货人价值得以恢复，则在已提取的存货价值准备范围内转回。
持有至到期投资	“持有至到期投资”账户期末通常应按其账面摊余成本列示。如经过减值测试表明其发生了减值的，应根据其账面摊余成本与预计未来现金流量现值之间的差额计算确认资产减值损失，同时计提持有至到期投资减值准备。
可供出售金融资产	以期末可供出售金融资产的公允价值来计量，且公允价值变动计入资本公积（其他资本公积）。如果可供出售金融资产发生减值的，则应将原直接计入所有者权益的公允价值下形成的累计损失一并转出，计入减值损失。
适用《企业会计准则第8号——资产减值》规定的资产（包括长期股权投资、固定资产、无形资产和商誉）	期末计量： 按成本与可收回金额孰低的原则对其期末价值进行计量。如果资产可收回金额低于其账面价值，应当按照可收回金额低于账面价值的金额，计提减值准备。 借：资产减值损失 贷：××资产减值准备 资产减值损失一经确认，在以后会计期间不得转回。 资产可收回金额的确定步骤： (1)计算确定资产的公允价值减去处置费用后的净额。 (2)计算确定资产预计未来现金流量的现值。 (3)比较资产的公允价值减去处置费用后的净额和资产预计未来现金流量的现值，取其较高者作为资产的可收回金额。

资产减值的具体会计处理：
单项资产减值的会计处理
资产组减值的会计处理
总部资产减值的会计处理
商誉减值的会计处理

具体来讲，资产减值应分为两类：一是《企业会计准则第 8 号——资产减值》规范的非流动资产减值；二是《企业会计准则第 8 号——资产减值》规范外的流动资产及其他资产减值。列示如下表：

资产减值类型	适用准则范围	资产减值类型	适用准则范围
1.存货的减值	《企业会计准则第 1 号——存货》	9.固定资产减值	《企业会计准则第 8 号——资产减值》
2.采用公允价值计量模式计量的投资性房地产的减值	《企业会计准则第 3 号——投资性房地产》	10.无形资产减值	《企业会计准则第 8 号——资产减值》
3.消耗性生物资产的减值	《企业会计准则第 5 号——生物资产》	11.长期股权投资减值	《企业会计准则第 8 号——资产减值》
4.建造合同形成的资产的减值	《企业会计准则第 15 号——建造合同》	12.采用成本计量模式计量的投资性房地产的减值	《企业会计准则第 8 号——资产减值》
5.递延所得税资产的减值	《企业会计准则第 18 号——所得税》	13.商誉资产减值	《企业会计准则第 8 号——资产减值》
6.融资租赁中出租人未担保余值的减值	《企业会计准则第 21 号——租赁》		
7.金融资产的减值	《企业会计准则第 22 号——金融资产确认计量》		
8.未探明矿区权益的减值	《企业会计准则第 27 号——石油、天然气开采》		

比较重要且比较难计算的减值就是存货、固定资产、无形资产，现列示计算步骤如下：

(一)存货减值

分为为出售而储存的存货(商品)和为生产经营耗用而储存的存货(材料)分别计算。

1. 为出售而储存的存货(商品)减值计算步骤

(1)根据减值迹象判断是否减值。

(2)计算可变现净值：有合同约定销售的存货，以合同价格为依据；无合同约定销售的存货，以市场公允价格为依据，计算可变现净值。

可变现净值＝合同价格(或者市场公允价格)－销售税费

(3)比较该存货的账面价值与可变现净值，如果可变现净值低，即减值。

(4)做减值会计处理。

2. 为生产经营耗用而储存的存货(材料)减值计算步骤

(1)根据减值迹象判断是否减值。

(2)如果存货(材料)的成本大于该存货(材料)的市价，但是用该存货(材料)生产的商品存货，可变现净值大于商品账面价值，不计提该存货(材料)的减值准备。

(3)如果存货(材料)的成本大于该存货(材料)的市价，但是用该存货(材料)生产的商品存货，可变现净值小于商品账面价值，要计提该存货(材料)的减值准备。

(4)计算该存货(材料)的可变现净值：该存货(材料)的可变现净值要以商品存货的可变现净值为依据计算。有合同约定销售的存货，以合同价格为依据；无合同约定销售的存货，以市场公允价格为依据，计算可变现净值。

可变现净值＝合同价格(或者市场公允价格)－销售税费－再加工费用

(5)比较该存货(材料)的账面价与可变现净值,如果可变现净值低,即减值。

(6)做减值会计处理。

《企业会计准则第8号——资产减值》所说明的资产减值含义,是指资产的可收回金额低于其账面价值。

(二)固定资产减值

(1)根据减值迹象判断是否减值。

(2)计算固定资产账面价值。

固定资产账面价值＝原价－累计折旧－固定资产减值准备

(3)计算可收回金额,即比较销售净价与预计未来现金流量的现值中较高者为可收回金额。其中:

销售净价＝公允价值－处置费用

预计未来现金流量的现值＝∑每期现金流量×现值系数

(4)比较固定资产账面价值与可收回金额,如果可收回金额低,即减值。

(5)做减值会计处理。

(6)按照减值后的固定资产账面价(可收回金额)、剩余使用寿命、规定的折旧方法继续计提各期折旧,直至报废或者处理。

(三)无形资产减值

(1)根据减值迹象判断是否减值。

(2)计算无形资产账面价值。

无形资产账面价值＝原价－累计摊销－无形资产减值准备

(3)计算可收回金额,即比较销售净价与预计未来现金流量的现值中较高者为可收回金额。其中:

销售净价＝公允价值－处置费用

预计未来现金流量的现值＝∑每期现金流量×现值系数

(4)比较无形资产账面价值与可收回金额,如果可收回金额低,即减值。

(5)做减值会计处理。

(6)按照减值后的无形资产账面价值(可收回金额)、剩余使用寿命、规定的摊销方法继续计算各期摊销额,直至报废或者处理。

(四)商誉减值

企业应当在会计期末判断资产是否存在可能发生减值的迹象。因企业合并所形成的商誉和使用寿命不确定的无形资产,无论是否存在减值迹象,每年都应当进行减值测试。

(五)资产组减值

值得注意的是,《企业会计准则第8号——资产减值》说明的资产减值,包括单项资产、资产组、资产组组合。

能够分清单项资产的,单独判断减值,并且单独能够确定可收回金额的,则单独计算单项资产减值;不能够分清单项资产判断减值的,并且不能单独确定可收回金额的,则按照资产组或者资产组组合计算资产减值。

资产组是指企业可以认定的最小资产组合,其产生的现金流入应当基本上独立于其他资产或者资产组产生的现金流入。

资产组组合，是指由若干个资产组组成的最小资产组组合，包括资产组或者资产组组合，以及按合理的方法分摊的总部资产部分。

资产组减值计算步骤：

(1)根据减值迹象判断该资产组是否减值。

(2)计算该资产组的资产账面价值。

资产账面价值＝原价－累计折旧(摊销)－资产组资产减值准备

(3)计算可收回金额，即比较销售净价与预计未来现金流量的现值中较高者为可收回金额。其中：

销售净价＝公允价值－处置费用

预计未来现金流量的现值＝$\sum$每期现金流量×现值系数

(4)比较该资产组账面价值与可收回金额，如果可收回金额低，即减值，则计算该资产组的减值损失。

(5)将该资产组的减值损失按照该资产组内部各项资产的账面价值占该资产组资产的账面价值的比例，在资产组内各项资产之间进行分配，但是，有证据表明内部某项资产未减值或者可收回额较高而少减值的，则不能按比例同等分配，剩余的减值损失再在内部其他各项资产中按比例分配，直至分配完毕。

(6)计算分配减值损失后的各项资产账面价值。

(7)做减值会计处理。

本章的重点和难点：

(1)各种资产期末价值的计量及认定标准；

(2)存货可变现净值的计算；

(3)交易性金融资产和可供出售金融资产期末以公允价值计量时的会计处理的异同；

(4)资产可收回金额的含义和估计方法；

(5)资产减值的计提基础；

(6)资产组减值、总部资产减值和商誉减值的会计处理。

二、实训目标

通过实训，使学生能够熟练掌握各种资产期末价值的计量及认定的标准，了解资产可能发生减值的迹象，掌握资产可收回金额的计量及资产减值损失的确定原则，掌握资产组的认定方法及其减值的处理，并对商誉减值的会计处理有所认识和了解。

三、实训资料

104. 31日，对应收账款进行核查，有关部门一致同意将鞍山益达公司前欠货款50 000元确认为坏账。

105. 31日，根据有关规定，计提坏账准备。采用应收账款余额百分比法，计提比例为5‰(与税法上一致)。

要求：编制坏账准备计算表。

106. 31日，查明一台设备工艺技术比较落后，其预计可收回金额低于账面价值48 300元，计提固定资产减值准备。

附：固定资产减值准备计算表。

107.31 日，公司经过对存货进行减值测试，第一次发现存货发生减值，其中：库存商品减值 10 000 元，原材料减值 15 000 元。

附：存货跌价准备计算表。

108.31 日，对公司持有的交易性金融资产进行期末计量。本月买入的长江电力股票(50 000 股)期末公允价值为每股 11.8 元。

要求：编制交易性金融资产账面余额和公允价值表。

109.31 日，对公司持有的长期股权投资进行期末计量。本月买入的深华股票(500 000 股，该公司内部经营出现严重问题，导致股票价格持续下跌)，期末市价下跌至每股 1.40 元。该股票账面价值为 765 600 元。

附：长期股权投资减值准备计提表。

四、注意问题

(1)《企业会计准则第 8 号——资产减值》第十七条明确，“资产减值损失一经确认，在以后会计期间不得转回”；但在《企业会计准则第 1 号——存货》中又有“以前减记存货价值的影响因素已经消失的，减记的金额应当予以恢复，并在原已计提的存货跌价准备金额内转回，转回的金额计入当期损益”这种处理原则，两者是否矛盾？你对此又是如何理解的？

(2)不同资产减值测试的时间是否相同？

(3)在实际工作中应如何确定“资产组”？

(4)企业以资产组为基础进行减值测试时，应当如何确认相关资产的减值损失？

(5)交易性金融资产和可供出售金融资产期末都是以公允价值来计量的，两者在会计处理上有何异同？试举例说明。

(6)直接用于出售的商品存货和需要加工的材料存货在计算可变现净值上具体有何不同？试举例说明。

第十二章
收入、利得、利润形成与分配实训

一、知识框架

- 收入
  - 销售商品收入
    - 通常情况下销售商品的收入
    - 涉及销售折扣、折让、退回时的收入
    - 特定销售方式下的收入
      - 委托代销 → 视同买断代销方式；收取手续费方式
      - 预收款销售
      - 分期收款销售
      - 附有销售退回条件的商品销售
      - 售后回购
      - 售后租回
      - 以旧换新销售
      - 房地产销售
      - 订货销售
  - 提供劳务收入
  - 让渡资产使用权收入
    - 利息收入
    - 使用费收入
  - 建造合同收入

- 利润的三个层次
  - 营业利润：营业利润=营业收入-营业成本-营业税金及附加-销售费用-管理费用-资产减值损失±公允价值变动损益±投资净收益
  - 利润总额：利润总额=营业利润+营业外收入－营业外支出
  - 净利润
    - 利润总额
    - 减：所得税费用（所得税费用=当期所得税+递延所得税费用（-递延所得税收益））

- 利润分配的顺序
  - 提取法定盈余公积
    - 提取法定盈余公积
    - 向投资者分配利润
  - 向投资者分配利润
    - （1）向优先股股东分派现金股利
    - （2）提取任意盈余公积
    - （3）向普通股股东分派现金股利
    - （4）转作股本的股票股利

收入的概念	收入是指企业在销售商品、提供劳务以及让渡资产使用权等日常活动中所形成的，导致所有者权益增加的经济利益的总流入，包括主营业务收入、其他业务收入、投资收益等。
商品销售收入的确认条件	(1)企业已将商品所有权上的主要风险和报酬转移给购买方； (2)企业既没有保留与所有权相联系的继续管理权，也没有对已售出的商品实施控制； (3)与交易相关的经济利益能够流入企业； (4)相关的收入能够可靠地计量； (5)相关的成本、费用能够可靠地计量。
分期收款销售	商品已经交付，货款分期收回。按将来应收货款借记“长期应收款”，按将来应收货款的现在值借记“主营业务收入”，将来应收货款的将来值和现在值的差额贷记“未实现融资收益”。将来应收货款×增值税税率计算的销项税额，借记“银行存款”，贷记“应交税费——应交增值税(销项税额)”。
委托代销商品(收到代销清单时确认销售)	(1)视同买断：委托方→受托方→对外出售(协议、委托市场价格出售)； (2)收取手续费：委托方→受托方→对外出售(协议、委托、既定价格出售、扣手续费。)

本章的重点和难点：

(1)销售商品收入的确认条件；

(2)分期收款销售方式的会计处理；

(3)委托代销方式下收入确认的时间及其会计处理；

(4)销售折扣、折让与退回的会计处理；

(5)利润的构成；

(6)所得税费用的会计处理方法；

(7)利润的结转与分配。

二、实训目标

通过实训，使学生能够熟练掌握各项收入的确认和计量(包括商业折扣、现金折扣、销售折让和销售退回的处理)，了解并熟悉多种特定销售方式下收入的确认与计量，掌握收入实现时所需要的原始凭证及各种原始凭证的填写。

三、实训资料

110. 31 日，将代销清单报送锦州矿山机械厂，开出中行转账支票支付货款，并计算应收取的手续费(按销售价款的 10%)。

111. 31 日，有关部门已经查明盘盈的原因，2 台账外电钻，由于今年购买时漏记所致，金额不大，转入营业外收入。

112. 31 日，本月 3 日向广州茂源有限公司销售的 1 台 LN 型旋臂起重机被退回，已经入库。开具退货发票，并采用电汇方式将货款退回。

113. 31 日，向鞍山通达有限公司销售 LN 型旋臂起重机 10 台，售价为 50 000 元/台；销售 GF12 汽车起重机 2 台，售价为 100 000 元/台，增值税税率为 17%。货已发出。收到银行汇票一张，填进账单，已到银行办理银行汇票收款。

114. 31 日，根据本月全部产品出库单(8 张：14、17、20、38、46、103、112、113)，采用全月一次加权平均法，结转本月销售的各种产品的销售成本。

要求：填制本月产品销售成本计算表。

115. 31 日，冷却塔工程全部完工，已办理竣工验收手续。结转冷却塔工程总成本。

要求：编制工程成本计算表。

116. 31 日，向本公司职工李玉捐款 20 000 元，用以支付重症手术费。签发现金支票一张。

117. 31 日，公司于 2016 年 1 月 1 日购入面值为 500 000 元、期限为 5 年、票面利率为 6%、每年 12 月 31 日付息、取得成本为 528 000 元的国库券作为持有至到期投资，采用实际利率法确认利息收入。经测算，按 4.72%作为折现率。

要求：编制国债利息收入计算表。

118. 31 日，计算本月应交的房产税、营业税、印花税、土地使用税、车船使用税、个人所得税[附：应交税费计算表]。

119. 31 日，计算本月应交的增值税额，并将其转入“未交增值税”账户。

要求：编制应交增值税计算表。

120. 31 日，计算本月应交的城建税、教育费附加、地方教育费。

要求：编制城建税、教育费附加、地方教育费计算表。

121. 31 日，本年度“应付职工薪酬——职工福利”账面有余额 3 698 元，将其结转入“管理费用”账户。

122. 31 日，结转本月各项费用(共 8 项)。

要求：编制本月各项费用汇总表。

123. 31 日，结转本月各项收入(共 5 项)。

要求：编制本月各项收入汇总表。

124. 31 日，计算本月应纳税所得额、应缴纳的企业所得税。

假设：本公司实际发放的工资、薪金在计税工资、薪金扣除标准以内，并且没有对残疾人支付的薪酬。

要求：编制应纳企业所得税额计算表。

125. 31 日，计算并结转本月所得税费用。

假设：(1)应收款项计提坏账准备的比例为 0.5%，与税法规定的比例一致。

(2)固定资产采用直线法计提折旧，与税法规定的方法一致。

要求：编制资产、负债账面价值与计税基础比较表。

126. 31 日，按全年税后净利润的 10%提取法定盈余公积，按全年税后净利润的 15%提取任意盈余公积。

要求：编制公积金提取及分配表。

127. 31 日，按剩余净利润的 80%向投资者分配利润。

要求：编制公积金提取及分配表。

128. 31 日，结转本年度利润和利润分配各明细账户。

要求：编制利润及利润分配余额表。

31 日，编制 16 日至 31 日的科目汇总表，并根据科目汇总表登记总账。

四、注意问题

(1)对分期收款销售，实质上具有融资性质的，应如何进行会计处理？

(2)如何对售后回购业务进行会计处理？

(3)对建造合同,“如果预计总成本将超过预计总收入,应将预计损失立即确认为当期费用”,这句话如何理解?请举例说明。

(4)在实际工作中,处理销售退回业务时应注意哪些问题?

(5)如何理解资产和负债的计税基础?

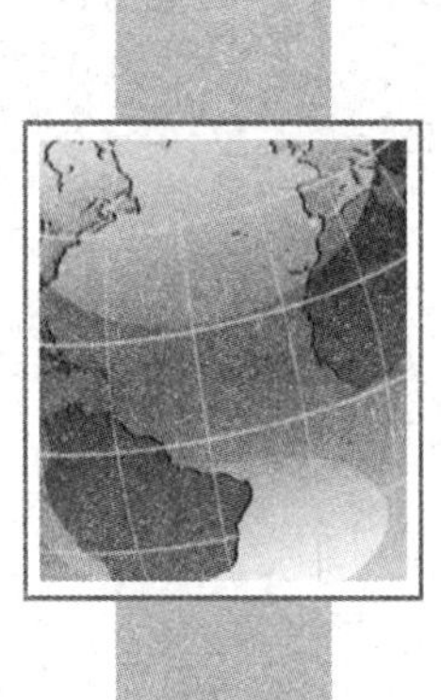

第十三章 会计报表实训

一、知识框架

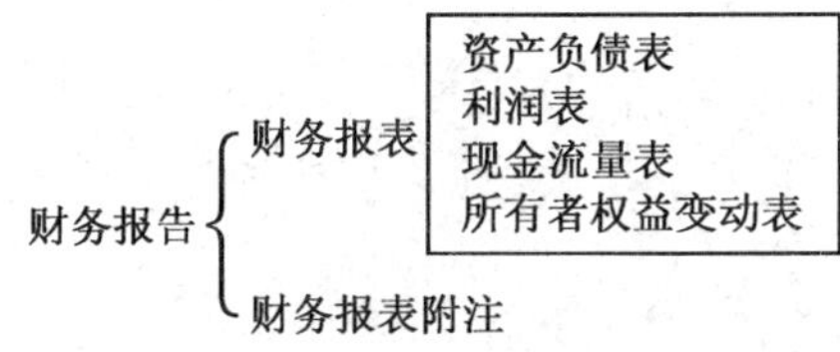

本章的重点和难点：

(1)财务报表的列报要求；

(2)资产负债表的作用及局限性；

(3)利润表和现金流量表中两种不同的收益计量观；

(4)经营活动现金流量的直接法；

(5)经营活动现金流量的间接法；

(6)现金流量表主要项目之间的平衡关系。

二、实训目标

通过实训，使学生能够熟练掌握资产负债表、利润表、现金流量表的基本编制方法，如资产负债表各主要项目的几种不同填列方法、利润表的数据来源、经营活动现金流量各项目的内容及相关金额的计算，并对主要报表的结构有较深刻的认识。

三、实训资料

129. 编制16～31日的科目汇总表。根据与本月业务有关的记账凭证，登记库存现金、银行存款日记账，根据记账凭证逐笔登记各种明细账，根据科目汇总表登记总分账。

130. 根据期初有关资料和12月份的有关账簿资料，编制12月份的资产负债表、利润表、现金流量表(实际工作中，现金流量表属于年报，本题限于资料约束，要求编制资产负债表和利润表的月报表)。

四、注意问题

(1)资产负债表中的“应收账款”项目应如何填列?

(2)实际工作中为什么要编制多步式利润表?

(3)现金流量表补充资料中的“财务费用”项目应如何填列?

(4)利润表与现金流量表有何联系和区别?

(5)现金流量表中现金的含义包括哪些内容?

(6)现金流量表中有哪些平衡关系可以用来检验其编制的正确性?

(7)现金流量表的直接法和间接法有何区别?

(8)所有者权益变动表有何作用?

(9)财务报表附注的内容包括哪些?根据实训资料,试着拟定一份财务报表附注。

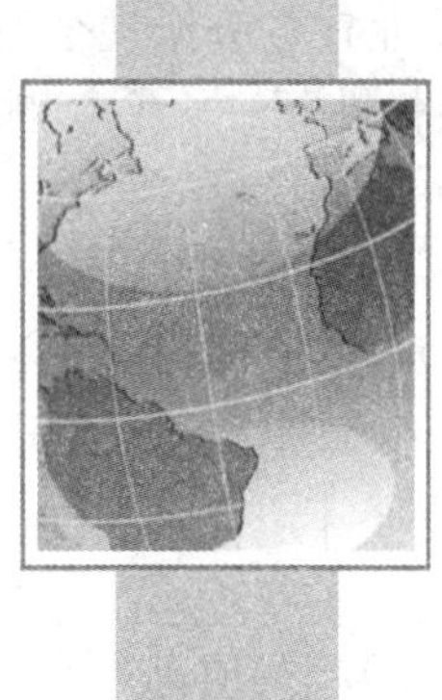

第十四章 会计调整事项实训

一、知识框架

会计调整事项
- 会计政策变更：追溯调整法；未来适用法
- 会计估计变更：未来适用法
- 前期差错更正：不重要的前期差错的会计处理：未来适用法；重要的前期差错的会计处理：追溯重述法
- 资产负债表日后事项：调整事项；非调整事项

说明：本章内容不影响前述的会计凭证、账簿与会计报表，只是应了解的重要知识点。

本章的重点和难点：

(1)会计政策变更的条件；

(2)会计政策变更的追溯调整法；

(3)会计政策变更的未来适用法；

(4)会计估计变更的方法；

(5)会计差错的更正方法；

(6)资产负债表日后事项的分类；

(7)资产负债表日后事项的会计处理方法。

二、实训目标

通过实训，使学生熟悉会计政策变更和会计估计变更的条件，掌握会计政策变更、会计估计变更和前期差错更正的会计处理，并对资产负债表日后事项的内容及处理有所认识。

三、实训资料

131. 2018年5月10日，该公司发现，已于2017年12月10日出售的北辰实业股票在记账时，未注销其“交易性金融资产——公允价值变动”账户的金额45 000元。该笔错账将上年度“本年利润”多记45 000元。

132. 2018 年 8 月 8 日，该公司发现，公司 2017 年 12 月 30 日对持有的新能源股票宣告分派现金股利的账务处理存在错误。长期股权投资成本法核算下，被投资企业宣告分派现金股利应该按照新的规定全部计入宣告当期的投资收益。该笔错账将“长期股权投资——成本”账户多冲销 50 000 元，“投资收益”账户少记 50 000 元。

133. 2018 年 10 月 20 日，该公司发现，公司 2017 年 12 月 11 日冷却塔工程领用自产 GF12 汽车起重机业务处理存在错误。该笔错账将工程成本少计 17 000 元，增值税销项税额少计 17 000 元。

要求：(1)判断该业务属于何种调整事项；

(2)运用“以前年度损益调整”科目，做有关调整分录；

(3)调整 2018 年资产负债表年初数有关项目，调整 2018 年利润表上年数有关项目；

(4)调整 2018 年所有者权益变动表上年数（或年初数）有关项目；

(5)在 2018 年的会计报表附注中披露该重大差错的原因及影响金额。

该部分业务均属于财务报告完成后发现的问题，有的需要对报告期的报表进行调整，有的需要调整下年度财务报表的年初数或上年数。

四、注意问题

(1)在什么情况下，企业应通过“以前年度损益调整”科目进行核算?

(2)在不易区分会计政策变更和会计估计变更的情况下，按照准则的规定，应按什么变更方法对业务进行处理?

(3)会计政策变更采用追溯调整法进行会计处理时，应如何调整所得税费用?

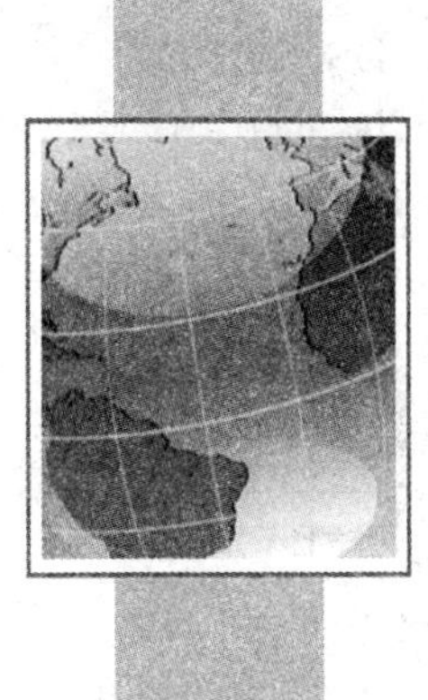

附录一
参考答案
（填制原始凭证及会计分录）

业务 1

中国银行
转账支票存根　（辽）

DS00275001

附加信息

出票日期：2017 年 12 月 1 日

收款人：邮政局
金　额：4 214.60
用　途：报刊费

单位主管　　会计

本支票付款期十天

中国银行　转账支票（辽）　DS00275001

出票日期（大写）　贰零壹柒年拾贰月壹日　付款行名称：中行凌南支行

收款人：锦州市邮政局　出票人账号：021686822882537

人民币（大写）　肆仟贰佰壹拾肆元陆角	亿	千	百	十	万	千	百	十	元	角	分
					¥	4	2	1	4	6	0

用途：报刊费

上列款项请从

我账户内支付

出票签章　　辽宁华宁起重机有限公司　财务专用章　210703987654321　　复核：　　高飞

借：预付账款——邮局——报刊订阅费　　4 214.60

　　贷：银行存款　　4 214.60

业务 2

中国银行
现金支票存根（辽）
DS00051001
附加信息

出票日期：2017 年 12 月 1 日

收款人：华宇公司
金　额：10 000.00
用　途：备用

单位主管　　会计

本支票付款期十天

中国银行　现金支票（辽）　DS00051001

出票日期（大写）贰零壹柒年拾贰月壹日　付款行名称：中行凌南支行

收款人：锦州华宇起重机有限公司　出票人账号：021686822882537

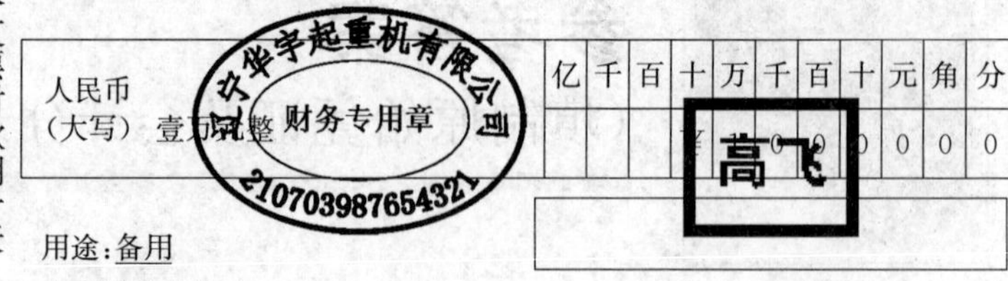

人民币（大写）壹万元整	亿	千	百	十	万	千	百	十	元	角	分
				¥	1	0	0	0	0	0	0

用途：备用
上列款项请从
我账户内支付
出票签章　　复核：　　记账：

借：库存现金　　10 000.00
　　贷：银行存款　　10 000.00

业务 3

中国银行业务委托书

委托日期：2017 年 12 月 1 日　　辽 A03335823

银行打印						
客户填写	业务类型	☐电汇　☐信汇　☐汇票申请书　☑本票申请书　☐其他		汇款方式	☐普通　☐加急	
	委托人	全　称	辽宁华宇起重机有限公司	收款人	全　称	锦州美菱钢铁有限公司
		账号或地址	021686822882537		账号或地址	021444004892678
		开户行名称	中行凌南支行		开户行名称	工行凌河支行
		开户银行	辽宁　省　锦州　市		开户银行	辽宁　省　锦州　市
	金额（大写）人民币	贰拾肆万捌仟陆佰贰拾伍元整			亿 千 百 十 万 千 百 十 元 角 分	¥ 2 4 8 6 2 5 0 0
	支付密码				付出行签章：	
	加急汇款签字					
	用途					
	附加信息及用途：	中国银行锦州分行 凌南支行 2017年12月1日 业务清讫（12）				

第三联　回单联

事后监督：　　会计主管：　　复核：　　记账：

借：其他货币资金——银行本票存款　　248 625.00
　　贷：银行存款　　248 625.00

业务4

借:材料采购——铸铁件　　212 500.00
　应交税费——应交增值税(进项税额)　　36 125.00
　　贷:其他货币资金——银行本票存款　　248 625.00

业务5

库存现金盘点报告表

单位名称:辽宁华宇起重机有限公司　　2017年12月1日

实存金额	账存金额	实存与账存对比		备注
		盘　盈	盘　亏	
1 871.53	1 921.53		50.00	

盘点人签章:李国俊　江慧林　　出纳员签章:范苗

借:待处理财产损溢——待处理流动资产损溢　　50.00
　　贷:库存现金　　50.00

业务6

领料单(一)　　第001号

领料部门:第一车间　　2017年12月1日　　发料仓库:材料仓库

材料名称	规　格	计量单位	数　量		计划单价(元/千克)	金　额(元)	用　途
			请领	实领			
铸铁件		千克	8 000	8 000	8	64 000	生产
合　计			8 000	8 000		64 000	

仓库主管:余东　　发料人:王兰　　领料部门主管:张顺　　领料人:崔放

业务7

辽宁华宇起重机有限公司

借款单

2017年12月1日

单　位	行　政		姓名	张影	财务部经理	李国俊	审批	
项目		出差事由	开会		出差地点	北京	部门经理	古丽
	其他借款	借款理由	借差旅费					
		对方单位			账户开户行		付款方式	现金
人民币(大写):伍佰元整								¥500.00

出纳:范苗　　会计主管:　　借款人:张影

借:其他应收款——张影　　500.00
　　贷:库存现金　　500.00

业务 8

差旅费报销单

单位或部门:行政　　　　2017 年 12 月 2 日

月	日	时间	出发地	月	日	时间	到达地	机票费	车船费	卧铺费(元)	夜行补助(元)		市内交通补助		住宿费(元)			出差补助		其他	合计(元)
											小时	金额	实支	包干	标准	实支	提成	天数	金额		
12	1		锦州	12	1		北京			140				15		100		1	40		
12	2		北京	12	2		锦州			140				15							
合计										280				30		100			40		450.00

出差任务	开会	报销金额:(大写)人民币肆佰伍拾元整	预借金额	¥500.00
			报销金额	¥450.00
		单位领导:高飞　部门负责人:古丽　出差人:张影	结余或超支	¥50.00

会计主管人员:李国俊　　记账:王丽　　审核:许耸　　附单据 3 张

借:管理费用——差旅费　　450.00
　库存现金　　50.00
　　贷:其他应收款——张影　　500.00

附加题与本业务无联系,为补充知识点。

附加 1

借:其他应收款——供应部门　　3 000.00
　　贷:银行存款　　3 000.00

附加 2

借:管理费用　　2 600.00
　　贷:库存现金　　2 600.00

附加 3

借:管理费用　　1 100.00
　库存现金　　1 900.00
　　贷:其他应收款——供应部门　　3 000.00

业务 9

平日暂无须填制记账凭证,待到月底进行发料汇总后统一填制记账凭证。

业务 10

借:应付票据　　100 000.00
　　贷:银行存款　　100 000.00

业务 11

进项税额＝22 440＋1 500×7%＝22 440＋105＝22 545(元)

采购成本＝132 000＋1 500－105＋50＝133 445(元)

借:材料采购——锻件　　133 445.00
　应交税费——应交增值税(进项税额)　　22 545.00
　　贷:其他货币资金——外埠存款　　155 990.00

业务 12

借:管理费用　　122.25
　应交税费——应交增值税(进项税额)　　20.78
　　贷:库存现金　　143.03

业务 13

借:管理费用——现金短款　　50.00
　　贷:待处理财产损溢——待处理流动资产损溢　　50.00

业务 14

辽宁华宇起重机有限公司

产品出库单

编号:1011　　2017 年 12 月 3 日

货号	购货单位	品名	规格型号	数量	单位	结算方式	
						合同	现款
10101	上海明珠有限公司	汽车起重机	GF12	1	台	√	

销售员:范立杰　　库管员:韩筇

借:应收账款——上海明珠有限公司　　117 000.00
　　贷:主营业务收入——GF12 汽车起重机　　100 000.00
　　　应交税费——应交增值税(销项税额)　　17 000.00

业务 15

借:受托代销商品——W2 型挖掘机　　125 000.00
　　贷:受托代销商品款　　125 000.00

业务 16

借:其他应收款——鸿铭房地产开发公司　　50 000.00
　　贷:银行存款　　50 000.00

业务 17

托收凭证(受理回单) 1

委托日期:2017 年 12 月 3 日　　付款期限 2017 年 12 月 10 日

<table>
<tr><td colspan="2">业务类型</td><td colspan="6">委托收款(□邮划 □电划) 托收承付(□邮划 ☑ 电划)</td></tr>
<tr><td rowspan="3">付款人</td><td>全　称</td><td colspan="2">广州茂源有限公司</td><td rowspan="3">收款人</td><td>全　称</td><td colspan="2">辽宁华宇起重机有限公司</td></tr>
<tr><td>账　号</td><td colspan="2">240477004113 4768</td><td>账　号</td><td colspan="2">021686822882537</td></tr>
<tr><td>地　址</td><td>广东省　市 开户行</td><td>工行</td><td>地　址</td><td>辽宁省　市 开户行</td><td>中行</td></tr>
<tr><td>金额</td><td colspan="3">人民币
(大写)伍万捌仟伍佰元整</td><td colspan="4">亿 千 百 十 万 千 百 十 元 角 分
¥ 5 8 5 0 0 0 0</td></tr>
<tr><td>款项内容</td><td>货款</td><td>托收凭据名　称</td><td></td><td colspan="4">附寄单证　张　数</td></tr>
<tr><td colspan="2">商品发运情况</td><td>已发运</td><td>合同名称号码</td><td colspan="4">1098</td></tr>
<tr><td colspan="2">备注:
复核　　记账</td><td colspan="2">款项收妥日期
年　月　日</td><td colspan="4">中国银行锦州分行 凌南支行 2017年12月3日 业务清讫 (12)
收款人开户银行签章
年　月　日</td></tr>
</table>

此联作收款人开户银行给收款人的受理回单

借:应收账款——广州茂源有限公司　　58 500.00
　　贷:主营业务收入——LN 型旋臂起重机　　50 000.00
　　　　应交税费——应交增值税(销项税额)　　8 500.00

业务 18

到期价值＝325 600＋325 600×8%×3/12＝332 112(元)

贴现息＝332 112×10%×78/360＝7 195.76(元)

实收金额＝332 112－7 195.76＝324 916.24(元)

借:银行存款　　324 916.24
　　财务费用　　683.76
　　贷:应收票据——银行承兑汇票(鞍山益达有限公司)　　325 600.00

贴现凭证(代申请书) 

填写日期:2017 年 12 月 4 日　　　　　　　　第　　号

贴现汇票	种类	银行汇票	持票人	全称	辽宁华宇起重机有限公司
	出票日	2017.11.20		账号	021686822882537
	到期日	2018.2.20		开户银行	中国银行锦州分行凌南支行

汇票承兑人(或银行)名称	鞍山益达有限公司	账号	348760045612001	开户银行	中行鞍山市分行

汇票金额(即贴现金额)	人民币(大写)叁拾贰万伍仟陆佰元整	千	百	十	万	千	百	十	元	角	分
			¥	3	2	5	6	0	0	0	0

贴现率每月	0.83‰	贴现利息	十	万	千	百	十	元	角	分
				¥	7	1	9	5	7	6

实付贴现金额	千	百	十	万	千	百	十	元	角	分
		¥	3	2	4	9	1	6	2	4

附送承兑汇票申请贴现,请审核。 辽宁华宇起重机有限公司 财务专用章 21070398765432 高飞 持票人签章	银行审核	负责人: 信贷员:	科目(借) 对方科目(贷) 复核:　记账:

此联银行作贴现借方凭证

业务 19

借:应付职工薪酬——教育经费　　160.00

　贷:库存现金　　160.00

业务 20

借:应收票据——商业承兑汇票(青岛嘉鸣机械有限公司)　　768 456.00

　贷:主营业务收入——LN 型旋臂起重机　　150 000.00

　　　　　　　　——GF12 汽车起重机　　500 000.00

　　其他业务收入——销售包装物　　6 800.00

　　应交税费——应交增值税(销项税额)　　111 656.00

业务 21

借:预付账款——大连鑫宇有限公司　　66 560.00

　贷:银行存款　　66 560.00

业务 22

被背书人:朝阳长城有限公司	被背书人
辽宁华宇起重机有限公司 财务专用章 21070398765432 高飞 背书人签章 2017 年 12 月 5 日	背书人签章 年 月 日

借:应付账款——朝阳长城有限公司 250 000.00
　　贷:应收票据——商业承兑汇票(北京新通贸易有限公司) 245 400.00
　　　　银行存款 4 600.00

业务 23

1/2 借:应收账款——常州北鸣公司 55 000.00
　　　贷:坏账准备 55 000.00
2/2 借:银行存款 55 000.00
　　　贷:应收账款——常州北鸣公司 55 000.00

业务 24

借:预付账款——财产保险费 5 162.15
　　　　　——机动车辆保险费 6 850.05
　　贷:银行存款 12 012.20

业务 25

借:银行存款 115 000.00
　　财务费用 2 000.00
　　贷:应收账款——上海明珠有限公司 117 000.00

业务 26

1/2 借:委托加工物资——包装箱 6 500.00
　　　贷:原材料——木材 6 500.00
2/2 借:委托加工物资——包装箱 1 500.00
　　　应交税费——应交增值税(进项税额) 255.00
　　　贷:银行存款 1 755.00

业务 27

辽宁华宇起重机有限公司

材料入库单

收到:江苏丰华公司　　2017 年 12 月 5 日　　第 301 号

产品名称	计量单位	数量		实际成本		计划单价(元/千克)	金额(元)	差异(元)
		应收	实收	单价(元/千克)	金额(元)			
锻件	千克	12 000	11 900	11.12	132 337.41	10.00	119 000.00	13 337.41
合　计					132 337.41		119 000.00	13 337.41

负责人:杜雷　　仓库负责人:余东　　经手人:陆宏霞

短缺的100千克占总数量12 000千克的比例＝100÷12 000＝0.0083

短缺的100千克材料的采购成本＝133 445×0.008 3＝1 107.59(元)

实收的11 900千克材料的采购成本＝133 445－1 107.59＝132 337.41(元)

实收的11 900千克材料的计划成本＝10×11 900＝119 000(元)

短缺的100千克材料的进项税额＝22 545×0.008 3＝187.12(元)

1/2　借:原材料——锻件　119 000.00
　　材料成本差异——锻件　13 337.41
　　　贷:材料采购——锻件　132 337.41

2/2　借:待处理财产损溢——待处理流动资产损溢　1 294.71
　　　贷:材料采购——锻件　1 107.59
　　　　应交税费——应交增值税(进项税额转出)　187.12

业务28

借:原材料——螺栓　90 000.00
　应交税费——应交增值税(进项税额)　15 300.00
　　贷:应付票据——银行承兑汇票(熙和螺栓有限公司)　105 300.00

业务29

1/2　借:材料采购——铸铜件　164 000.00
　　应交税费——应交增值税(进项税额)　27 880.00
　　　贷:应付账款——锦州方圆铸件厂　191 880.00

2/2　借:原材料——铸铜件　160 000.00
　　材料成本差异——原材料(铸铜件)　4 000.00
　　　贷:材料采购——铸铜件　164 000.00

业务30

借:原材料——铸铁件　200 000.00
　材料成本差异——原材料(铸铁件)　12 500.00
　　贷:材料采购——铸铁件　212 500.00

业务31

理论上的会计分录:

借:材料采购——铸铜件　166 400.00
　应交税费——应交增值税(进项税额)　28 288.00
　　贷:预付账款——大连鑫宇有限公司　66 560.00
　　　银行存款　128 128.00

实际工作中一般不编制多借多贷的会计分录,主要是便于会计分工和记账凭证汇总。据此,以上会计分录可以拆分为三笔:

1/3　借:材料采购——铸铜件　166 400.00
　　应交税费——应交增值税(进项税额)　28 288.00

贷:预付账款——大连鑫宇有限公司 194 688.00

2/3 借:预付账款——大连鑫宇有限公司 128 128.00

贷:银行存款 128 128.00

3/3 借:原材料——铸铜件 160 000.00

材料成本差异——原材料(铸铜件) 6 400.00

贷:材料采购——铸铜件 166 400.00

业务 32

借:银行存款 58 500.00

贷:应收账款——广州茂源有限公司 58 500.00

业务 33

借:周转材料——包装物(在库) 8 000.00

贷:委托加工物资——包装箱 8 000.00

业务 34

平日暂无须填制记账凭证,待到月底进行发料汇总后统一填制记账凭证。

业务 35

借:应收账款——杭州新民重型机械销售公司 1 170 000.00

贷:主营业务收入——LN 型旋臂起重机 500 000.00

——GF12 汽车起重机 500 000.00

应交税费——应交增值税(销项税额) 170 000.00

业务 36

受让固定资产的公允价值为 190 000 元;

重组债权的账面余额为 210 000 元;

二者的差额=210 000−190 000 =20 000(元);

债务重组损失=20 000−12 000=8 000(元)。

借:固定资产——运输工具 190 000.00

坏账准备 12 000.00

营业外支出——债务重组损失 8 000.00

贷:应收账款——大连星海电机厂 210 000.00

业务 37

借:银行存款 45 000.00

贷:其他业务收入——转让非专利技术使用权 45 000.00

业务 38

理论上的会计分录:

借:原材料——外购半成品(电器元件) 112 620.00

应交税费——应交增值税(进项税额)　　19 380.00
　贷:主营业务收入——GF12 汽车起重机　　100 000.00
　　应交税费——应交增值税(销项税额)　　17 000.00
　　银行存款　　15 000.00

实际工作中一般不编制多借多贷的会计分录,主要是便于会计分工和记账凭证汇总。据此,以上会计分录可以拆分为两笔:

换入电器元件的入账价值=100 000+1 000 +17 000+14 000-19 380=112 620(元)

1/2　借:原材料——外购半成品(电器元件)　　80 620.00
　　应交税费——应交增值税(进项税额)　　19 380.00
　　贷:主营业务收入——GF12 汽车起重机　　100 000.00

2/2　借:原材料——外购半成品(电器元件)　　32 000.00
　　贷:应交税费——应交增值税(销项税额)　　17 000.00
　　　银行存款　　15 000.00

业务 39

1/2　借:工程物资　　63 000.00
　　应交税费——应交增值税(进项税额)　　10 200.00
　　贷:银行存款　　73 200.00

2/2　借:在建工程——冷却塔　　31 500.00
　　贷:工程物资　　31 500.00

业务 40

1/2　借:固定资产清理　　50 000.00
　　累计折旧　　30 000.00
　　贷:固定资产　　80 000.00

2/2　借:银行存款　　60 000.00
　　贷:固定资产清理　　60 000.00

业务 41

借:固定资产清理　　10 000.00
　贷:营业外收入　　10 000.00

业务 42

借:在建工程——冷却塔　　31 500.00
　贷:工程物资　　31 500.00

业务 43

借:固定资产——电焊机　　18 000.00
　应交税费——应交增值税(进项税额)　　3 060.00
　贷:银行存款　　21 060.00

业务 44

借:固定资产——管理设备(计算机)　85 000.00
　应交税费——应交增值税(进项税额)　14 450.00
　　贷:营业外收入——捐赠利得　99 450.00

业务 45

盘亏螺栓的实际成本＝14.8×20＝296(元)

应转出的进项税额＝296×17%＝50.32(元)

(1)暂时不做记账凭证。

铸铁件按计划成本计价,等月末计算出成本差异率,再进行核算。

(2) 1/2　借:待处理财产损溢——待处理流动资产损溢　346.32
　　贷:原材料——螺栓　296.00
　　　应交税费——应交增值税(进项税额转出)　50.32

(3)2/2　借:固定资产　5 400.00
　　贷:待处理财产损溢——待处理固定资产损溢　5 400.00

财产物资盘盈盘亏报告单

类别:固定资产　　2017 年 12 月 10 日

名称	规格	单位	单价(元/台)	账面数		清点数		盘盈		盘亏		备注
				数量	金额(元)	数量	金额(元)	数量	金额(元)	数量	金额(元)	
电钻		台	3 000	2	6 000	4	12 000	2	5 400			9 成新
合计				×		×		×	¥5 400	×		
分析原因:						审批意见:						

第一联

辽宁华宇起重机有限公司 财务专用章 1070398765432l

单位(盖章)　　财务科负责人:李国俊　　制表:李密

财产物资盘盈盘亏报告单

类别:存货　　2017 年 12 月 10 日

名称	规格	单位	单价(元/kg)	账面数		清点数		盘盈		盘亏		备注
				数量	金额(元)	数量	金额(元)	数量	金额(元)	数量	金额(元)	
铸铁件		kg	8	27 000		26 900				100	800.00	
钢质螺栓		[illegible]	14.80	6 020		6 000				20	346.32	含税
合计				×		×		×		×	¥1 146.32	
分析原因:						审批意见:						

第一联

辽宁华宇起重机有限公司 财务专用章 1070398765432l

单位(盖章)　　财务科负责人:李国俊　　制表:李密

业务 46

借:在建工程——冷却塔工程 17 000.00
　　贷:银行存款 17 000.00

业务 47

借:其他货币资金——存出投资款(建设银行) 672 975.00
　　贷:交易性金融资产——股票投资(成本) 575 000.00
　　　　投资收益 ——股票投资 97 975.00

[注:这笔分录在编制完报表后发现有错误,并在第十四章中进行更正。]

业务 48

借:交易性金融资产——股票投资(成本) 540 000.00
　　投资收益 1 200.00
　　贷:其他货币资金——存出投资款(建设银行) 541 200.00

业务 49

借:其他货币资金——存出投资款 637 000.00
　　资本公积——其他资本公积 4 212.00
　　贷:可供出售金融资产——大华债券(成本) 600 000.00
　　　　　　　　　　　　——大华债券(利息调整) 13 788.00
　　　　　　　　　　　　——大华债券(公允价值变动) 4 212.00
　　　　投资收益 23 212.00

业务 50

初始投资成本＝1.5×500 000＋3 750＝753 750(元)

应享有深圳华强可辨认净资产公允价值的份额＝3 062 400×25%＝765 600(元)

1/2 借:长期股权投资——深华股份(成本) 753 750.00
　　　　贷:其他货币资金——存出投资款 753 750.00

2/2 借:长期股权投资——深华股份(成本) 11 850.00
　　　　贷:营业外收入 11 850.00

业务 51

平日暂无须填制记账凭证,待到月底进行发料汇总后统一填制记账凭证。

业务 52

该笔业务明细科目比较多,在填制记账凭证时,可以不标明细科目,金额以汇总金额填制记账凭证。

借:应付职工薪酬——养老保险 96 605.60
　　　　　　　　——医疗保险 31 051.80
　　　　　　　　——失业保险 10 350.60

——工会经费 6 898.00

贷:银行存款 144 906.00

业务53

该笔业务明细科目比较多,在填制记账凭证时,可以不标明细科目,金额以汇总金额填制记账凭证。

借:应交税费——应交城建税 14 700.00

——教育附加费 6 300.00

——地方教育费 2 100.00

——应交房产税 1 932.00

——土地使用税 700.00

——企业所得税 112 000.00

——代扣代缴个人所得税 12 474.00

贷:银行存款 150 206.00

业务54

借:应付职工薪酬——住房公积金 48 302.80

贷:银行存款 48 302.80

业务55

借:银行存款 300 000.00

贷:短期借款——流动资金借款 300 000.00

业务56

借:应交税费——未交增值税 205 000.00

贷:银行存款 205 000.00

业务57

借:应付职工薪酬——应付工资 270 322.40

贷:银行存款 270 322.40

业务58

该笔业务明细科目比较多,在填制记账凭证时,可以不标明细科目,金额以汇总金额填制记账凭证。

借:应付职工薪酬——应付工资 74 577.60

贷:应付职工薪酬——养老保险 27 600.82

——失业保险 3 450.46

——医疗保险 6 900.92

——住房公积金 24 151.40

应交税费——代扣代缴个人所得税 12 474.00

业务 59

借:原材料——煤　　18 250.00

　　贷:材料采购——煤　　18 000.00

　　　　材料成本差异——煤　　250.00

业务 60

借:银行存款　　900 000.00

　　贷:长期借款 ——高频设备改造工程　　900 000.00

科目汇总表

12 月 1 日～12 月 15 日(业务 1～60)

账户名称	本期发生额		记账符号
	借方发生额	贷方发生额	
库存现金	10 050.00	853.03	
银行存款	1 858 416.24	1 570 892.00	
其他货币资金	1 558 600.00	1 699 565.00	
预付账款	82 786.80	66 560.00	
其他应收款	50 500.00	500.00	
应收票据	768 456.00	571 000.00	
应收账款	1 400 500.00	440 500.00	
坏账准备	12 000.00	55 000.00	
交易性金融资产	540 000.00	575 000.00	
可供出售金融资产		618 000.00	
原材料	859 870.00	6 796.00	
材料成本差异	36 237.41	250.00	
周转材料	8 000.00		
材料采购	676 345.00	694 345.00	
委托加工物资	8 000.00	8 000.00	
受托代销商品	125 000.00		
受托代销商品款		125 000.00	
待处理财产损溢	1 691.03	5 450.00	
长期股权投资	765 600.00		
工程物资	63 000.00	63 000.00	
固定资产	298 400.00	80 000.00	
固定资产清理	60 000.00	60 000.00	
累计折旧	30 000.00		
在建工程	80 000.00		
应付账款	250 000.00	191 880.00	
短期借款		300 000.00	
长期借款		900 000.00	

续表

账户名称	本期发生额		记账符号
	借方发生额	贷方发生额	
管理费用	622.25		
财务费用	2 683.76		
营业外支出	8 000.00		
主营业务收入		1 900 000.00	
营业外收入		121 300.00	
其他业务收入		51 800.00	
投资收益	1 200.00	121 187.00	
应交税费	532 709.78	336 867.44	
应付票据	100 000.00	105 300.00	
应付职工薪酬	538 268.80	62 103.60	
资本公积	4 212.00		
合　计	10 731 149.07	10 731 149.07	

业务 61

借:短期借款　　600 000.00
　贷:银行存款　　600 000.00

业务 62

借:银行存款　　107 985.00
　贷:应付债券——面值　　100 000.00
　　　　——利息调整　　7 985.00

业务 63

借:财务费用　　5 250.00
　贷:银行存款　　5 250.00

业务 64

借:银行存款　　600 000.00
　贷:实收资本　　500 000.00
　　资本公积——资本溢价　　100 000.00

业务 65

借:无形资产——专利权　　350 000.00
　贷:实收资本　　300 000.00
　　资本公积——资本溢价　　50 000.00

业务 66

1/2 借:银行存款 146 250.00
　　贷:应付账款——锦州矿山机械厂 125 000.00
　　　应交税费——应交增值税(销项税额) 21 250.00

2/2 借:受托代销商品款——W2 型挖掘机 125 000.00
　　贷:受托代销商品 125 000.00

业务 67

平日暂时无须填制记账凭证,待到月底进行发料汇总后统一填制。

业务 68

平日暂时无须填制记账凭证,待到月底进行发料汇总后统一填制。

业务 69

借:应付职工薪酬——教育经费 3 000.00
　贷:库存现金 3 000.00

业务 70

借:管理费用——其他 728.60
　贷:银行存款 728.60

业务 71

借:管理费用 315.00
　应交税费——应交增值税(进项税额) 53.55
　贷:库存现金 368.55

业务 72

借:应付职工薪酬——职工福利 6 000.00
　贷:库存现金 6 000.00

业务 73

借:管理费用——印花税 110.00
　贷:银行存款 110.00

业务 74

借:销售费用 68 000.00
　贷:银行存款 68 000.00

业务 75

借:银行存款 3 990.00
　财务费用 20.00
　　贷:其他货币资金——外埠存款 4 010.00

业务 76

借:管理费用 2 930.57
　　贷:银行存款 2 930.57

业务 77

借:财务费用 4 059.50
　应付利息 8 000.00
　　贷:银行存款 12 059.50

业务 78

借:其他应收款——运输部门赔款 1 294.71
　管理费用 346.32
　　贷:待处理财产损溢——待处理流动资产损溢 1 641.03

业务 79

借:应付账款——华明能源公司(水费) 6 984.00
　　　　　——华明能源公司(电费) 7 650.00
　应交税费——应交增值税(进项税额) 2 208.42
　　贷:银行存款 16 842.42

业务 80

借:银行存款 4 620.60
　　贷:财务费用——利息收入 4 620.60

业务 81

借:管理费用——业务招待费 13 862.50
　　贷:银行存款 13 862.50

业务 82

借:应交税费——应交营业税 2 500.00
　营业外支出——税收罚款 135.00
　　贷:银行存款 2 635.00

业务 83

借:财务费用——手续费 216.50
　　贷:银行存款 216.50

业务 84

无形资产摊销计算表

2017 年 12 月 30 日

项　目	原值	摊销期限(年)	本月摊销金额(元)
商标权	120 000	10	120 000÷10÷12=1 000
非专利技术	84 000	20	84 000÷20÷12=350
专利权	350 000	10	350 000÷10÷12×0.5=1 458.33
合　计	554 000		2 808.33

借:管理费用——无形资产摊销　　2 458.33
　其他业务成本　　350.00
　　贷:累计摊销——商标权摊销　　1 000.00
　　　　　　　——非专利技术　　350.00
　　　　　　　——专利权　　1 458.33

业务 85

借:制造费用——第一车间　　340.30
　　　　　——第二车间　　331.70
　辅助生产成本——机修车间　　156.20
　　　　　　　——供电车间　　280.50
　管理费用　　1 534.36
　　贷:预付账款　　2 643.06

业务 86

平日暂时无须填制记账凭证,待到月底进行发料汇总后统一填制。

业务 87

(1～6 月份)现金股利=200 000×0.5=100 000(元)

其中,4 月 1 日至 6 月 30 日计入投资收益= 2 000 000×5%×3÷6=50 000(元)

1 月 1 日至 3 月 31 日应冲减投资成本=100 000−50 000=50 000(元)

借:应收股利——新能源　　100 000.00
　　贷:长期股权投资——新能源(成本)　　50 000.00
　　　　投资收益　　50 000.00

[注:这笔分录在编制完报表后发现有错误,将在第十四章中进行更正。]

业务 88

外购水费分配表

2017 年 12 月 31 日 金额单位:元

部门及用途		耗水量(吨)	分配率(单价)	分配金额
基本车间	第一车间	468.62		2 240
	第二车间	373.22		1 784
辅助车间	供电车间	200.84		960
	机修车间	167.36		800
管理部门		125.52		600
销售部门		83.68		400
在建工程——冷却塔		41.84		200
合 计		1 461.08	4.78	6 984

借:制造费用——一车间 2 240.00
　　　　　——二车间 1 784.00
　辅助生产成本——供电车间 960.00
　　　　　　　——机修车间 800.00
　管理费用 600.00
　销售费用 400.00
　在建工程——冷却塔 200.00
　贷:应付账款 6 984.00

业务 89

原材料成本差异率计算表

2017 年 12 月 31 日 金额单位:元

类 别	月初结存		本月收入		合 计		成本差异率
	计划成本	成本差异	计划成本	成本差异	计划成本	成本差异	
铸铁件	144 000	−4 012.20	200 000	+12 500	344 000	+8 487.80	+2.5%
铸铜件	200 000	−1 040.00	320 000	+10 400	520 000	+9 360	+1.8%
锻件	120 000	−6 927.91	119 000	+13 337.41	239 000	+6 409.50	+2.6%
燃料	32 850	−925.30	18 250	−250	51 100	−1 175.30	−2.3%
合计	496 850	−12 905.41	657 250	+35 987.41	1 154 100	+23 082.00	+2%

业务 90

该笔业务明细科目比较多,在填制记账凭证时,可以不标明细科目,金额以汇总金额填制记账凭证。

1/3 分配原料及主要材料:

借:基本生产成本——一车间 426 855.10
　　　　　　　——二车间 423 612.00
　辅助生产成本——机修车间 1 095.00

——供电车间　40 150.00
制造费用——一车间　1 825.00
——二车间　2 190.00
管理费用　1 095.00
销售费用　730.00
贷:原材料——原料及主要材料　897 552.10

2/3　分配原料及主要材料的成本差异:
借:基本生产成本——一车间　8 537.10
——二车间　8 472.24
辅助生产成本——机修车间　21.90
——供电车间　803.00
制造费用——一车间　36.50
——二车间　43.80
管理费用　21.90
销售费用　14.60
贷:材料成本差异——原材料　17 951.04

3/3　分配外购原材料:
借:基本生产成本——一车间　85 162.80
——二车间　84 515.76
辅助生产成本——机修车间　14 800.00
在建工程——冷却塔工程　29 600.00
贷:原材料——外购材料　214 078.56

业务 91

盘亏原材料成本差异分配表

2017 年 12 月 31 日

盘亏材料种类	计划成本	成本差异率	成本差异额
铸铁件(100 千克)	800	+2%	+16
合　计	800		+16

1/2　借:待处理财产损溢——待处理流动资产损溢(铸铁件)　954.72
贷:原材料——原料与主要材料　800.00
材料成本差异　16.00
应交税费——应交增值税(进项税额转出)　138.72

2/2　借:其他应收款——保管员　477.36
管理费用　477.36
贷:待处理财产损溢——待处理流动资产损溢(铸铁件)　954.72

原材料发出汇总表

201×年 12 月 31 日

金额单位:元

部门及用途（原材料类别）		计划成本								计划成本合计	差异额（差异率+2%）	实际成本	实际成本									实际成本合计
		原料及主要材料						燃料					外购材料									
		铸铁件		铸铜件		锻件							液压件		电器元件		螺栓		油漆			
		数量	金额	数量	金额	数量	金额	数量	金额				数量	金额	数量	金额	数量	金额	数量	金额	实际成本合计	
第一车间	生产	16 267.34	130 138.75	9 109.71	182 194.25	11 452.21	114 522.10			426 855.10	8 537.10	435 392.20			42	47 691	2 000	30 000	350	7 471.80	85 162.80	520 555
	一般							5	1 825	1 825.00	36.50	1 861.50										1 861.50
第二车间	生产	16 143.75	129 150	9 040.50	180 810	11 365.20	113 652			423 612.00	8 472.24	432 084.24	15	51 111.36			1 800	27 000	300	6 404.40	84 515.76	516 600
	一般							6	2 190	2 190.00	43.80	2 233.80										2 233.80
供电车间								110	40 150	40 150.00	803	40 953										40 953
机修车间								3	1 095	1 095.00	21.90	1 116.90					1 000	14 800			14 800	15 916.90
管理部门								3	1 095	1 095.00	21.90	1 116.90										1 116.90
销售部门								2	730	730.00	14.60	744.60										744.60
冷却塔工程																	2 000	29 600			29 600	29 600
合　计		32 411.09	259 288.75	18 150.21	363 004.25	22 817.41	228 174.10	129	47 085	897 522.10	17 951.04	915 503.14	15	51 111.36	42	47 691	6 800	101 400	650	13 876.20	214 078.56	1 129 581.70

业务 92

低值易耗品发出汇总表

2017 年 12 月 31 日　　　　金额单位:元

部门及用途	压力表		电动机		工作服		成本合计
	数量	金额	数量	金额	数量	金额	
第一车间					35	7 000	7 000.00
第二车间					30	6 000	6 000.00
机修车间	6	3 720					3 720.00
供电车间			3	3 300			3 300.00
管理部门					25	5 000	5 000.00
合　计		3 720.00		3 300.00		18 000.00	25 020.00

借:辅助生产成本——机修车间　　3 720.00
　　　　　　　——供电车间　　3 300.00
　制造费用——一车间　　7 000.00
　　　　　——二车间　　6 000.00
　管理费用　　5 000.00
　贷:周转材料——低值易耗品　　25 020.00

业务 93

固定资产折旧费计算表

2017 年 12 月 31 日　　　　金额单位:元

使用部门	固定资产项目	上月折旧额	上月增加固定资产		上月减少固定资产		本月折旧额	费用分配
			原值	月折旧额	原值	月折旧额		
第一车间	房屋建筑物	8 400					8 400	制造费用——一车间
	机器设备	7 600	180 000	1 440			9 040	
	管理设备	3 000					3 000	
	小　计	19 000					20 440	
第二车间	房屋建筑物	9 200					9 200	制造费用——二车间
	机器设备	8 600					8 600	
	管理设备	2 150			98 000	1 568	582	
	小　计	19 950					18 382	
供电车间	房屋建筑物	9 500					9 500	辅助生产成本——供电车间
	机器设备	5 300			35 000	280	5 020	
	小　计	14 800					14 520	
机修车间	房屋建筑物	5 180					5 180	辅助生产成本——机修车间
	机器设备	2 900					2 900	
	小　计	8 080					8 080	

续表

使用部门	固定资产项目	上月折旧额	上月增加固定资产		上月减少固定资产		本月折旧额	费用分配
			原值	月折旧额	原值	月折旧额		
行政管理部门	房屋建筑物	6 400					6 400	管理费用
	办公设备	3 300	30 000	480			3 780	
	运输工具	5 600					5 600	
	小　计	15 300					15 780	
销售部门	房屋建筑物	4 200					4 200	销售费用
	办公设备	3 080					3 080	
	小　计	7 280					7 280	
合　计							84 482	

借:辅助生产成本——机修车间　　8 080.00
　　　　　　　　——供电车间　　14 520.00
　制造费用——一车间　　20 440.00
　　　　　——二车间　　18 382.00
　管理费用　　15 780.00
　销售费用　　7 280.00
　贷:累计折旧　　84 482.00

业务 94

工资及福利费用分配表

2017 年 12 月 31 日　　　　金额单位:元

应借科目		应付工资	应付福利费（比例 2%）	合　计
总账科目	明细科目	分配工资额		
基本生产成本	一车间	77 000	1 540	78 540
	二车间	81 000	1 620	82 620
	小计	158 000	3 160	161 160
辅助生产成本	机修车间	22 000	440	22 440
	供电车间	20 000	400	20 400
制造费用	一车间	11 000	220	11 220
	二车间	8 900	178	9 078
管理费用	人工费	90 000	1 800	91 800
销售费用	工资福利费	21 000	420	21 420
冷却塔工程	工资福利费	14 000	280	14 280
合　计		344 900	6 898	351 798

借:基本生产成本——一车间　　78 540.00
　　　　　　　　——二车间　　82 620.00
　辅助生产成本——机修车间　　22 440.00

——供电车间　　20 400.00

制造费用—— 一车间　　11 220.00

—— 二车间　　9 078.00

管理费用　　91 800.00

销售费用　　21 420.00

在建工程——冷却塔　　14 280.00

贷:应付职工薪酬——应付工资　　344 900.00

——应付福利　　6 898.00

业务 95

各项保险费、公积金、经费计算表

2017 年 12 月 31 日　　人数:110

部门		各项保险费、公积金计提数(按上年月平均工资计提,上年月平均工资总额为 345 020 元)				上年月平均工资	本月应付工资	各项经费计提数(按本月工资计提,本月工资总额为 344 900 元)			总计
		养老保险	医疗保险	失业保险	住房公积金			工会经费	教育经费	合计	
第一车间	生产工人	15 404.00	5 391.40	1 540.40	5 391.40	77 020.00	77 000.00	1 540.00	1 155.00		30 422.20
	管理人员	2 200.00	770.00	220.00	770.00	11 005.00	11 000.00	220.00	165.00		4 345.00
第二车间	生产工人	16 201.20	5 661.06	1 620.12	5 670.42	81 006.00	81 000.00	1 620.00	1 215.00		31 987.80
	管理人员	1 780.00	623.00	178.00	623.00	8 900.00	8 900.00	178.00	133.50		3 515.50
供电车间		4 000.00	1 400.00	400.00	1 400.00	20 010.00	20 000.00	400.00	300.00		7 900.00
机修车间		4 400.00	1 540.00	440.00	1 540.00	22 009.00	22 000.00	440.00	330.00		8 690.00
管理部门		18 000.00	6 300.00	1 800.00	6 300.00	90 050.00	90 000.00	1 800.00	1 350.00		35 550.00
销售部门		4 195.58	1 477.02	419.22	1 468.18	21 000.00	21 000.00	420.00	315.00		8 295.00
在建工程		2 824.00	988.40	282.40	988.40	14 020.00	14 000.00	280.00	210.00		5 573.20
合计		69 004.78	24 150.88	6 900.14	24 151.40	345 020.00	344 900.00	6 898.00	5 173.50		136 278.70

该笔业务明细科目比较多,在填制记账凭证时,可以不标明细科目,金额以汇总金额填制记账凭证。

借:基本生产成本——一车间　　30 422.20

——二车间　　31 987.80

辅助生产成本——机修车间　　8 690.00

——供电车间　　7 900.00

制造费用——一车间　　4 345.00

——二车间　　3 515.50

管理费用　　35 550.00

销售费用　　8 295.00

在建工程——冷却塔　　5 573.20
　贷:应付职工薪酬——养老保险　　69 004.78
　　　　——医疗保险　　24 150.88
　　　　——失业保险　　6 900.14
　　　　——工会经费　　6 898.00
　　　　——教育经费　　5 173.50
　　　　——住房公积金　　24 151.40

业务 96

包装物发出汇总表

2017 年 12 月 31 日　　金额单位:元

用　途	包装箱			会计科目
	数量(只)	单位成本(元/只)	金　额	
出售(单独计价)	340	16.5	5 610	其他业务成本
出借(五五摊销)	100	16.5	100×16.5+100×16.0=3 250	销售费用
	100	16.0	3 250÷2 = 1 625	
合　计	540		10 485	

1/3　借:其他业务成本——销售包装物　　5 610.00
　　　贷:周转材料——包装物(在库)　　5 610.00
2/3　200 只包装箱实际成本=16.5×100+16×100=3 250(元)
　　借:周转材料——包装物(在用)　　3 250.00
　　　贷:周转材料——包装物(在库)　　3 250.00
3/3　借:销售费用——包装物出借　　1 625.00
　　　贷:周转材料——包装物(摊销)　　1 625.00

业务 97

外购电费分配表

2017 年 12 月 31 日　　金额单位:元

耗用部门	数量(度)	单位成本	金额	会计科目
供电车间	11 250	0.68	7 650	辅助生产成本——供电车间
合计	11 250		7 650	

借:辅助生产成本——供电车间　　7 650.00
　贷:应付账款——华明能源公司　　7 650.00

业务 98

辅助生产费用分配表

2017 年 12 月 31 日　　金额单位:元

项　目		供电车间	机修车间	合　计
待分配辅助生产费用		95 963.50	59 803.10	155 766.60
供应辅助生产以外的劳务数量		191 927	49 835	
单位成本(分配率)		0.5	1.2	
基本生产成本——一车间	耗用数量	74 365		
	分配金额	37 182.50		37 182.50
基本生产成本——二车间	耗用数量	73 800		
	分配金额	36 900.00		36 900.00
制造费用——一车间	耗用数量	6 760.4	19 615	
	分配金额	3 380.20	23 538.00	26 918.20
制造费用——二车间	耗用数量	6 000	24 562.5	
	分配金额	3 000.00	29 475.00	32 475.00
行政管理部门	耗用数量	20 011.6	3 850	
	分配金额	10 005.80	4 620.00	14 625.80
销售部门	耗用数量	10 400	1 807.5	
	分配金额	5 200.00	2 170.10	7 370.10
冷却塔工程	耗用数量	590		
	分配金额	295.00		295.00
合　计		95 963.50	59 803.10	155 766.60

借:基本生产成本——一车间　　37 182.50
　　　　　　　——二车间　　36 900.00
　制造费用——一车间　　26 918.20
　　　　　——二车间　　32 475.00
　管理费用　　14 625.80
　销售费用　　7 370.10
　在建工程——冷却塔工程　　295.00
　贷:辅助生产成本——供电车间　　95 963.50
　　　　　　　　——机修车间　　59 803.10

业务 99

第一车间制造费用分配表

2017 年 12 月 31 日　　金额单位:元

分配对象	会计科目	金　额
LN 型旋臂起重机	基本生产成本——一车间	74 365

第二车间制造费用分配表

2017 年 12 月 31 日　　　　金额单位:元

分配对象	会计科目	金　额
GF12 汽车起重机	基本生产成本——二车间	73 800

借:基本生产成本——一车间　　74 365.00
　　　　　　　——二车间　　73 800.00
　贷:制造费用——一车间　　74 365.00
　　　　　　——二车间　　73 800.00

业务 100

第一车间产品成本计算单

产品名称:LN 型旋臂起重机　　2017 年 12 月 31 日　　金额单位:元

本月投产:20 台　　月初在产:2 台　　月末在产:3 台　　本月完工:19 台

摘　要		原材料	直接动力	直接人工	制造费用	成本合计
月初在产品成本		31 920	2 280	9 425.3	4 560	48 185.3
本月生产费用		520 555	307 182.5	108 962.2	74 365	741 064.7
生产费用合计		552 475	309 462.5	118 387.5	78 925	789 250
约当产量		20.5	20.5	20.5	20.5	
完工产品成本	单位成本	26 950	1 925	5 775	3 850	38 500
	总成本	512 050	36 575	109 725	73 150	731 500
月末在产品成本		40 425	2 887.5	8 662.5	5 775	57 750

注:月末在产品完工率均为 50%。

约当产量=3×50%+19=20.5。

第二车间产品成本计算单

产品名称:GF12 汽车起重机　　2017 年 12 月 31 日　　金额单位:元

本月投产:8 台　　月初在产:3 台　　月末在产:1 台　　本月完工:10 台

摘　要		原材料	直接动力	直接人工	制造费用	成本合计
月初在产品成本		86 100	6 150	14 542.2	12 300	119 092.2
本月生产费用		516 600	36 900	114 607.8	73 800	741 907.8
生产费用合计		602 700	43 050	129 150	86 100	861 000
约当产量		10.5	10.5	10.5	10.5	
完工产品成本	单位成本	57 400	4 100	12 300	8 200	82 000
	总成本	574 000	41 000	123 000	82 000	820 000
月末在产品成本		28 700	2 050	6 150	4 100	41 000

注:月末在产品完工率均为 50%。

约当产量=1×50%+10=10.5。

借:库存商品——LN 型旋臂起重机　　731 500.00
　　　　　——GF12 汽车起重机　　820 000.00
　贷:基本生产成本——一车间　　731 500.00
　　　　　　　　——二车间　　820 000.00

业务 101

银行贷款(短期)应计利息计算表

2017 年 12 月 31 日　　单位:元

贷款种类	贷款金额	贷款期限	计息时间	贷款利率(年)	应计利息
流动资金贷款	300 000.00	3 个月	19 天	8%	1 266.67
合　计	300 000.00	—	—	—	1 266.67

本月银行短期借款利息＝300 000×8%×(19÷360)＝1 266.67(元)

借:财务费用——利息费用　　1 266.67
　贷:应付利息　　1 266.67

业务 102

长期借款利息费用计算表

2017 年 12 月 31 日　　金额单位:元

借款项目	金额	利率	借款期限(年)	计息期限	月利息金额	借款日期
一号生产线借款(该工程已经完工)	1 000 000	6%	5	1÷12	5 000	2005 年 10 月
高频设备改造借款(该工程尚未开始)	900 000	8%	10	16÷360	3 200	2009 年 12 月
合　计	1 900 000				8 200	

本月银行长期借款利息＝900 000×8%×(16÷360)＝3 200(元)

借:财务费用——利息费用　　8 200.00
　贷:长期借款——高频设备改造借款　　3 200.00
　　　　　　——一号生产线借款　　5 000.00

业务 103

无须填制记账凭证。

业务 104

借:坏账准备　　50 000.00
　　贷:应收账款——鞍山益达公司　　50 000.00

业务 105

坏账准备计算表

2017 年 12 月 31 日　　单位:元

应收账款余额	计提比例	计提后坏账准备余额	计提前坏账准备余额	应计提金额
1 170 000	5‰	5 850	贷方 125	5 725

借:资产减值损失——应收账款　　5 725.00
　　贷:坏账准备　　5 725.00

业务 106

借:资产减值损失——固定资产　　48 300.00
　　贷:固定资产减值准备　　48 300.00

业务 107

借:资产减值损失——存货　　25 000.00
　　贷:存货跌价准备　　25 000.00

业务 108

交易性金融资产账面余额和公允价值表

2017 年 12 月 31 日　　单位:元

交易性金融资产项目	调整前账面余额	期末公允价值	公允价值变动损益	调整后账面余额
长江电力股票	540 000	590 000	50 000	590 000
合　计	540 000	590 000	50 000	590 000

借:交易性金融资产——公允价值变动　　50 000.00
　　贷:公允价值变动损益——长江电力　　50 000.00

业务 109

借:资产减值损失——长期股权投资　　65 600.00
　　贷:长期股权投资减值准备　　65 600.00

业务 110

借:应付账款　　125 000.00
　　应交税费——应交增值税(进项税额)　　21 250.00

　　贷:其他业务收入　　12 500.00
　　　银行存款　　133 750.00

业务 111

借:待处理财产损溢——固定资产　　5 400.00
　　贷:营业外收入——固定资产盘盈　　5 400.00

业务 112

借:主营业务收入——LN 型旋臂起重机　　50 000.00
　　贷:应交税费——应交增值税(销项税额)　　−8 500.00
　　　银行存款　　58 500.00

业务 113

借:银行存款　　819 000.00
　　贷:主营业务收入——LN 型旋臂起重机　　500 000.00
　　　　——GF12 汽车起重机　　200 000.00
　　　应交税费——应交增值税(销项税额)　　119 000.00

业务 114

本月产品销售成本计算表

2017 年 12 月　　单位:元

项　目	LN 型旋臂起重机			GF12 汽车起重机			成本合计
	数量(台)	单位成本	金额	数量(台)	单位成本	金额	
月初结存	15	38 800	582 000	10	82 400	824 000	
本月入库	19	38 500	731 500	10	82 000	820 000	
合计	34		1 313 500	20		1 644 000	
平均单位成本		38 632.35			82 200		
本月销售	23		888 544.05	14	82 200	1 150 800	2 039 344.05
工程领用				1		82 200	82 200

1/2　借:主营业务成本——LN 型旋臂起重机　　888 544.05
　　　　——GF12 汽车起重机　　1 150 800.00
　　　贷:库存商品——LN 型旋臂起重机　　888 544.05
　　　　——GF12 汽车起重机　　1 150 800.00
2/2　借:在建工程——冷却塔　　82 200.00
　　　应交税费——应交增值税(进项税额)　　17 000.00
　　　贷:库存商品——GF12 汽车起重机　　82 200.00
　　　　应交税费——应交增值税(销项税额)　　17 000.00

[注:2/2 这笔分录在编制完报表后发现有错误,将在第十四章处更正。]

业务 115

冷却塔工程成本计算表

2017 年 12 月 31 日

工程耗用项目	成本金额(元)
工程物资	63 000
外购水费	200
工程费	17 000
材料	29 600
职工薪酬	19 853.2
供电车间电费	295
自产产品	82 200
合　计	212 148.20

借:固定资产　212 148.20
　贷:在建工程——冷却塔工程　212 148.20

业务 116

借:营业外支出——捐赠支出　20 000.00
　贷:银行存款　20 000.00

业务 117

国债利息收入计算表

2017 年 12 月 31 日　单位:元

计息日期	应计利息	实际利率	利息收入	利息调整	摊余成本
2016 年 1 月 1 日					528 000
2017 年 12 月 31 日	30 000	4.72%	24 922	5 078	522 922
2018 年 12 月 31 日	30 000	4.72%	24 682	5 318	517 604

借:应收利息　30 000.00
　贷:投资收益　24 682.00
　　持有至到期投资——国债(利息调整)　5 318.00

业务 118

1/2　借:管理费用——房产税　1 932.00
　　——印花税　380.21
　　——土地使用税　700.00
　　——车船使用税　63.33
　贷:应交税费——房产税　1 932.00
　　——印花税　380.21
　　——土地使用税　700.00
　　——车船使用税　63.33

2/2　借:其他业务成本　　2 250.00
营业税金及附加　　625.00
贷:应交税费——应交营业税　　2 875.00

业务 119

应交增值税计算表

2017 年 12 月 31 日　　单位:元

项　目	金　额
内销产品销项税额	455 906
在建工程领用产品销项税额	17 000
销项税额合计	472 906
进项税额	218 015.75
进项税额转出	376.16
应纳增值税额	255 266.41

借:应交税费——应交增值税　　255 266.41
贷:应交税费——未交增值税　　255 266.41

业务 120

应交城建税计算表

2017 年 12 月 31 日

应交税费项目	税率(%)	应交税费金额(元)
本月应交增值税额		255 266.41
本月应交营业税额		2 875
计税基础合计		258 141.41
本月应交城建税	7	18 069.90
本月应交教育费附加	3	7 744.24
本月应交地方教育费	1	2 581.41
合　计		28 395.55

借:营业税金及附加　　28 395.55
贷:应交税费——城建税　　18 069.90
——教育费附加　　7 744.24
——地方教育费　　2 581.41

业务 121

借:应付职工薪酬——职工福利　　3 698.00
贷:管理费用　　3 698.00

业务 122

本月各项费用汇总表

2017 年 12 月 31 日　　　　单位:元

账户名称	借方金额	贷方金额	结转净额
主营业务成本	2 039 344.05	0	2 039 344.05
——LN 型旋臂起重机	888 544.05	0	888 544.05
——GF12 汽车起重机	1 150 800	0	1 150 800
其他业务成本	8 210	0	8 210
营业税金及附加	29 020.55	0	29 020.55
管理费用	190 933.53	3 698	187 235.53
财务费用	21 696.43	4 620.60	17 075.83
销售费用	115 134.70	0	115 134.70
资产减值损失	144 625	0	144 625
营业外支出	28 135	0	28 135
合　计			2 568 780.66

借:本年利润　2 568 780.66
　贷:主营业务成本——LN 型旋臂起重机　888 544.05
　　　　　　　　——GF12 汽车起重机　1 150 800.00
　　其他业务成本　8 210.00
　　营业税金及附加　29 020.55
　　管理费用　187 235.53
　　销售费用　115 134.70
　　财务费用　17 075.83
　　资产减值损失　144 625.00
　　营业外支出　28 135.00

业务 123

本月各项收入汇总表

2017 年 12 月 31 日　　　　单位:元

账户名称	借方金额	贷方金额	结转净额
主营业务收入	50 000	2 600 000	2 550 000
——LN 型旋臂起重机	50 000	1 200 000	1 150 000
——GF12 汽车起重机	0	1 400 000	1 400 000
其他业务收入	0	64 300	64 300

续表

账户名称	借方金额	贷方金额	结转净额
投资收益	1 200	195 869	194 669
营业外收入	0	126 700	126 700
公允价值变动损益		50 000	50 000
合 计			2 985 669

借:主营业务收入——LN型旋臂起重机 1 150 000.00
——GF12汽车起重机 1 400 000.00
其他业务收入 64 300.00
投资收益 194 669.00
营业外收入 126 700.00
公允价值变动损益 50 000.00
贷:本年利润 2 985 669.00

业务124

应纳企业所得税额计算表

2017年12月31日 单位:元

项 目	税 率	金 额
利润总额		416 888.34
调整事项:		
加:资产减值损失		138 900
业务招待费(40%)		5 545
税收罚款支出		135
捐赠支出		20 000
减:持有国债的利息收入		24 682
公允价值变动损益		50 000
投资收益——股利		50 000
本月应纳税所得额		456 786.34
本月应纳所得税额	25%	114 196.59

业务招待费调增金额=13 862.50×(1−60%)=5 545(元)

业务 125

资产、负债账面价值与计税基础比较表

2017 年 12 月 31 日　　金额单位:元

项　目	账面余额	累计折旧	减值准备	账面价值	计税基础	暂时性差异	
						应纳税暂时性差异	可抵扣暂时性差异
交易性金融资产	590 000			590 000	540 000	50 000	
存货:		(差异)					
原材料	432 487.22	+3 302.46	15 000	420 789.68	435 789.68		15 000
库存商品	835 955.95		10 000	825 955.95	835 955.95		10 000
固定资产	6 698 548.20	1 099 482	48 300	5 550 766.20	5 599 066.20		48 300
长期股权投资	3 115 600		65 600	3 050 000	3 115 600		65 600
合　计						50 000	138 900

递延所得税资产＝138 900×25％＝34 725(元)

递延所得税负债＝50 000×25％＝12 500(元)

递延所得税费用＝12 500－34 725＝－22 225(元)

本月所得税费用＝114 196.59－22 225＝91 971.59(元)

理论上的会计分录:

借:所得税费用——当期所得税费用　　91 971.59
　递延所得税资产　　34 725.00
　贷:递延所得税负债　　12 500.00
　　应交税费——应交所得税　　114 196.59

实际工作中一般不编制多借多贷的会计分录,主要是便于会计分工和记账凭证汇总。据此,以上会计分录可以拆分为如下两笔:

1/3　借:所得税费用——当期所得税费用　　126 696.59
　　贷:递延所得税负债　　12 500.00
　　　应交税费——应交所得税　　114 196.59

2/3　借:递延所得税资产　　34 725.00
　　贷:所得税费用　　34 725.00

3/3　借:本年利润　　91 971.59
　　贷:所得税费用　　91 971.59

业务 126

本月税后净利润＝416 888.34－91 971.59＝324 916.75(元)

1～11 月税后净利润累计额＝2 250 000(元)

本年税后净利润累计额＝2 250 000＋324 916.75＝2 574 916.75(元)

本年度提取法定盈余公积＝2 574 916.75×10％＝257 491.68(元)

本年度提取任意盈余公积＝2 574 916.75×15％＝386 237.51(元)

公积金提取及分配表

2017 年 12 月 31 日　　　　单位:元

项　目	提取/分配基数	提取/分配比例	合　计
提取法定盈余公积	2 574 916.75	10%	257 491.68
提取任意盈余公积	2 574 916.75	15%	386 237.51
向投资者分配利润	1 931 187.56	80%	1 544 950.05
合　计			2 188 679.24

借:利润分配——提取法定盈余公积　257 491.68
　　　　　——提取任意盈余公积　386 237.51
　贷:盈余公积——法定盈余公积　257 491.68
　　　　　　——任意盈余公积　386 237.51

业务 127

剩余净利润=2 574 916.75－257 491.68－386 237.51=1 931 187.56(元)

向投资者分配利润=1 931 187.56×80%=1 544 950.05(元)

借:利润分配——应付利润　1 544 950.05
　贷:应付利润　1 544 950.05

业务 128

利润及利润分配余额表

2017 年 12 月 31 日　　　　单位:元

账户名称	借方金额	贷方金额	结转净额
本年利润		2 574 916.75	2 574 916.75
利润分配——法定盈余公积	257 491.68		257 491.68
利润分配——任意盈余公积	386 237.51		386 237.51
利润分配——应付利润	1 544 950.05		1 544 950.05
合　计	2 188 679.24	2 574 916.75	

1/2　借:本年利润　2 574 916.75
　　　贷:利润分配——未分配利润　2 574 916.75
2/2　借:利润分配——未分配利润　2 188 679.24
　　　贷:利润分配——提取法定盈余公积　257 491.68
　　　　　　　　——提取任意盈余公积　386 237.51
　　　　　　　　——应付利润　1 544 950.05

业务 129

科目汇总表

12 月 16～12 月 31 日(业务 61～128)1/2　　单位:元

账户名称	本期发生额		记账符号
	借方发生额	贷方发生额	
库存现金		9 368.55	
银行存款	1 681 845.60	934 885.09	
其他货币资金		4 010.00	
预付账款		2 643.06	
其他应收款	1 772.07		
应收账款		50 000.00	
坏账准备	50 000.00	5 725.00	
应收利息	30 000.00		
应收股利	100 000.00		
交易性金融资产	50 000.00		
原材料		1 112 430.66	
存货跌价准备		25 000.00	
材料成本差异		17 967.04	
周转材料	3 250.00	35 505.00	
库存商品	1 551 500.00	2 121 544.05	
基本生产成本——一车间	741 064.70	731 500.00	
基本生产成本——二车间	741 907.80	820 000.00	
制造费用——一车间	74 365.00	74 365.00	
制造费用——二车间	73 800.00	73 800.00	
辅助生产成本——机修	59 803.10	59 803.10	
辅助生产成本——供电	95 963.50	95 963.50	
受托代销商品		125 000.00	
受托代销商品款	125 000.00		
待处理财产损溢	6 354.72	2 595.75	
持有至到期投资		5 318.00	
长期股权投资		50 000.00	
长期投资减值准备		65 600.00	
无形资产	350 000.00		
累计摊销		2 808.33	
固定资产	212 148.20		
累计折旧		84 482.00	
固定资产减值准备		48 300.00	

续表

账户名称	本期发生额		记账符号
	借方发生额	贷方发生额	
在建工程	132 148.20	212 148.20	
资产减值损失	144 625.00	144 625.00	
应付账款	139 634.00	139 634.00	
短期借款	600 000.00		
长期借款		8 200.00	
管理费用	190 311.28	190 933.53	
财务费用	19 012.67	21 696.43	
营业外支出	20 135.00	28 135.00	
主营业务收入	2 600 000.00	700 000.00	
营业外收入	126 700.00	5 400.00	
其他业务收入	64 300.00	12 500.00	
投资收益	194 669.00	74 682.00	
其他业务成本	5 960.00	5 960.00	
所得税费用	91 971.59	91 971.59	
销售费用	115 134.70	115 134.70	
主营业务成本	2 039 344.05	2 039 344.05	
营业税金及附加	31 270.55	31 270.55	
应付利息	8 000.00	1 266.67	
应交税费	298 278.38	552 697.81	
应付职工薪酬	12 698.00	488 076.70	
应付债券		107 985.00	
应付利润		1 544 950.05	
实收资本		800 000.00	
资本公积		150 000.00	
盈余公积		643 729.19	
利润分配	4 377 358.48	4 763 595.99	
本年利润	5 235 669.00	2 985 669.00	
递延所得税负债		12 500.00	
递延所得税资产	34 725.00		
公允价值变动损益	50 000.00	50 000.00	
合　计	22 480 719.59	22 480 719.59	

业务 130

(一)日记账

银行存款日记账

单位:元

2017 年		凭证号数	摘　要	对方账户	借　方	贷　方	余　额
月	日						
12	1		月初余额				1 128 303.44
	1	1	报刊订阅费	00275001		4 214.60	1 124 088.84
		2	提取现金	00051001		10 000.00	1 114 088.84
		3	办理银行本票			248 625.00	865 463.84
	2	10	票据款			100 000.00	765 463.84
	3	16	付押金	00275002		50 000.00	715 463.84
	4	18	票据贴现		324 916.24		1 040 380.08
		21	购货定金	00275003		66 560.00	973 820.08
	5	22	付货款	00275004		4 600.00	969 220.08
		23	收回前欠货款		55 000.00		1 024 220.08
		24	付保险费	00275005		12 012.20	1 012 207.88
		25	收货款		115 000.00		1 127 207.88
		26	付木箱加工费	00275006		1 755.00	1 125 452.88
	8	31	付货款			128 128.00	997 324.88
		32	销货款		58 500.00		1 055 824.88
	9	37	转让无形资产		45 000.00		1 100 824.88
		38	付运费	00275007		1 000.00	1 099 824.88
			付补价款	00275008		14 000.00	1 085 824.88
		39	付钢材款	00275009		70 200.00	1 015 624.88
			付钢材运费	00275010		3 000.00	1 012 624.88
		40	出售拖板车		60 000.00		1 072 624.88
	10	43	购电焊机	00275011		21 060.00	1 051 564.88
	11	46	付冷却塔工程款	00275012		17 000.00	1 034 564.88

续表

2017年		凭证号数	摘　要	对方账户	借　方	贷　方	余　额
月	日						
	12	52	缴纳保险费			144 906.00	889 658.88
		53	缴纳税金			150 206.00	739 452.88
		54	缴纳公积金	00275013		48 302.80	691 150.08
		55	取得银行借款		300 000.00		991 150.08
		56	缴纳增值税			205 000.00	786 150.08
		57	发放工资	00275014		270 322.40	515 827.68
	15	60	取得银行借款		900 000.00		1 415 827.68
	16	61	归还流动借款			600 000.00	815 827.68
		62	发行债券		107 985.00		923 812.68
		63	付债券发行费	00275015		5 250.00	918 562.68
	17	64	收投入资本		600 000.00		1 518 562.68
		66	收代销商品款		146 250.00		1 664 812.68
	19	70	付排污费			728.6	1 664 084.08
	22	73	购印花税票	00275016		110.00	1 663 974.08
	23	74	付广告费	00275017		68 000.00	1 595 974.08
		75	收外埠存款		3 990.00		1 599 964.08
	24	76	付电话费			2 930.57	1 597 033.51
		77	付借款利息			12 059.50	1 584 974.01
	25	78	付水费	00275018		7 891.92	1 577 082.09
		79	付电费	00275019		8 950.50	1 568 131.59
	26	80	收存款利息		4 620.60		1 572 752.19
		81	付餐费	00275020		13 862.50	1 558 889.69
	29	82	缴纳营业税			2 635.00	1 556 254.69
		83	付银行手续费			216.50	1 556 038.19
	31	110	付代销商品款	00275021		133 750.00	1 422 288.19

续表

2017年		凭证号数	摘要	对方账户	借方	贷方	余额
月	日						
	31	112	退货			58 500.00	1 363 788.19
		113	收货款		819 000.00		2 182 788.19
		116	向职工捐款	现支		20 000.00	2 162 788.19
			本月合计		3 540 261.84	2 505 777.09	2 162 788.19
			本年累计		45 720 536.87	44 686 052.12	
			结转下年			2 162 788.19	0

(二)三栏式明细账

主营业务收入——GF12 汽车起重机

单位:元

2017年		凭证号数	摘要	借方	贷方	借或贷	余额
月	日						
12	1			12 520 460.12	12 520 460.12		0
	3	14	销售起重机		100 000.00		100 000.00
	4	20	销售起重机		500 000.00		600 000.00
	8	35	销售起重机		500 000.00		1 100 000.00
	9	38	销售起重机		100 000.00		1 200 000.00
	31	113	销售起重机		200 000.00		1 400 000.00
		122	结转本月收入	1 400 000.00			
			本月合计	1 400 000.00	1 400 000.00		0
			本年累计	13 920 460.12	13 920 460.12		0

(三)多栏式明细账

管理费用明细账

单位:元

2017年		凭证号	摘要	借方													贷方	余额
月	日			工薪费	社会保险	办公费	水电费	招待费	物料消耗	差旅费	财产保险	折旧费	摊销费	税金	其他	合计		
12	1		月初余额	1 109 870.00	426 600.00	23 659.89	87 809.89	123 567.50	56 342.65	125 679.50	9 870.56	176 890.00	31 980.67	30 561.78	69 893.91	2 272 726.35	2 272 726.35	0
		8	张影报差旅费							450.00						450.00		
	2	12	购办公用品			122.25										122.25		
	3	13	现金盘亏												50.00	50.00		
	19	70	付排污费												728.60	728.60		
		71	购账本凭证			315.00										315.00		
	22	73	购印花税票											110.00		110.00		
	24	76	付电话费			2 930.57										2 930.57		
	25	78	材料盘亏						346.32							346.32		
	26	81	付餐费					13 862.50								13 862.50		
	30	84	无形资产摊销										2 458.33			2 458.33		
		85	摊销本月保险、报刊费			351.22					1 183.14					1 534.36		
	31	88	水费				600.00									600.00		
		90	耗用材料						1 116.90							1 116.90		
		91	盘亏材料						477.36							477.36		
		92	工作服												5 000.00	5 000.00		
		93	计提折旧费									15 780.00				15 780.00		
		94	分配工薪费	91 800.00												91 800.00		
		95	四项保险		35 550.00											35 550.00		
		98	分配电费、修理费				10 005.80		4 620.00							14 625.80		
		118	地方税											3 075.54		3 075.54		
		121	职工福利转入														3 698.00	
		123	结转管理费用														187 235.53	
			本月合计	91 800.00	35 550.00	3 719.04	10 605.80	13 862.50	6 560.48	450.00	1 183.14	15 780.00	2 458.33	3 185.54	5 778.60	190 933.53	190 933.53	0
			本年累计	1 201 670.00	462 150.00	27 378.93	98 415.69	137 430.00	62 903.13	126 129.50	11 053.70	192 670.00	34 439.00	33 747.32	75 672.51	2 463 659.88	2 463 659.88	

(四)数量金额式明细账

原材料——铸铁件　　计划价格:8 元/千克

2017年		凭证号	摘要	收入		发出		结存	
月	日			数量	金额	数量	金额	数量	金额
12	1		月初余额					18 000.00	72 000.00
		6	第一车间领用			8 000.00	64 000.00	10 000.00	80 000.00
	2	9	第二车间领用			8 000.00	64 000.00	2 000.00	16 000.00
	8	30	入库	25 000.00	200 000.00			27 000.00	216 000.00
	10	45	盘亏			100.00	800.00	26 900.00	215 200.00
	17	67	第一车间领用			8 267.34	66 138.72	18 632.66	149 061.28
	18	68	第二车间领用			8 143.75	65 150.00	10 488.91	83 911.28
			本月合计	25 000.00	200 000.00	32 511.09	260 088.72	10 488.91	83 911.28

库存商品——GF12 汽车起重机

2017年		凭证号	摘要	收入			发出			结存		
月	日			数量	单价	金额	数量	单价	金额	数量	单价	金额
12	1		月初余额							10	82 400	824 000
	3	14	销售上海明珠				1			9		
	4	20	销售青岛嘉鸣				5			4		
	9	38	银湖电子公司				1			3		
	11	46	冷却塔工程领用				1			2		
	12	51	入库	3						5		
	30	86	入库	7						12		
	31	103	销售杭州新民				5			7		
		113	销售鞍山益达公司				2			5		
			本月合计	10	82 000	820 000	15	82 200	1 233 000	5	82 200	411 000

(五)会计报表

资产负债表

财会年企 01 表

编制单位：辽宁华宇起重机有限公司　　2017 年 12 月 31 日　　单位：元

项　目	行次	年末余额	年初余额	项　目	行次	年末余额	年初余额
流动资产：	1	—	—	流动负债：	47	—	—
货币资金	2	2 199 563.14	739 040.29	短期借款	48	300 000.00	650 000.00
Δ交易性金融资产	3	635 000.00	452 500.00	Δ交易性金融负债	49		
#短期投资	4			#应付权证	50		
应收票据	5	768 456.00	714 000.00	应付票据	51	105 300.00	300 500.00
应收账款	6	1 164 150.00	797 377.00	应付账款	52	191 880.00	291 359.45
预付款项	7	16 226.80	45 583.78	预收款项	53		100 000.00
应收股利	8	100 000.00		应付职工薪酬	54	3 963.50	
应收利息	9	30 000.00	85 000.00	其中:应付工资	55		
其他应收款	10	51 772.07	3 610.00	应付福利费	56	3 963.50	
存货	11	1 377 542.13	2 136 917.99	应交税费	57	403 809.09	311 960.55
其中:原材料	12			其中:应交税金	58		
库存商品(产成品)	13			应付利息	59	1 266.67	8 500.00
一年内到期的非流动资产	14			应付股利	60	1 544 950.05	
其他流动资产	15			其他应付款	61		
流动资产合计	16	6 342 710.14	5 004 029.06	一年内到期的非流动负债	62	1 078 200.00	500 000.00
非流动资产：	17	—	—	其他流动负债	63		
Δ可供出售金融资产	18			流动负债合计	64	3 629 369.31	2 162 320.00
Δ持有至到期投资	19	517 604.00		非流动负债：	65	—	—
#长期债权投资	20			长期借款	66	900 000.00	1 000 000.00
Δ长期应收款	21			应付债券	67	107 985.00	
长期股权投资	22	3 050 000.00	2 258 000.00	长期应付款	68		
#股权分置流通权	23			专项应付款	69		
Δ投资性房地产	24			预计负债	70		
固定资产原价	25			Δ递延所得税负债	71	12 500.00	
减:累计折日	26			#递延税款贷项	72		
固定资产净值	27			其他非流动负债	73		

续表

项　目	行次	年末余额	年初余额	项　目	行次	年末余额	年初余额
减:固定资产减值准备	28			其中:特准储备基金	74		
固定资产净额	29	5 550 766.20	4 753 631.12	非流动负债合计	75	1 020 485.00	1 000 000.00
在建工程	30		162 994.42	负 债 合 计	76	4 649 854.31	3 162 320.00
工程物资	31			所有者权益(或股东权益):	77	—	—
固定资产清理	32			实收资本(股本)	78	9 300 000.00	8 300 000.00
Δ生产性生物资产	33			国家资本	79		
Δ油气资产	34			集体资本	80		
无形资产	35	524 691.67	149 000.00	法人资本	81		
其中:土地使用权	36			其中:国有法人资本	82		
Δ开发支出	37			集体法人资本	83		
Δ商誉	38			个人资本	84		
* #合并价差	39			外商资本	85		
长期待摊费用(递延资产)	40			资本公积	86	282 176.00	135 000.00
Δ递延所得税资产	41	34 725.00	28 165.40	减:库存股	87		
#递延税款借项	42			盈余公积	88	1 243 729.19	600 000.00
其他非流动资产(其他长期资产)	43			Δ一般风险准备	89		
其中:特准储备物资	44			* #未确认投资损失(以"—"号填列)	90		
非流动资产合计	45	9 677 786.87	7 351 790.94	未分配利润	91	544 737.51	158 500.00
				其中:现金股利	92		
				*外币报表折算差额	93		
				归属于母公司所有者权益合计	94		
				*少数股东权益	95		
				所有者权益合计	96	11 370 642.70	9 193 500.00
				#减:资产损失	97		
				所有者权益合计(剔除资产损失后的金额)	98	11 370 642.70	9 193 500.00
资 产 总 计	46	16 020 497.01	12 355 820.00	负债和所有者权益总计	99	16 020 497.01	12 355 820.00

注:表中带*项目为合并会计报表专用;表中加Δ项目为执行新会计准则企业专用,其他企业不填;表中加#项目为执行企业会计制度等企业专用,执行新会计准则企业不填。

利润表

财会年企02表

编制单位:辽宁华宇起重机有限公司　　2017年12月31日　　单位:元

项　目	行次	本月金额	本年累计金额
一、营业总收入	1	2 614 300.00	33 214 312.50
其中:营业收入	2		
其中:主营业务收入	3	2 550 000.00	32 204 572.80
其他业务收入	4	64 300.00	1 009 739.70
二、营业总成本	5	2 045 304.05	24 992 098.37
其中:营业成本	6		
其中:主营业务成本	7	2 039 344.05	24 102 950.37
其他业务成本	8	8 210.00	891 398.00
营业税金及附加	9	29 020.55	415 684.42
销售费用	10	115 134.70	1 768 314.70
管理费用	11	187 235.53	2 459 961.88
其中:业务招待费	12	13 862.50	137 430.00
研究与开发费	13		
财务费用	14	17 075.83	241 360.20
其中:利息支出	15		
利息收入	16		
汇兑净损失(净损失以"—"号填列)	17		
Δ资产减值损失	18	144 625.00	144 625.00
其他	19		
加:公允价值变动收益(损失以"—"号填列)	20	50 000.00	—58 000.00
投资收益(损失以"—"号填列)	21	194 669.00	383 625.51
其中:对联营企业和合营企业的投资收益	22		
三、营业利润(亏损以"—"号填列)	23	318 323.34	3 515 643.44
加:营业外收入	24	126 700.00	171 590.40
其中:非流动资产处置利得	25		
非货币性资产交换利得(非货币性交易收益)	26		
政府补助(补贴收入)	27		
债务重组利得	28		
减:营业外支出	29	28 135.00	60 135.00
其中:非流动资产处置损失	30		
非货币性资产交换损失(非货币性交易损失)	31		
债务重组损失	32		
四、利润总额(亏损总额以"—"号填列)	33	416 888.34	3 627 098.84
减:所得税费用	34	91 971.59	1 052 182.09
加:*#未确认的投资损失	35		
五、净利润(净亏损以"—"号填列)	36	324 916.75	2 574 916.75
减:*少数股东损益	37		
六、归属于母公司所有者的净利润	38		
七、每股收益	39		
基本每股收益	40		
稀释每股收益	41		

注:表中带*项目为合并会计报表专用;表中加Δ项目为执行新会计准则企业专用,其他企业不填;表中加#项目为执行企业会计制度等企业专用,执行新会计准则企业不填。

现金流量表

财会年企 03 表

编制单位：　　201×年度　　单位：元

项　目	行次	本年金额	上年金额
一、经营活动产生的现金流量	1	—	—
销售商品、提供劳务收到的现金	2	1 505 166.24	
收到的税费返还	3		
收到的其他与经营活动有关的现金	4	4 670.60	
经营活动现金流入小计	5	1 509 836.84	
购买商品、接受劳务支付的现金	6	888 799.35	
支付给职工以及为职工支付的现金	7	452 838.00	
支付的各项税费	8	357 816.00	
支付的其他与经营活动有关的现金	9	168 656.12	
经营活动现金流出小计	10	1 868 109.47	
经营活动产生的现金流量净额	11	−358 272.63	
二、投资活动产生的现金流量	12	—	—
收回投资收到的现金	13	672 975.00	
取得投资收益收到的现金	14		
处置固定资产、无形资产和其他长期资产所收回的现金净额	15	697 000.00	
处置子公司及其他营业单位收回的现金净额	16		
收到的其他与投资活动有关的现金	17		
投资活动现金流入小计	18	1 369 975.00	
购建固定资产、无形资产和其他长期资产所支付的现金	19	1 412 803.20	
投资支付的现金	20		
取得子公司及其他营业单位支付的现金净额	21		
支付的其他与投资活动有关的现金	22		
投资活动现金流出小计	23	1 412 803.20	
投资活动产生的现金流量净额	24	−42 828.20	
三、筹资活动产生的现金流量	25	—	—
吸收投资收到的现金	26	600 000.00	
其中：子公司吸收少数股东投资收到的现金	27		
取得借款收到的现金	28	1 307 985.00	
收到的其他与筹资活动有关的现金	29		
筹资活动现金流入小计	30	1 907 985.00	
偿还债务支付的现金	31	600 000.00	
分配股利、利润或偿付利息支付的现金	32	12 059.50	
其中：子公司支付给少数股东的股利、利润	33		
支付的其他与筹资活动有关的现金	34	5 486.50	
筹资活动现金流出小计	35	617 546.00	
筹资活动产生的现金流量净额	36	1 290 439.00	
四、汇率变动对现金及现金等价物的影响	37		
五、现金及现金等价物净增加额	38	889 338.17	
加：期初现金及现金等价物余额	39	1 242 037.47	
六、期末现金及现金等价物余额	40	2 131 375.64	

注:该部分业务均属于财务报告完成后发现的问题,需要编制相应的调整分录。另外,有的还需要对报告期的报表进行调整,有的还需要调整下年度财务报表的年初数或上年数。调整分录参见如下,具体调整略:

业务 131

借:利润分配——未分配利润　　45 000

　　贷:交易性金融资产——公允价值变动　　45 000

业务 132

借:长期股权投资——成本　　50 000

　　贷:以前年度损益调整　　50 000

借:以前年度损益调整　　50 000

　　贷:利润分配——未分配利润　　50 000

业务 133

借:固定资产　　17 000

　　贷:应交税费——应交增值税(销项税额)　　17 000

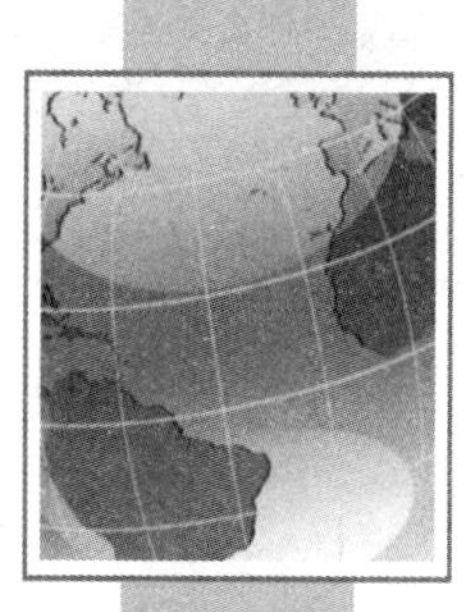

附录二
记录及证明经济业务发生的原始凭证

业务 1

中国银行

（辽）

转账支票存根

DS00275001

附加信息

出票日期 年 月 日

收款人：
金额：
用途：

单位主管 会计

本支票付款期限十天

中 国 银 行 转账支票（辽） DS00275001

出票日期（大写） 年 月 日 付款行名称：

收款人： 出票人账号：

人民币（大写）		亿	千	百	十	万	千	百	十	元	角	分

用途____

上列款项请从

我账户内支付

出票人签章

复核 记账

中国邮政报刊费收据

户名：辽宁华宇起重机有限公司

地址：锦州市凌河区凌云路 255 号 日期：2017 年 12 月 1 日

查询号： 收订局： N0：064379

序号	报刊代号	报刊名称	起止订期	份数	定价	款额	备注
报纸		见清单	2018.1～2018.12	25			
共计款额（大写）肆仟贰佰壹拾肆元陆角			￥ 4 214.60				

订户注意

营业员： 日戳：

1.请核对填制的内容是否正确，是否加盖章戳。

2.如有查询、退订、改址等事项，请交验此发票。

3.报刊名称前带※表示不可退订。

邮政客户服务电话：11185

（印章：中国邮政报刊发行 业务章 87）

第二联 发票联

报刊费收据第 064379
号之附件第 1 页共 1 页

报刊订阅清单

报 纸
（自公费）

订阅单位：辽宁华宇起重机有限公司
地　　址：锦州市凌河区凌云路 255 号
订阅单位经手人：张明　　　　电话：5858588　　　　2017 年 12 月 1 日

分号	代号	报刊名称	起止订期	份数	月季价	合计款项(元)	备注
1		人民日报	2018.1～12	6		1 213.20	
2		文汇报	2018.1～12	7		1 412.00	
3		锦州日报	2018.1～12	5		99.20	
4		财会月刊	2018.1～12	1		150.20	
5		中国税务报	2018.1～12	1		260.00	
6		解放日报	2018.1～12	5		1 080.00	
合计				25		4 214.60	

附件：1.报纸、杂志分单填写各一式两份。
　　2.本单不作收款凭证，收款以报刊费收据为凭。　　　　邮政局复核

业务 2

中国银行
现金支票存根（辽）
DS00051001

附加信息
______
______

出票日期：　年　月　日

收款人：
金　额：
用　途：

单位主管　　会计

本支票付款期限十天

中 国 银 行　现金支票（辽）　DS00051001

出票日期（大写）　　年　　月　　日　　　付款行名称：
收款人：　　　　　　　　　　　　　　　　出票人账号：

人民币（大写）		亿	千	百	十	万	千	百	十	元	角	分

用途____
上列款项请从
我账户内支付
出票人签章

复核　　记账

业务 3

中国银行　　业务委托书

委托日期：　年　月　日　　　　辽 A03335823

银行打印						
客户填写	业务类型	□电汇　□信汇　□汇票申请书　□本票申请书　□其他		汇款方式	□普通　□加急	
	委托人	全　称		收款人	全　称	
		账号或地址			账号或地址	
		开户行名称			开户行名称	
		开户银行	省　市		开户银行	省　市
	金额(大写) 人民币			亿 千 百 十 万 千 百 十 元 角 分		
	支付密码			付出行签章：		
	加急汇款签字					
	用途					
	附加信息及用途：					

第三联　回单联

事后监督：　　会计主管：　　复核：　　记账：

中国银行

付款期　壹个月

本　票　2　锦州　E B00580001 03

签发日期（大写）　贰零壹柒年拾贰月壹日

收款人：锦州美菱钢铁有限公司		申请人：辽宁华宇起重机有限公司	
凭票即付：人民币(大写)贰拾肆万捌仟陆佰贰拾伍元整		￥248 625.00	
转账	现金		
备注：	出票行签章 中国银行锦州分行 凌南支行 本票专用章	郭博	出纳　复核　经办

此联签发行结清本票时作付出传票

业务 4

辽宁省增值税专用发票

2100081160　　　　No:00342503

开票日期:2017 年 12 月 1 日

购货单位	名　　称:辽宁华宇起重机有限公司 纳税人识别号:210703987654321 地 址 、电 话:锦州市凌河区凌云路 255 号 开户行及账号:中国银行锦州分行凌南支行 021686822882537	密码区	2＊—〉7＋24567〉—48/1890　加密版本:01 〉2〉6/8〈—77＊/12346〉16＋　210009998 ＊〈＊12〈〈98765—/4〉/8〈　00340059 15＊12—37〉8＊238/89〈〈＋＋

货物或应税劳务名称	规格型号	单 位	数 量	单 价	金 额	税 率	税额
铸铁件		千克	25 000	8.50	￥212 500.00	17%	￥36 125.00
价税合计	(大写)贰拾肆万捌仟陆佰贰拾伍元整			(小写)￥248 625.00			

销货单位	名　　称:锦州美菱钢铁有限公司 纳税人识别号:210703192945763 地 址 、电 话:锦州市凌河区云飞街 58 号　3158791 开户行及账号:工行凌河支行　021444004892678	备注	款项以本票支付

收款人:　　复核:　　开票人:王玉　　销货单位(章)

第三联:发票联　购货方记账凭证

辽宁省增值税专用发票

抵扣联

2100081160　　　　No:00342503

开票日期:2017 年 12 月 1 日

购货单位	名　　称:辽宁华宇起重机有限公司 纳税人识别号:210703987654321 地 址 、电 话:锦州市凌河区凌云路 255 号 开户行及账号:中国银行锦州分行凌南支行 021686822882537	密码区	2＊—〉7＋24567〉—48/1890　加密版本:01 〉2〉6/8〈—77＊/12346〉16＋　210009998 ＊〈＊12〈〈98765—/4〉/8〈　00340059 15＊12—37〉8＊238/89〈〈＋＋

货物或应税劳务名称	规格型号	单 位	数 量	单 价	金 额	税 率	税额
铸铁件		千克	25 000	8.50	￥212 500.00	17%	￥36 125.00
价税合计	(大写)贰拾肆万捌仟陆佰贰拾伍元整			(小写)￥248 625.00			

销货单位	名　　称:锦州美菱钢铁有限公司 纳税人识别号:210703192945763 地 址 、电 话:锦州市凌河区云飞街 58 号　3158791 开户行及账号:工行凌河支行　021444004892678	备注	款项以本票支付

收款人:　　复核:　　开票人:王玉　　销货单位(章)

第二联:抵扣联　购货方扣税凭证

业务 5

库存现金盘点报告表

单位名称：　　　　　　　　　　　年　月　日

实存金额	账存金额	实存与账存对比		备　注
		盘　盈	盘　亏	

盘点人签章：　　　　　　　　出纳员签章：

业务 6

领料单(一)

第 001 号

领料部门：　　　　　　　　　　年　月　日　　　　　　　　发料仓库：

材料名称	规格	计量单位	数量		计划单价	金额	用途
			请领	实领			
合　计							

仓库主管：　　　　发料人：　　　　领料部门主管：　　　　领料人：

领料单(一)

第 002 号

领料部门:第一车间　　　　　　2017 年 12 月 1 日　　　　　　发料仓库:材料仓库

材料名称	规格	计量单位	数量		计划单价(元/吨)	金额(元)	用途
			请领	实领			
铸铜件		千克	5 000	5 000	20	100 000	生产
合　计			5 000	5 000		100 000	

仓库主管:余东　　　　发料人:王兰　　　　领料部门主管:张顺　　　　领料人:崔放

领料单(一)

第 003 号

领料部门:第一车间　　　　　　2017 年 12 月 1 日　　　　　　发料仓库: 材料仓库

材料名称	规格	计量单位	数量		计划单价(元/千克)	金额(元)	用途
			请领	实领			
锻件		千克	6 000	6 000	10	60 000	生产
合　计			6 000	6 000		60 000	

仓库主管:余东　　　　发料人:王兰　　　　领料部门主管:张顺　　　　领料人:崔放

领料单(一)　第004号

领料部门:第一车间　2017年12月1日　发料仓库:材料仓库

材料名称	规格	计量单位	数量		计划单价(元/吨)	金额(元)	用途
			请领	实领			
煤		吨	5	5	365	1 825.00	取暖
合　计			5	5		1 825.00	

仓库主管:余东　发料人:王兰　领料部门主管:张顺　领料人:崔放

领料单(二)　第1号

领料部门:第一车间　2017年12月1日　发料仓库:材料仓库

材料名称	规格	计量单位	数量	单价	金额	用途
电气元件		套	42	1 135.50	47 691.00	生产
合　计			42		47 691.00	

仓库主管:余东　发料人:王兰　领料部门主管:张顺　领料人:崔放

领料单(一)　第3号

领料部门:供电车间　2017年12月1日　发料仓库:材料仓库

材料名称	规格	计量单位	数量		计划单价(元/吨)	金额(元)	用途
			请领	实领			
煤		吨	60	60	365	21 900.00	取暖
合　计			60	60		21 900.00	

仓库主管:余东　发料人:王兰　领料部门主管:高众　领料人:白功

领料单(二)　第2号

领料部门:修理车间　2017年12月1日　发料仓库:材料仓库

材料名称	规格	计量单位	数量	单价(元/套)	金额(元)	用途
螺栓		套	1 000	14.80	14 800.00	修理
合　计			1 000		14 800.00	

仓库主管:余东　发料人:王兰　领料部门主管:张大江　领料人:秦枫

业务 7

辽宁华宇起重机有限公司

借　款　单（第一联）

年　　月　　日

<table>
<tr><td>单位</td><td colspan="2"></td><td>姓名</td><td></td><td>财务部经理</td><td></td><td>审批</td><td></td></tr>
<tr><td rowspan="3">项目</td><td></td><td>出差事由</td><td colspan="2"></td><td>出差地点</td><td></td><td>部门经理</td><td></td></tr>
<tr><td rowspan="2">其他借款</td><td>借款理由</td><td colspan="6"></td></tr>
<tr><td>对方单位</td><td colspan="2"></td><td>账户开户行</td><td></td><td>付款方式</td><td></td></tr>
<tr><td colspan="9">人民币（大写）：　　　　　　　　　　　　　　　　　　￥</td></tr>
</table>

出纳：　　　　　　　　　会计主管：　　　　　　　　　借款人：

业务 8

差旅费报销单

单位或部门：采购科　　　　　　　　2017 年 12 月 2 日

<table>
<tr><td rowspan="2">月</td><td rowspan="2">日</td><td rowspan="2">时间</td><td rowspan="2">出发地</td><td rowspan="2">月</td><td rowspan="2">日</td><td rowspan="2">时间</td><td rowspan="2">到达地</td><td rowspan="2">机票费</td><td rowspan="2">车船费</td><td rowspan="2">卧铺费</td><td colspan="2">夜行补助</td><td colspan="2">市内交通补助</td><td colspan="3">住宿费</td><td colspan="2">出差补助</td><td rowspan="2">其他</td><td rowspan="2">合计（元）</td></tr>
<tr><td>小时</td><td>金额</td><td>实支</td><td>包干</td><td>标准</td><td>实支</td><td>提成</td><td>天数</td><td>金额（元）</td></tr>
<tr><td></td><td></td><td></td><td></td><td></td><td></td><td></td><td></td><td></td><td></td><td></td><td></td><td></td><td></td><td></td><td></td><td></td><td></td><td></td><td></td><td></td><td></td></tr>
<tr><td></td><td></td><td></td><td></td><td></td><td></td><td></td><td></td><td></td><td></td><td></td><td></td><td></td><td></td><td></td><td></td><td></td><td></td><td></td><td></td><td></td><td></td></tr>
<tr><td></td><td></td><td></td><td></td><td></td><td></td><td></td><td></td><td></td><td></td><td></td><td></td><td></td><td></td><td></td><td></td><td></td><td></td><td></td><td></td><td></td><td></td></tr>
<tr><td></td><td></td><td></td><td></td><td></td><td></td><td></td><td></td><td></td><td></td><td></td><td></td><td></td><td></td><td></td><td></td><td></td><td></td><td></td><td></td><td></td><td></td></tr>
<tr><td colspan="2">合计</td><td></td><td></td><td></td><td></td><td></td><td></td><td></td><td></td><td></td><td></td><td></td><td></td><td></td><td></td><td></td><td></td><td></td><td></td><td></td><td></td></tr>
<tr><td colspan="2" rowspan="3">出差任务</td><td colspan="2" rowspan="3"></td><td colspan="13">报销金额（大写）：人民币</td><td colspan="3">预借金额</td><td colspan="2">￥</td></tr>
<tr><td colspan="13" rowspan="2">单位领导　　部门负责人　　出差人</td><td colspan="3">报销金额</td><td colspan="2">￥</td></tr>
<tr><td colspan="3">结余或超支</td><td colspan="2">￥</td></tr>
</table>

会计主管人员　　　　记账　　　　　　审核　　　　　附单据　张

A023532　　　　　　　　　　　　　　锦 A（售）

锦州　—D218 次→　北京

2017 年 12 月 1 日 7:45 开　07 车 34 号

￥140.00 元　动车组二等座

限乘当日当次车

Ⅱ Ⅲ Ⅷ Ⅲ Ⅷ Ⅱ Ⅱ Ⅱ Ⅱ Ⅲ Ⅷ Ⅲ Ⅷ Ⅱ Ⅱ Ⅱ Ⅱ Ⅲ Ⅷ Ⅲ Ⅷ

A 0 2 3 5 3 2　　　　　　　　京 A (售)

北京 —D219次→ 锦州

2017年12月2日10:45开　09车4号

¥140.00元　动车组二等座

限乘当日当次车

Ⅱ Ⅲ Ⅷ Ⅲ Ⅷ Ⅱ Ⅱ Ⅱ Ⅱ Ⅲ Ⅷ Ⅲ Ⅷ Ⅱ Ⅱ Ⅱ Ⅱ Ⅲ Ⅷ Ⅲ Ⅷ

北京旅店业专用发票

发票联

发票代码:233020775030
发票号码:01932678

开票日期:2017年12月2日

付款账户	张　影			付款方式		现　金							备　注
房号	住宿时间			人数	单价	金　额							
	到店	离店	天数			万	千	百	十	元	角	分	
516			1天					1	0	0	0	0	
金额(大写):人民币壹佰元整						100.00							

金城大酒店
财务专用章
3301670306223324

开票人:白　　　　收款人:李　　　　收款单位(未盖章无效)

附加1

中国银行
现金支票存根　(辽)

DS00051002

附加信息

出票日期:2017年12月1日

收款人:华宇公司供应部
金　额:3 000.00
用　途:备用

单位主管　　会计:王丽

辽宁华宇起重机有限公司

借 款 单(第一联)

2017 年 1 月 1 日

单位		供应部	姓名		财务部经理	李国俊	审批	
项目		出差事由			出差地点		部门经理	林丽丽
	其他借款	借款理由	备用金					
		对方单位			账户开户行		付款方式	支票
人民币(大写):叁仟元整			¥3 000.00					

出纳:范苗　　会计主管:李国俊　　借款人:张子丹

附加 2

辽宁华宇起重机有限公司费用报销单　　N0.00123

2017 年 3 月 1 日

请详细写明报销内容

姓名	摘　要	膳用金额	车费金额	其他费用金额
供应部	购买办公用品			1 725.00
	职工月票		400.00	
	邮费			320.00
	餐费	155.00		
合计(大写)贰仟陆佰元整	合计	155.00	400.00	2 045.00
		¥2 600.00		

第一联 记账联

车间部门:供应部　　审核:李国俊　　制单:王丽　　收款:

另附商业发票、月票报销凭证等原始单据 5 张。

辽宁省邮政业专用发票

代码:221070840631

中国邮政　　2017 年 1 月 18 日　　№:00023688

用户名称	辽宁华宇起重机有限公司			
业务种类	数量	邮费	其他费	金额(元)
邮费				200.00
单、封				80.00
合计金额	贰佰捌拾元整			280.00

第二联 报销凭证

收款单位(盖章有效)　　收款人:荀美　　开票人:黄兴

(手写无效)

辽宁省邮政业专用发票

代码:221070840631

中国邮政　　2017年2月5日　　№:000115638

用户名称	辽宁华宇起重机有限公司			
业务种类	数量	邮费	其他费	金额
特快		40.00		40.00
合计金额	肆拾元整			40.00

第二联　报销凭证

收款单位(盖章有效)　　收款人:　　开票人:谢秋江

(手写无效)

锦州市商业货物销售剪贴发票

121070821021

00223668

购货单位:辽宁华宇起重机有限公司　　2017年2月2日　　锦国税(09)17号

货名及规格	单位	数量	单价	万	千	百	十	元	角	分	备注
办公用品				¥	1	7	2	5	0	0	本发票联大写金额与剪贴券剪留金额相符(十元以下部分除外),否则无效。
合计金额	(大写)壹仟柒佰贰拾伍元零角零分　¥1 725.00										
结算方式	开户银行										

②报销凭证

销货单位(盖章有效)　　收款人:隋　　开票人:

大商集团锦州百货大楼有限公司
锦州市中央大街二段67号3121044

无剪贴券无效

2	1	0	十元

7	6	5	4	3	2	1	0	百元

1	0	千元

0	万元

锦州市公共交通总公司收费专用发票

全国统一发票监制章 辽宁省 发票联 地方税务局监制

代码:22107015131

客户名称:辽宁华宇起重机有限公司　　2017年2月1日　　№:0014143216

卡号:3433715563		付款方式:现金
项　　目	金　　额	备　　注
现金充值	400.00	锦州市公共交通总公司 发票专用章 210703120536897
合计金额:(大写)肆佰元整	¥400.00	

第二联 报销凭证

售卡充值点:1402　　收款人:S1450　　(手写无效)

辽宁省锦州市餐饮娱乐服务业统一发票
发　票　联

全国统一发票监制章 辽宁省 地方税务局监制

发票代码:221070875311
发票号码:01244886
税务登记号:210702120612466
客户:辽宁华宇起重机有限公司
201×—01—2
餐饮　　¥155.00

锦州市北京烤鸭店有限公司 发票专用章 210702120612466

……………………………………………
现金　　壹佰伍拾伍元零角零分
北京烤鸭店
　1—00000010254896144
…×……………………………×…

非机器打印及无发票专用章无效

附加 3

辽宁华宇起重机有限公司费用报销单　　N0.00161

2017年12月25日

请详细写明报销内容

姓名	摘　要	膳用金额	车费金额	其他费用金额
供应部	购买办公用品			620.00
	职工月票		350.00	
	邮费			130.00
合计(大写):贰仟陆佰元整	合计		350.00	750.00
		¥1 100.00		

第一联 记账联

车间部门:行政科　　审核:李国俊　　制单:王丽　　收款:

另附商业发票等原始单据共计3张。

锦州市商业货物销售剪贴发票

发票联

121070821021

00223668

购货单位：辽宁华宇起重机有限公司　　2017年12月2日　　锦国税(09)17号

货名及规格	单位	数量	单价	金额 万	千	百	十	元	角	分	备注
办公用品					¥	6	2	0	0	0	本发票联大写金额与剪贴券剪留金额相符(十元以下部分除外)，否则无效。
合计金额(大写)	陆佰贰拾元零角零分　¥620.00										
结算方式	开户银行										

②报销凭证

销货单位(盖章有效)　　收款人：隋　　开票人：

大商集团锦州百货大楼有限公司
锦州市中央大街二段67号 3121044

无剪贴券无效

| 2 | 1 | 0 | 十元 |

| 6 | 5 | 4 | 3 | 2 | 1 | 0 | 百元 |

| 0 | 千元 |

| 0 | 万元 |

锦州市公共交通总公司收费专用发票

辽宁省 发票联

代码：22107015131

客户名称：辽宁华宇起重机有限公司　　2017年2月1日　　No：0014143216

卡号：3433715563		付款方式：现金
项　目	金　额	备　注
现金充值	350.00	
合计金额(大写)：叁佰伍拾元整　¥：350.00		

第二联 报销凭证

售卡充值点：1402　　收款人：S1450　　注：手写无效

辽宁省邮政业专用发票

代码：221070840631

中国邮政　　2017年2月5日　　No：000115638

用户名称	辽宁华宇起重机有限公司			
业务种类	数量	邮费	其他费	金额
特快		130.00		130.00
合计金额	壹佰叁拾元整			¥130.00

第二联 报销凭证

收款单位(盖章有效)　　收款人：　　开票人：谢秋江

辽宁锦州 2017.12.01 邮政大厦

(手写无效)

收款收据(第三联)

2017 年 12 月 25 日

交款单位	供应部	金额									
		千	百	十	万	千	百	十	元	角	分
					¥	1	9	0	0	0	0
人民币(大写)	壹仟玖佰元整	¥1 900.00									
收款事由	退回备用金余款										
上述款项照数收讫无误		现金收讫									

财会负责人:　　　　经手人:张子丹　　　　出纳:范苗　　　　记账:王丽

①此收据只作为内部收款凭证,不得代替发货票使用。

②三联一次复写填制,不得涂改。

业务 9

领料单(一)

第 006 号

领料部门:第二车间　　　　2017 年 12 月 2 日　　　　发料仓库:材料仓库

材料名称	规格	计量单位	数量		计划单价(元/千克)	金额(元)	用途
			请领	实领			
铸铜件		千克	4 000	4 000	20	80 000	生产
合　计			4 000	4 000		80 000	

仓库主管:余东　　　发料人:王兰　　　领料部门主管:刘明业　　　领料人:李子放

领料单(一)

第 007 号

领料部门:第二车间　　　　2017 年 12 月 2 日　　　　发料仓库:材料仓库

材料名称	规格	计量单位	数量		计划单价(元/千克)	金额(元)	用途
			请领	实领			
铸铁件		千克	8 000	8 000	8	64 000	生产
合　计			8 000	8 000		64 000	

仓库主管:余东　　　发料人:王兰　　　领料部门主管:刘明业　　　领料人:李子放

领料单(一)

第 008 号

领料部门:第二车间　　2017 年 12 月 2 日　　发料仓库:材料仓库

材料名称	规格	计量单位	数量		计划单价(元/千克)	金额(元)	用途
			请领	实领			
锻件		千克	5 000	5 000	10	50 000	生产
合　计			5 000	5 000		50 000	

仓库主管:余东　　发料人:王兰　　领料部门主管:刘明业　　领料人:李子放

领料单(一)

第 009 号

领料部门:第二车间　　2017 年 12 月 2 日　　发料仓库:材料仓库

材料名称	规格	计量单位	数量		计划单价(元/吨)	金额(元)	用途
			请领	实领			
煤		吨	6	6	365	2 190.00	取暖
合　计			6	6		2 190.00	

仓库主管:余东　　发料人:王兰　　领料部门主管:刘明业　　领料人:李子放

领料单(二)

第 3 号

领料部门:第二车间　　2017 年 12 月 2 日　　发料仓库:材料仓库

材料名称	规格	计量单位	数量	单价(元/套)	金额(元)	用途
液压件		套	15	3 407.424	51 111.36	生产
合　计			15		51 111.00	

仓库主管:余东　　发料人:王兰　　领料部门主管:刘明业　　领料人:李子放

领料单(一)

第 010 号

领料部门:机修车间　　2017 年 12 月 2 日　　发料仓库:材料仓库

材料名称	规格	计量单位	数量		计划单价(元/吨)	金额(元)	用途
			请领	实领			
煤		吨	3	3	365	1 095.00	取暖
合　计			3	3		1 095.00	

仓库主管:余东　　发料人:王兰　　领料部门主管:张大江　　领料人:秦枫

业务 10

托收凭证(付款通知)　5

委托日期:2017 年 12 月 2 日　　付款期限:2017 年 12 月 2 日

<table>
<tr><td>业务类型</td><td colspan="5">委托收款(□邮划 ☑ 电划)　托收承付(□邮划 □电划)</td></tr>
<tr><td rowspan="3">收款人</td><td>全称</td><td>上海辰星公司</td><td rowspan="3">付款人</td><td>全称</td><td>辽宁华宇起重机有限公司</td></tr>
<tr><td>账号</td><td>024477004483</td><td>账号</td><td>021686822882537</td></tr>
<tr><td>地址</td><td>省　市　开户行</td><td>地址</td><td>省　市　开户行</td></tr>
<tr><td>金额</td><td colspan="2">人民币
(大写)拾万元整</td><td colspan="3">亿 千 百 十 万 千 百 十 元 角 分
　　 ¥ 1 0 0 0 0 0 0</td></tr>
<tr><td>款项内容</td><td>货款</td><td>托收凭据名称</td><td>商业承兑汇票</td><td>附寄单证张数</td><td>1</td></tr>
<tr><td>商品发运情况</td><td colspan="2"></td><td>合同名称号码</td><td colspan="2"></td></tr>
<tr><td colspan="2">备注:
付款人开户银行收到日期:
年　月　日
复核　记账</td><td colspan="2">付款人开户银行盖章
年　月　日
中国银行锦州分行 凌南支行 2017年12月2日 业务清讫 (12)</td><td colspan="2">付款人注意:
1.根据支付结算办法,上列委托收款(托收承付)款项在付款期内未提出拒付,即视为同意付款,以此代付款通知。
2.如需提出全部或部分拒付,应在规定期限内将拒付理由书并附证明退交开户银行。</td></tr>
</table>

此联付款人开户行给付款人按期付款通知

业务 11

江苏省增值税专用发票

全国统一发票监制章 发票联 江苏省 国家税务局监制

23000084140　　No:01249078

开票日期:2017 年 12 月 2 日

<table>
<tr><td>购货单位</td><td colspan="4">名　　称:辽宁华宇起重机有限公司
纳税人识别号:210703987654321
地 址 、电 话:锦州市凌河区凌云路 255 号
开户行及账号:中国银行锦州分行凌南支行
021686822882537</td><td>密码区</td><td colspan="3">2＊—>7＋24567>—48/1890　加密版本:01
>2>6/8<—77＊/12346>16＋　210009998
＊<＊12<<98765—/4>/8<　00340059
15＊12—37>8＊238/89<<＋＋</td></tr>
<tr><td colspan="2">货物或应税劳务名称</td><td>规格型号</td><td>单 位</td><td>数 量</td><td>单 价</td><td>金　额</td><td>税 率</td><td>税额</td></tr>
<tr><td colspan="2">锻件</td><td></td><td>千克</td><td>12 000</td><td>11</td><td>¥132 000.00</td><td>17%</td><td>¥22 440.00</td></tr>
<tr><td colspan="2">价税合计</td><td colspan="7">(大写)壹拾伍万肆仟肆佰肆拾元整　　(小写)¥154 440.00</td></tr>
<tr><td>销货单位</td><td colspan="4">名　　称:江苏丰华铸造有限公司
纳税人识别号:527000567845673
地 址 、电 话:江苏江宁明星区 58 号　31887911
开户行及账号:工行江宁支行 024457309892</td><td>备注</td><td colspan="3">以外埠存款支付</td></tr>
</table>

收款人:　　复核:　　开票人:　　销货单位(章):江苏丰华铸造有限公司 发票专用章 527000567845673

第一联:发票联　购货方记账凭证

江苏省增值税专用发票

23000084140　　抵扣联　　No:01249078

开票日期:2017年12月2日

<table>
<tr><td>购货单位</td><td colspan="4">名　　称:辽宁华宇起重机有限公司
纳税人识别号:210703987654321
地 址 、电 话:锦州市凌河区凌云路255号
开户行及账号:中国银行锦州分行凌南支行 021686822882537</td><td>密码区</td><td colspan="3">2＊—>7＋24567>—48/1890　加密版本:01
>2>6/8<—77＊/12346>16＋　210009998
＊<＊12<<98765—/4>/8<　00340059
15＊12—37>8＊238/89<<＋＋</td></tr>
<tr><td colspan="2">货物或应税劳务名称</td><td>规格型号</td><td>单位</td><td>数量</td><td>单价</td><td>金额</td><td>税率</td><td>税额</td></tr>
<tr><td colspan="2">锻件</td><td></td><td>千克</td><td>12 000</td><td>11</td><td>￥132 000.00</td><td>17%</td><td>￥22 440.00</td></tr>
<tr><td colspan="2">价税合计</td><td colspan="7">（大写）壹拾伍万肆仟肆佰肆拾元整　　（小写）￥154 440.00</td></tr>
<tr><td>销货单位</td><td colspan="4">名　　称:江苏丰华铸造有限公司
纳税人识别号:527000567845673
地 址 、电 话:江苏江宁明星区58号　31887911
开户行及账号:工行江宁支行 024457309892</td><td>备注</td><td colspan="3">以外埠存款支付</td></tr>
</table>

收款人:　　复核:　　开票人:　　销货单位(章):

第二联：抵扣联　购货方扣税凭证

中国银行业务委托书

委托日期:2017年12月2日　　苏B03444098

<table>
<tr><td>银行打印</td><td colspan="5"></td></tr>
<tr><td rowspan="9">客户填写</td><td>业务类型</td><td colspan="2">☑电汇 □信汇 □汇票申请书 □本票申请书 □其他</td><td>汇款方式</td><td>□普通 □加急</td></tr>
<tr><td rowspan="4">委托人</td><td>全　称</td><td>辽宁华宇起重机有限公司</td><td rowspan="4">收款人 全　称
账号或地址
开户行名称
开户银行</td><td>江苏丰华铸造有限公司</td></tr>
<tr><td>账号或地址</td><td>09990090876(临时户)</td><td>024457098902</td></tr>
<tr><td>开户行名称</td><td>中行江陵支行</td><td>工行江宁支行</td></tr>
<tr><td>开户银行</td><td>江苏省南京市</td><td>江苏省　　市</td></tr>
<tr><td>金额(大写)人民币</td><td colspan="2">壹拾伍万肆仟肆佰肆拾元整</td><td colspan="2">亿 千 百 十 万 千 百 十 元 角 分
　　 ￥ 1 5 4 4 4 0 0 0</td></tr>
<tr><td>支付密码</td><td colspan="2"></td><td colspan="2" rowspan="4">付出行签章:</td></tr>
<tr><td>加急汇款签字</td><td colspan="2"></td></tr>
<tr><td>用途</td><td colspan="2"></td></tr>
<tr><td></td><td>附加信息及用途:</td><td colspan="2"></td><td colspan="2"></td></tr>
</table>

事后监督:　　会计主管:　　复核:　　记账:

第三联：回单联

公路、内河货物运输业统一发票

发票联

发票代码:456000710321

开票日期:2017 年 12 月 2 日　　发票号码:23581034

机打代码 机打代码 机器编号	232000710118 40581049 557000335816	税控码	2＊—〉7＋24567〉—48/1890/＋＋0503〉7〉9＋7 〉2〉6/8〈—77＊/12346〉16＋〈7＋36〉89＋＊41—65/ ＊〈＊12〈〈98765—/4〉/8〈7＊〈45812/—8＋—58＋4
收货人及 纳税人识别号	辽宁华宇起重机有限公司 210703987654321	承运人及 纳税人识别号	江宁恒顺运输有限公司 52700019291432
发货人及 纳税人识别号	江苏丰华铸造有限公司 527000567845673	主管税务机关 及　代　码	江宁地方税务局 345071101
运输项目及金额	货物名称　数量　单位运价　计费里程　金额 锻件　　1 500.00	其他项目及金额	搬运费 50.00　　备注
运费小计	1 500.00	其他费用	50.00
合计	(大写)壹仟伍佰伍拾元整		(小写)¥1 550.00

承运人盖章　　开票人:左兴权

第一联　发票联　付款方记账凭证　（手写无效）

公路、内河货物运输业统一发票

抵扣联

发票代码:456000710321

开票日期:2017 年 12 月 2 日　　发票号码:23581034

机打代码 机打代码 机器编号	232000710118 40581049 557000335816	税控码	2＊—〉7＋24567〉—48/1890/＋＋0503〉7〉9＋7 〉2〉6/8〈—77＊/12346〉16＋〈7＋36〉89＋＊41—65/ ＊〈＊12〈〈98765—/4〉/8〈7＊〈45812/—8＋—58＋4
收货人及 纳税人识别号	辽宁华宇起重机有限公司 210703987654321	承运人及 纳税人识别号	江宁恒顺运输有限公司 52700019291432
发货人及 纳税人识别号	江苏丰华铸造有限公司 527000567845673	主管税务机关 及　代　码	江宁地方税务局 345071101
运输项目及金额	货物名称　数量　单位运价　计费里程　金额 锻件　　1 500.00	其他项目及金额	搬运费 50.00　　备注
运费小计	1 500.00	其他费用	50.00
合计	(大写)壹仟伍佰伍拾元整		(小写)¥1 550.00

承运人盖章　　开票人:左兴权

第二联　抵扣联　付款方扣税凭证　（手写无效）

中国银行　　业务委托书

委托日期：2017 年 12 月 2 日　　苏 B03444099

银行打印							
客户填写	业务类型	☑电汇 □信汇 □汇票申请书 □本票申请书 □其他			汇款方式	□普通 □加急	
	委托人	全　称	辽宁华宇起重机有限公司	收款人	全　称	江宁恒顺运输有限公司	
		账号或地址	09990090876(临时户)		账号或地址	024457356701	
		开户行名称	中行江陵支行		开户行名称	工行江宁支行	
		开户银行	江苏省南京市		开户银行	江苏省　市	
	金额(大写)人民币	壹仟伍佰伍拾元整			亿 千 百 十 万 千 百 十 元 角 分	¥ 1 5 5 0 0 0	
	支付密码				付出行签章：（印章：中国银行南京市分行 江陵支行 2017.12.02 委托凭证专用章 (9)）		
	加急汇款签字						
	用途	运费					
	附加信息及用途：						

第三联　回单联

事后监督：　　会计主管：　　复核：　　记账：

业务 12

辽宁省增值税专用发票

（印章：全国统一发票监制章 发票联 江苏省 国家税务局监制）

2100081160　　No：00342507

开票日期：2017 年 12 月 2 日

购货单位	名　　称：辽宁华宇起重机有限公司 纳税人识别号：210703987654321 地 址 、电 话：锦州市凌河区凌云路 255 号 开户行及账号：中国银行锦州分行凌南支行 021686822882537			密码区	2＊－〉7＋24567〉－48/1890　加密版本：01 〉2〉6/8〈－77＊/12346〉16＋　210009998 ＊〈＊12〈〈98765－/4〉/8〈　00340059 15＊12－37〉8＊238/89〈〈＋＋			
货物或应税劳务名称		规格型号	单 位	数 量	单 价	金　额	税 率	税额
打印纸			包	5	24.45	¥122.25	17%	¥20.78
价税合计		(大写)壹佰肆拾叁元零叁分　　(小写)¥143.03						
销货单位	名　　称：锦州三辰办公用品商店 纳税人识别号：2107039127445673 地 址 、电 话：锦州市古塔区 50 号　5181791 开户行及账号：工行古塔支行 024457309892			备注	现金付讫（印章：锦州三辰办公用品商店 发票专用章 2107039127445673）			

第三联：发票联　购货方记账凭证

收款人：　　复核：　　开票人：于晴　　销货单位：(章)

辽宁省增值税专用发票

抵扣联

2100081160　　　　No:00342507

开票日期:2017年12月2日

<table>
<tr><td rowspan="2">购货单位</td><td colspan="4">名　　称:辽宁华宇起重机有限公司
纳税人识别号:210703987654321
地 址 、电 话:锦州市凌河区凌云路255号
开户行及账号:中国银行锦州分行凌南支行 021686822882537</td><td>密码区</td><td colspan="3">2＊－>7＋24567>－48/1890 加密版本:01
>2>6/8<－77＊/12346>16＋ 210009998
＊<＊12<<98765－/4>/8< 00340059
15＊12－37>8＊238/89<<＋＋</td></tr>
</table>

货物或应税劳务名称	规格型号	单位	数量	单价	金额	税率	税额
打印纸		包	5	24.45	￥122.25	17%	￥20.78
价税合计	(大写)壹佰肆拾叁元零叁分				(小写)￥143.03		

销货单位	名　　称:锦州三辰办公用品商店 纳税人识别号:2107039127445673 地 址 、电 话:锦州市古塔区50号 5181791 开户行及账号:工行古塔支行024457309892	备注	现金

收款人:　　复核:　　开票人:于晴　　销货单位:(章)

第二联:抵扣联 购货方扣税凭证

业务 13

库存现金盘点报告表

单位名称:辽宁华宇起重机有限公司　　2017年12月3日

实存金额(元)	账存金额(元)	实存与账存对比(元)		备注
		盘盈	盘亏	
1 871.53	1 921.53		50.00	管理费用列支 李国俊 同意 高飞

盘点人签章:李国俊　江慧林　　出纳员签章:范　苗

业务 14

辽宁华宇起重机有限公司

产 品 出 库 单

编号:　　　　年　月　日

购货单位	品名	规格型号	数量	单位	结算方式	
					合同	现款

销售员:　　　　库管员:

辽宁省增值税专用发票

（印章：全国统一发票监制章　辽宁省　国家税务局监制）

记账联

2100081160　　　　No:00340001

开票日期:2017 年 12 月 3 日

购货单位	名　　称:上海明珠有限公司 纳税人识别号:330001929473888 地 址 、电 话:上海市静安区 88 号 2325588 开户行及账号:工行南塔办事处 024444004411346	密码区	2＊－〉7＋24567〉－48/1890　加密版本:01 〉2〉6/8〈－77＊/12346〉16＋　210009998 ＊〈＊12〈〈98765－/4〉/8〈　00340059 15＊12－37〉8＊238/89〈〈＋＋

货物或应税劳务名称	规格型号	单 位	数 量	单 价	金　额	税 率	税额
GF12 汽车起重机		台	1	100 000.00	¥100 000.00	17%	¥17 000.00
价税合计	(大写)壹拾壹万柒仟元整　　(小写)¥117 000.00						

销货单位	名　　称:辽宁华宇起重机有限公司 纳税人识别号:210703987654321 地 址 、电 话:锦州市凌河区凌云路 255 号 开　　户　　行:中国银行锦州分行凌南支行 账　　　　号:021686822882537	备注	（印章：辽宁华宇起重机有限公司　财务专用章　210703987654321）

收款人:　　复核:　　开票人:王　　销货单位(章):

第四联：记账联　销货方记账凭证

购销合同规定现金折扣条件:2/10,1/20,n/30。

业务 15

代销商品入库单

委托单位:锦州矿山机械厂　　2017 年 12 月 3 日

货号	品名	规格	单位	数量	单价(元/台)	金额(元)
20102	挖掘机	W2 型	台	5	25 000.00	125 000.00

负责人		仓库负责人	余东	出库经手人	韩篨	记账	白杰	合计	125 000.00

注:采用手续费方式。

商品代销合同

合同编号：

委托人：锦州矿山机械厂　　　　代销人：辽宁华宇起重机有限公司

签订时间：2017年12月2日　　　　签订地点：华宇公司

第一条　委托人委托代销人以自己的名义为其卖出以下商品：

商品名称	规格型号	生产厂家	单位	数量	质量要求	包装要求	单价(元/台)	总价(元)
挖掘机	W2型	矿山机械厂	台	5			25 000	125 000.00

合计人民币金额(大写)：壹拾贰万伍仟元整　　¥：125 000.00

第二条　代销期限：2017年12月2日至2018年3月12日。

第三条　代销商品的交付时间、地点、方式：运抵代销方指定地。

第四条　验收方式、时间及其提出书面异议的期限：交货5日内。

第五条　代销期内商品的保管责任及费用承担：代销方承担。

第六条　报酬的计算方法：按货款(不含税)的10%收取手续费。

第七条　报酬、价款的结算按下列第______种方式解决。

(一)已售商品的价款每月____日结算一次，代销人的相应报酬从价款中扣除。最后一批代销商品价款报酬在____________代销期限终止时结清。

(二)已售商品达30%时，代销人与委托人结算一次价款，相应报酬从价款中扣除。最后一批代销商品价款与报酬在代销期限终止时结清。

第八条　代销期限终止后，余货的处理方法：全部返还。

第九条　本合同解除的条件：双方协议、合同到期。

第十条　违约责任：

违约金或损失赔偿额计算方法：

第十一条　合同争议的解决方式：本合同项下发生的争议，由双方当事人协商解决或申请调解解决；协商或调解不成的，按下列第__种方式解决。

(一)提交　　锦州市　　仲裁委员会仲裁；

(二)依法向　　　　人民法院起诉。

第十二条　其他约定事项：代销人开具增值税专用发票。

委托人：(章)
住　所：
身份证号码：
法定代表人：
委托代理人：
电　话：
开户银行：
账　号：
税　号：

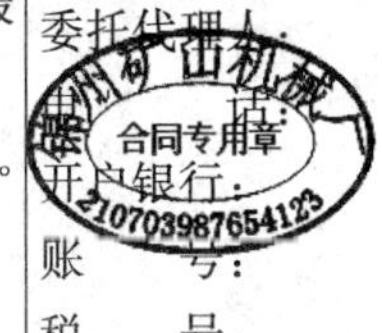

代销人：(章)
住　所：
身份证号码：
法定代表人：
委托代理人：
电　话：
开户银行：
账　号：
税　号：

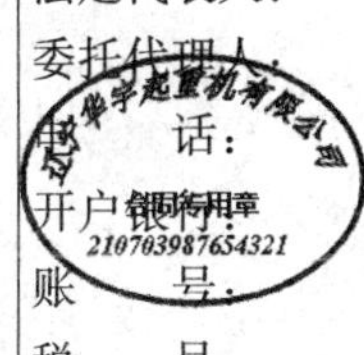

业务 16

记账特殊附件

公司租用鸿铭公司的仓库，面积 3 000 平方米，年租金 12 万元，租期 1 年，到期支付租金。此为预付押金 50 000 元。

会计主管：李国俊

（印章：辽宁华宇起重机有限公司 财务专用章 210703987654321）

专用收款收据

4311107

收款日期　2017 年 12 月 3 日

付款单位（交款人）	华宇公司	收款单位（领款人）	鸿铭公司	收款项目	房屋租赁押金

人民币（大写）伍万元整	千	百	十	万	千	百	十	元	角	分	结算方式	转账支票
			¥	5	0	0	0	0	0	0		

收款事由	押金	经办	部门	
			人员	

上述款项照数收讫无误。收款单位财会专用章：（领款人签章）	会计主管	稽核	出纳	交款人
				范苗

（印章：辽宁省财政厅监制 监制章；锦州鸿铭房地产开发有限公司 财务专用章 210703987654527）

使用规定：(1)本收据只作非经营性专用收款收据，不能代替发票使用。(2)结算方式按现金、转账、付委、信汇、电汇、托收承付、托收无承付等方式分别填列。(3)本收据一式三联复写，不得涂改，如写错，不得撕掉，要保留备查。

中国银行（辽）
转账支票存根
DS00275002
附加信息

出票日期：2017 年 12 月 3 日

收款人：鸿铭房地产开发公司
金　额：50 000.00
用　途：房屋租赁押金

单位主管　　会计：王丽

业务 17

辽宁省增值税专用发票

2100081160　　　　辽宁省　记账联　　　　No:00340002

开票日期:2017 年 12 月 3 日

<table>
<tr><td>购货单位</td><td colspan="4">名　　　称:广州茂源有限公司
纳税人识别号:870000192945200
地 址 、电 话:广州市黄花岗区 188 号　21375533
开户行及账号:工行黄花岗分行 240477004113476</td><td>密码区</td><td colspan="3">2＊－〉7＋24567〉－48/1890　加密版本:01
〉2〉6/8〈－77＊/12346〉16＋　210009998
＊〈＊12〈〈98765－/4〉/8〈　00340059
15＊12－37〉8＊238/89〈〈＋＋</td></tr>
<tr><td colspan="2">货物或应税劳务名称</td><td>规格型号</td><td>单 位</td><td>数 量</td><td>单 价</td><td>金　额</td><td>税 率</td><td>税额</td></tr>
<tr><td colspan="2">旋臂起重机</td><td>LN 型</td><td>台</td><td>1</td><td>50 000.00</td><td>￥50 000.00</td><td>17%</td><td>￥8 500.00</td></tr>
<tr><td colspan="2">价税合计</td><td colspan="7">(大写)伍万捌仟伍佰元整　　　(小写)￥58 500.00</td></tr>
<tr><td>销货单位</td><td colspan="4">名　　　称:辽宁华宇起重机有限公司
纳税人识别号:210703987654321
地 址 、电 话:锦州市凌河区凌云路 255 号
开　　户　　行:中国银行锦州分行凌南支行
账　　　　号:021686822882537</td><td>备注</td><td colspan="3">辽宁华宇起重机有限公司 财务专用章 210703987654321</td></tr>
</table>

收款人:　　　复核:　　　开票人:王　　　销货单位(章):

第四联:记账联　销货方记账凭证

托收凭证(受理回单)　1

委托日期　　年　月　日　　　付款期限　　年　月　日

<table>
<tr><td colspan="2">业务类型</td><td colspan="15">委托收款(□邮划 □电划)　　托收承付(□邮划 □电划)</td></tr>
<tr><td rowspan="3">付款人</td><td>全称</td><td colspan="4"></td><td rowspan="3">收款人</td><td>全称</td><td colspan="9"></td></tr>
<tr><td>账号</td><td colspan="4"></td><td>账号</td><td colspan="9"></td></tr>
<tr><td>地址</td><td>省　市</td><td>开户行</td><td colspan="2"></td><td>地址</td><td>省　市</td><td>开户行</td><td colspan="7"></td></tr>
<tr><td rowspan="2">金额</td><td colspan="5" rowspan="2">人民币
(大写)</td><td>亿</td><td>千</td><td>百</td><td>十</td><td>万</td><td>千</td><td>百</td><td>十</td><td>元</td><td>角</td><td>分</td></tr>
<tr><td></td><td></td><td></td><td></td><td></td><td></td><td></td><td></td><td></td><td></td><td></td></tr>
<tr><td colspan="2">款项内容</td><td>货款</td><td>托收凭据名称</td><td colspan="3">商业承兑汇票</td><td colspan="5">附寄单证张数</td><td colspan="5"></td></tr>
<tr><td colspan="3">商品发运情况</td><td colspan="2"></td><td colspan="3">合同名称号码</td><td colspan="9"></td></tr>
<tr><td colspan="4">备注:

复核　　记账</td><td colspan="4">款项收妥日期

年　月　日</td><td colspan="9">收款人开户银行签章
年　月　日</td></tr>
</table>

此联作收款人开户银行给收款人的受理回单

辽宁华宇起重机有限公司

产品出库单

编号:1012　　2017 年 12 月 3 日

货号	购货单位	品名	规格型号	数量	单位	结算方式	
						合同	现款
10201	广州茂源有限公司	旋臂起重机	LN 型	1	台	√	

销售员:范立杰　　库管员:韩笷

业务 18

银行承兑汇票　2　　GA 00049924

签发日期:贰零壹柒年拾壹月贰拾日(大写)

付款人	全称	鞍山益达有限公司	收款人	全称	辽宁华宇起重机有限公司
	账号	348760045612001		账号	021-686822882537
	开户银行	中行　行号		开户银行	中行凌南支行　行号

出票金额	人民币(大写)叁拾贰万伍仟陆佰元整	千	百	十	万	千	百	十	元	角	分
			¥	3	2	5	6	0	0	0	0

汇票到期日(大写)	贰零壹捌年贰月贰拾日	付款行	行号	102227000135
承兑协议编号	00120731065　票面利率 8%		地址	辽宁鞍山

本汇票请你行承兑,到期无条件付款。	本汇票已经承兑,到期日由本行付款。	
鞍山益达有限公司 财务专用章 出票人签章 2017 年 11 月 20 日	韩起 中国银行鞍山分行 江凌支行 汇票专用章 承兑行签章 承兑日期:2017 年 11 月 20 日 备注	复核　刘享　记账

此联收款人开户行随托收凭证寄付款行作借方凭证附件

贴现凭证（代申请书）①

填写日期　年　月　日　　第　号

<table>
<tr><td rowspan="3">贴现汇票</td><td>种类</td><td colspan="2"></td><td rowspan="3">持票人</td><td>全称</td><td colspan="3"></td></tr>
<tr><td>出票日</td><td colspan="2"></td><td>账号</td><td colspan="3"></td></tr>
<tr><td>到期日</td><td colspan="2"></td><td>开户银行</td><td colspan="3"></td></tr>
<tr><td colspan="2">汇票承兑人（或银行）名称</td><td colspan="2"></td><td>账号</td><td></td><td>开户银行</td><td colspan="2"></td></tr>
<tr><td colspan="2">汇票金额（即贴现金额）</td><td colspan="5">人民币（大写）</td><td colspan="2">千 百 十 万 千 百 十 元 角 分</td></tr>
<tr><td>贴现率每月</td><td>‰</td><td>贴现利息</td><td>十 万 千 百 十 元 角 分</td><td colspan="3">实付贴现金额</td><td colspan="2">千 百 十 万 千 百 十 元 角 分</td></tr>
<tr><td colspan="4">附送承兑汇票申请贴现，请审核。
持票人签章</td><td>银行审核</td><td colspan="2">负责人：
信贷员：</td><td colspan="2">科目（借）________
对方科目（贷）________
复核：　记账：</td></tr>
</table>

贴现凭证（收账通知）④

填写日期 2017 年 12 月 4 日　　第　号

<table>
<tr><td rowspan="3">贴现汇票</td><td>种类</td><td colspan="2">银行汇票</td><td rowspan="3">持票人</td><td>全称</td><td colspan="3">辽宁华宇起重机有限公司</td></tr>
<tr><td>出票日</td><td colspan="2">2017.11.20</td><td>账号</td><td colspan="3">021686822882537</td></tr>
<tr><td>到期日</td><td colspan="2">2018.2.20</td><td>开户银行</td><td colspan="3">中国银行锦州分行凌南支行</td></tr>
<tr><td colspan="2">汇票承兑人（或银行）名称</td><td colspan="2">鞍山益达有限公司</td><td>账号</td><td>348760045612001</td><td>开户银行</td><td colspan="2">中行鞍山市分行</td></tr>
<tr><td colspan="2">汇票金额（即贴现金额）</td><td colspan="5">人民币（大写）叁拾贰万伍仟陆佰元整</td><td colspan="2">千 百 十 万 千 百 十 元 角 分
¥ 3 2 5 6 0 0 0 0</td></tr>
<tr><td>贴现率每月</td><td>0.83‰</td><td>贴现利息</td><td>十 万 千 百 十 元 角 分
¥ 7 1 9 5 7 6</td><td colspan="3">实付贴现金额</td><td colspan="2">千 百 十 万 千 百 十 元 角 分
¥ 3 2 4 9 1 6 2 4</td></tr>
<tr><td colspan="4">上述款项已转入你单位账户。
此致
银行盖章
年　月　日</td><td colspan="5">备注：
中国银行锦州分行 凌南支行 ★ 2017年12月4日 ★ 业务清讫 （12）</td></tr>
</table>

此联银行给贴现申请人的收账通知

业务 19

锦州市商业货物销售剪贴发票

发票联

121070821021

01223654

购货单位:辽宁华宇起重机有限公司　　2017 年 2 月 4 日　　锦国税(09)18 号

货名及规格	单位	数量	单价	金额 万	千	百	十	元	角	分	备　注
书					¥	1	6	0	0	0	本发票联大写金额与剪贴券剪留金额相符(十元以下部分除外),否则无效
合计金额(大写)	壹佰陆拾元零角零分　　¥160.00										
结算方式	开户银行										

②报销凭证

销货单位(盖章有效)　　收款人:隋　　开票人:

锦州市凌河区北方书城
锦州市凌河区云飞街三段 2 号 3146279

无剪贴券无效

6	5	4	3	2	1	0	十元

1	0	百元

业务 20

辽宁省增值税专用发票

2100081160　　辽宁省　记账联　　No:00340003

开票日期:2017 年 12 月 4 日

购货单位	名　　称:青岛嘉鸣机械有限公司 纳税人识别号:330000192947363 地 址 、电 话:青岛市南京路 148 号　2375588 开户行及账号:招商银行青岛分行 040258369741003	密码区	2*－>7＋24567>－48/1890　加密版本:01 >2>6/8<－77*/12346>16＋　210009998 *<*12<<98765－/4>/8<　00340059 15*12－37>8*238/89<<＋＋

货物或应税劳务名称	规格型号	单 位	数 量	单 价	金　额	税 率	税额
旋臂起重机	LN 型	台	3	50 000.00	¥1 500 000.00	17%	¥25 500.00
汽车起重机	GF12	台	5	100 000.00	¥500 000.00	17%	¥85 000.00
包装箱		只	340	20.00	¥6 800.00	17%	¥1 156.00
价税合计	(大写)柒拾陆万捌仟肆佰伍拾陆元整　　(小写)¥768 456.00						

销货单位	名　　称:辽宁华宇起重机有限公司 纳税人识别号:210703987654321 地 址 、电 话:锦州市凌河区凌云路 255 号 开　户　行:中国银行锦州分行凌南支行 账　　号:021686822882537	备注	

第四联:记账联　销货方记账凭证

收款人:　　复核:　　开票人:王　　销货单位(章):

商业承兑汇票　2　　GA 2382900

签发日期(大写):贰零壹柒年拾贰月肆日

<table>
<tr><td rowspan="3">付款人</td><td>全称</td><td colspan="3">青岛嘉鸣机械有限公司</td><td rowspan="3">收款人</td><td>全称</td><td colspan="3">辽宁华宇起重机有限公司</td></tr>
<tr><td>账号</td><td colspan="3">040258369741003</td><td>账号</td><td colspan="3">021—686822882537</td></tr>
<tr><td>开户银行</td><td>招行</td><td>行号</td><td></td><td>开户银行</td><td>中行凌南支行</td><td>行号</td><td></td></tr>
</table>

出票金额	人民币 (大写)柒拾陆万捌仟肆佰伍拾陆元整	千	百	十	万	千	百	十	元	角	分
			¥	7	6	8	4	5	6	0	0

汇票到期日(大写)	贰零壹捌年贰月肆日	付款行	行号	102227000135
承兑协议编号	00120731765		地址	青岛市

本汇票已经承兑,到期无条件付款。

承兑人签章

2017年12月4日

本汇票请在承兑到期日付款

出票人签章

此联持票人开户行随托收凭证寄付款人开户行作借方凭证

辽宁华宇起重机有限公司

产品出库单

编号:1013　　2017年12月4日

货号	购货单位	品名	规格型号	数量	单位	结算方式	
						合同	现款
10101	青岛嘉鸣机械有限公司	汽车起重机	GF12	5	台	√	
10201	青岛嘉鸣机械有限公司	旋臂起重机	LN型	3	台	√	

销售员:范立杰　　库管员:韩筇

领料单(二)

第4号

领料部门:销售部门　　2017年12月4日　　发料仓库:材料仓库

材料名称	规格	计量单位	数量	单价(元/只)	金额(元)	用途
包装箱		只	340	16.50	5 160.00	销售
合　计			340		5 160.00	

仓库主管:余东　　发料人:王兰　　领料部门主管:文品　　领料人:范立杰

业务 21

专用收款收据　　2300653

收款日期:2017 年 12 月 4 日

<table>
<tr><td>付款单位
(交款人)</td><td>华宇公司</td><td>收款单位
(领款人)</td><td colspan="2">大连鑫宇
有限公司</td><td colspan="3">收款项目</td><td colspan="6">定货款</td></tr>
<tr><td colspan="3" rowspan="2">人民币
(大写)陆万陆仟伍佰陆拾元整</td><td>千</td><td>百</td><td>十</td><td>万</td><td>千</td><td>百</td><td>十</td><td>元</td><td>角</td><td>分</td><td rowspan="2">结算
方式</td><td rowspan="2">转账
支票</td></tr>
<tr><td></td><td></td><td>¥</td><td>6</td><td>6</td><td>5</td><td>6</td><td>0</td><td>0</td><td>0</td></tr>
<tr><td rowspan="2">收款事由</td><td rowspan="2" colspan="2">定金</td><td rowspan="2" colspan="2">经办</td><td colspan="3">部门</td><td colspan="7"></td></tr>
<tr><td colspan="3">人员</td><td colspan="7"></td></tr>
<tr><td colspan="3" rowspan="2">上述款项照数收讫无误。
收款单位财会专用章:(领款人签章)</td><td colspan="2">会计主管</td><td colspan="3">稽核</td><td colspan="3">出纳</td><td colspan="4">交款人</td></tr>
<tr><td colspan="2"></td><td colspan="3"></td><td colspan="3"></td><td colspan="4">范苗</td></tr>
</table>

使用规定:(1)本收据只作非经营性专用收款收据,不能代替发票使用。(2)结算方式按现金、转账、付委、信汇、电汇、托收承付、托收无承付等方式分别填列。(3)本收据一式三联复写,不得涂改,如写错,不得撕掉,要保留备查。

中国银行（辽）

转账支票存根

DS00275003

附加信息

出票日期:2017 年 12 月 1 日

收款人:大连鑫宇有限公司
金　额:66 560.00
用　途:预付货款

单位主管:李国俊　会计:王丽

业务 22

商业承兑汇票　2　　WA 2382900

签发日期(大写):贰零壹柒年拾壹月伍日

付款人	全称	北京新通贸易有限公司		收款人	全称	辽宁华宇起重机有限公司		
	账号	040258369741025			账号	021－686822882537		
	开户银行	招行	行号		开户银行	中行凌南支行	行号	

出票金额	人民币 (大写)贰拾肆万伍仟肆佰元整	千	百	十	万	千	百	十	元	角	分
			¥	2	4	5	4	0	0	0	0

汇票到期日(大写)	贰零壹捌年贰月伍日	付款行	行号	103227000315
承兑协议编号	10001207317		地址	青岛市
本汇票已经承兑,到期无条件付款。 承兑人签章 北京新通贸易有限公司 财务专用章 340703000654123 郭年 2017 年 11 月 5 日		本汇票请以承兑到期日付款 出票人签章 北京新通贸易有限公司 财务专用章 340703000654123 郭年		

此联持票人开户行随托收凭证寄付款人开户行作借方凭证

被背书人:	被背书人:
背书人签章 年　月　日	背书人签章 年　月　日

(商业承兑汇票背面)

中国银行　(辽)

转账支票存根

DS00275004

附加信息

出票日期:2017 年 12 月 5 日

收款人:长城有限公司
金　额:4 600.00
用　途:货款

单位主管:　　会计:王丽

业务 23

中国人民银行　支付系统专用凭证　№000110842023

报文种类:CMT100 交易种类:HVPS 贷记 业务种类:11 支付交易序号:00012921

发起行行号:314304000237 汇款人开户行行号:314304000237 委托日期:2017—12—4

发起行名称:中国建设银行

汇款人账号:321420120100007455

汇款人名称:常州北鸣有限公司

汇款人地址:

接收行行号:102227000029 收款人开户行行号:102227000029 收报日期:2017—12—5

收款人账号:021686822882537

收款人名称:锦州华宇起重机有限公司

收款人地址:

货币名称、金额(大写):人民币伍万伍仟元整

货币符号、金额(小写):RMB55 000.00

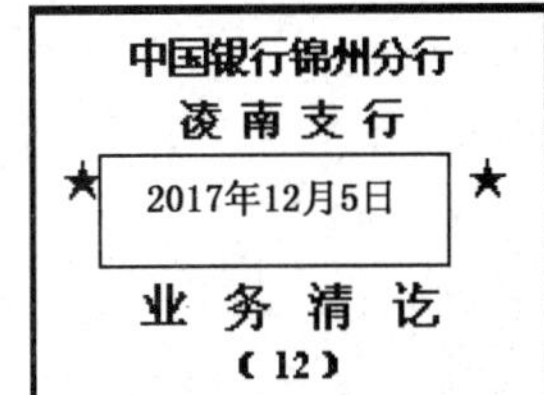

附言:货

报文状态:已入账

流水号:133714　　　　打印时间:2017—12—5 09:36:23

第一次打印,注意重复!

第二联　作客户通知单　　会计　　复核　　记账

记账特殊附件

2017 年 2 月 28 日第 56 号凭证,将常州北鸣公司应收账款 55 000 元作坏账冲销。

此款为该笔冲销款项又收回。

会计主管:李国俊

锦州华宇起重机有限公司 财务专用章 21070398765432l

业务 24

保险业专用发票
INSURANCE TRADE INVOICE

（印章：全国统一发票监制章 辽宁省地方税务局监制）

发票联

代码:221070730249

No.00016807

开票日期:

财产保险　　Date of Issue 2017 年 12 月 5 日

付款人:
Payer　辽宁华宇起重机有限公司
承保险种:
Coverage　一般财产保险
保险单号:
Policy No.　PDAA201032171100001236
保险费金额:(大写)　　(小写)
Premium Amount(In Words)伍仟壹佰伍拾陆元捌角壹分　(In Figures)5 156.81
附注:代扣印花税 5.34 元
Remarks　合计金额:5 162.15　人民币伍仟壹佰陆拾贰元壹角伍分

（印章：中国人民财产保险股份有限公司锦州市分公司 发票专用章 210711820568793）

第二联　报销凭证

经手人:杜颖颖　　复核:　　保险公司签章:
Handler　　Checked by　　Stamped by Insurance Company
（手开无效）

保险业专用发票
INSURANCE TRADE INVOICE

（印章：全国统一发票监制章 辽宁省地方税务局监制）

发票联 INVOICE

代码:221070730242

No.00016808

开票日期:

一般商业保险　　Date of Issue 2017 年 12 月 5 日

付款人:
Payer　辽宁华宇起重机有限公司
承保险种:
Coverage　一般机动车辆保险
保险单号:
Policy No.　PDAA201032171100001237
保险费金额:(大写)　　(小写)
Premium Amount(In Words)肆仟贰佰柒拾叁元陆角贰分　(In Figures)4 273.62
附注:代扣印花税 4.43 元
Remarks　合计金额:4 278.05　人民币肆仟贰佰柒拾捌元零伍分

（印章：中国人民财产保险股份有限公司锦州市分公司 发票专用章 210711820568793）

第二联　报销凭证

经手人:杜颖颖　　复核:　　保险公司签章:
Handler　　Checked by　　Stamped by Insurance Company
（手开无效）

保险业专用发票
INSURANCE TRADE INVOICE

代码：221070730249

No.00016809

开票日期：

交通强制保险　　Date of Issue 2017 年 12 月 5 日

付款人：

Payer　辽宁华宇起重机有限公司

承保险种：

Coverage　一般机动车辆保险

保险单号：

Policy No.　PDAA201032171100001237

保险费金额：(大写)　　(小写)

Premium Amount(In Words)壹仟捌佰伍拾元整　　(In Figures)1 850.00

附注：代扣印花税 2.00 元　代收车船税 720.00 元

Remarks　合计金额：2 572.00　　人民币贰仟伍佰柒拾贰元整

第二联　报销凭证

经手人：杜颖颖　　复核：　　保险公司签章：

Handler　　Checked by　　Stamped by Insurance Company

（手开无效）

中国银行

转账支票存根（辽）

DS00275005

附加信息

出票日期：2017 年 12 月 5 日

收款人：人保锦州分公司
金　额：12 012.20
用　途：保险费

单位主管：　　会计：江慧林

业务 25

中国人民银行　支付系统专用凭证　№000110842032

报文种类:CMT100 交易种类:HVPS 贷记 业务种类:11 支付交易序号:00012987
发起行行号:215304003702 汇款人开户行行号:215304003702 委托日期:2017—12—4
发起行名称:中国工商银行
汇款人账号:024444004411346
汇款人名称:上海明珠有限公司
汇款人地址:
接收行行号:102227000029 收款人开户行行号:102227000029 收报日期:2017—12—5
收款人账号:021686822882537
收款人名称:锦州华宇起重机有限公司
收款人地址:
货币名称、金额(大写):人民币壹拾壹万伍仟元整
货币符号、金额(小写):RMB115 000.00

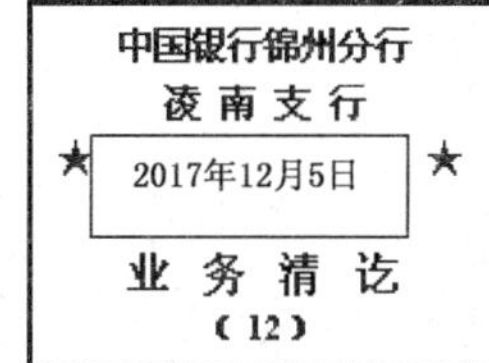

附言:货
报文状态:已入账
流水号:133714　　　　打印时间:2017—12—5 10:30:23
第一次打印,注意重复!

第二联　作客户通知单　　会计　　复核　　记账

业务 26

领料单(二)　　第 5 号

领料部门:委托加工　　2017 年 12 月 5 日　　发料仓库:材料仓库

材料名称	规格	计量单位	数量	单价	金额	用途
木材		立方米	3.25	2 000	6 500.00	加工
合　计			3.25		6 500.00	

仓库主管:余东　　发料人:王兰　　领料部门主管:和平　　领料人:陈式左

注:委托加工发出木材逐笔核算。

辽宁省增值税专用发票

发票联

2100081160　　　　No:00652235

开票日期:2017 年 12 月 5 日

购货单位	名　　称:辽宁华宇起重机有限公司 纳税人识别号:210703987654321 地 址 、电 话:锦州市凌河区凌云路 255 号 开户行及账号:中国银行锦州分行凌南支行 021686822882537	密码区	2＊—〉7＋24567〉—48/1890　加密版本:01 〉2〉6/8〈—77＊/12346〉16＋　210009998 ＊〈＊12〈〈98765—/4〉/8〈　00340059 15＊12—37〉8＊238/89〈〈＋＋

货物或应税劳务名称	规格型号	单位	数量	单价	金额	税率	税额
木箱	加工费	只	500	3.00	￥1 500.00	17%	￥255.00
价税合计	(大写)壹仟柒佰伍拾伍元整　(小写)￥1 755.00						

销货单位	名　　称:锦州悦林木器加工厂 纳税人识别号:2107039127445673 地 址 、电 话:锦州太和区凌西路 35 号　5178118 开户行及账号:中行太和分行 021686833774892	备注	款项以支票支付

收款人:　　复核:　　开票人:白银　　销货单位(章):

第三联:发票联　购货方记账凭证

辽宁省增值税专用发票

抵扣联

2100081160　　　　No:00652235

开票日期:2017 年 12 月 5 日

购货单位	名　　称:辽宁华宇起重机有限公司 纳税人识别号:210703987654321 地 址 、电 话:锦州市凌河区凌云路 255 号 开户行及账号:中国银行锦州分行凌南支行 021686822882537	密码区	2＊—〉7＋24567〉—48/1890　加密版本:01 〉2〉6/8〈—77＊/12346〉16＋　210009998 ＊〈＊12〈〈98765—/4〉/8〈　00340059 15＊12—37〉8＊238/89〈〈＋＋

货物或应税劳务名称	规格型号	单位	数量	单价	金额	税率	税额
木箱	加工费	只	500	3.00	￥1 500.00	17%	￥255.00
价税合计	(大写)壹仟柒佰伍拾伍元整　(小写)￥1 755.00						

销货单位	名　　称:锦州悦林木器加工厂 纳税人识别号:2107039127445673 地 址 、电 话:锦州太和区凌西路 35 号　5178118 开户行及账号:中行太和分行 021686833774892	备注	款项以支票支付

收款人:　　复核:　　开票人:白银　　销货单位(章):

第二联:抵扣联　购货方扣税凭证

中国银行
转账支票存根（辽）
DS00275006
附加信息

出票日期:2017年12月5日

收款人:悦林木器加工厂
金 额:1 755.00
用 途:加工费

单位主管: 会计:王丽

业务 27

辽宁华宇起重机有限公司

材料入库单

收到: 年 月 日 第 301 号

产品名称	计量单位	数量		实际成本		计划单价	计划金额	差 异
		应收	实收	单价	金额			
合 计								

负责人: 仓库负责人: 经手人:

短缺材料损失计算表

2017年12月5日 金额单位:元

采购厂家	材料名称	入库数量				采购成本		进项税额		损失合计
		计划	实际	短缺	比例	实际成本	短缺成本	实际	短缺	
江苏丰华公司	锻件	12 000	11 900	100	0.008 3	132 337.41	1 107.59	22 545.00	187.12	1 294.71
合 计		12 000	11 900	100		132 337.41	1 107.59	22 545.00	187.12	1 294.71

负责人:杜雷 仓库负责人:余东 经手人:陆宏霞

业务 28

银行承兑汇票　2　　GA 00459001

签发日期(大写)：贰零壹柒年拾贰月伍日

付款人	全称	辽宁华宇起重机有限公司		收款人	全称	营口熙和螺栓有限公司								
	账号	021686822882537			账号	02365847121892								
	开户银行	中行	行号		开户银行	中行	行号							
出票金额		人民币 (大写)壹拾万伍仟叁佰元整		千	百	十	万	千	百	十	元	角	分	
					¥	1	0	5	3	0	0	0	0	
汇票到期日(大写)		贰零壹捌年贰月伍日		付款行	行号	102227000029								
承兑协议编号		0014[illegible]31062			地址	辽宁锦州								
本汇票请你行承兑，到期无条件付款。 出票人签章 2017年12月5日		本汇票已经承兑，到期日由本行付款。 承兑行签章 承兑日期：2017年11月20日		复核　记账										
		备注												

辽宁华宇起重机有限公司 财务专用章 21070398765432

高飞

中国银行锦州分行 凌南支行 汇票专用章 (5)

郭博

此联收款人开户行随托收凭证寄付款行作借方凭证附件

银行承兑汇票　3　　GA 00459001

签发日期(大写)：贰零壹柒年拾贰月伍日

付款人	全称	辽宁华宇起重机有限公司		收款人	全称	营口熙和螺栓有限公司								
	账号	021686822882537			账号	02365847121892								
	开户银行	中行	行号		开户银行	工行	行号							
出票金额		人民币 (大写)壹拾万伍仟叁佰元整		千	百	十	万	千	百	十	元	角	分	
					¥	1	0	5	3	0	0	0	0	
汇票到期日(大写)		贰零壹捌年贰月伍日		付款行	行号	102227000029								
承兑协议编号		00145731062			地址	辽宁锦州								
		备注：												

中国银行锦州分行 凌南支行 汇票专用章 (5)

此联由出票人存查

辽宁省增值税专用发票

发票联

2310081270 No:01456345

开票日期:2017 年 12 月 5 日

购货单位	名称:辽宁华宇起重机有限公司 纳税人识别号:210703987654321 地址、电话:锦州市凌河区凌云路 255 号 开户行及账号:中国银行锦州分行凌南支行 021686822882537	密码区	2＊—〉7+24〉— 加密版本:01 〉2〉6/8〈—77＊/12346〉16+210 9998＊〈＊12〈〈98765—/4〉/8 〈034005915＊12—37〉 8＊238/89〈〈48/1890

货物或应税劳务名称	规格型号	单位	数量	单价	金额	税率	税额
AT 钢质螺栓		套	6 000.00	15.00	¥90 000.00	17%	¥15 300.00
价税合计	(大写)拾万伍仟叁佰元整			(小写)¥105 300.00			

销货单位	名称:营口熙和螺栓有限公司 纳税人识别号:230527000567845 地址、电话:营口太和庄 5292171 开户行及账号:工行太和支行 02365847121892	备注	营口熙和螺栓有限公司 230527000567845 发票专用章

收款人: 复核: 开票人:董莉 销货单位(章):

第三联:发票联 购货方记账凭证

辽宁省增值税专用发票

抵扣联

2310081270 No:01456345

开票日期:2017 年 12 月 5 日

购货单位	名称:辽宁华宇起重机有限公司 纳税人识别号:210703987654321 地址、电话:锦州市凌河区凌云路 255 号 开户行及账号:中国银行锦州分行凌南支行 021686822882537	密码区	2＊—〉7+24〉— 加密版本:01 〉2〉6/8〈—77＊/12346〉16+210 9998＊〈＊12〈〈98765—/4〉/8 〈034005915＊12—37〉 8＊238/89〈〈48/1890

货物或应税劳务名称	规格型号	单位	数量	单价	金额	税率	税额
AT 钢质螺栓		套	6 000.00	15.00	¥90 000.00	17%	¥15 300.00
价税合计	(大写)壹拾万伍仟叁佰元整			(小写)¥105 300.00			

销货单位	名称:营口熙和螺栓有限公司 纳税人识别号:230527000567845 地址、电话:营口太和庄 5292171 开户行及账号:工行太和支行 02365847121892	备注	营口熙和螺栓有限公司 230527000567845 发票专用章

收款人: 复核: 开票人:董莉 销货单位(章):

第二联:抵扣联 购货方扣税凭证

辽宁华宇起重机有限公司

材料入库单

收到：熙和公司　　2017 年 12 月 5 日　　第 302 号

产品名称	计量单位	数量		实际成本		计划单价（元/套）	金额（元）	差异（元）
		应收	实收	单价（元/套）	金额（元）			
AT 钢质螺栓	套	6 000	6 000	15	90 000			
合　计			6 000		￥90 000			

负责人：杜雷　　仓库负责人：余东　　经手人：陆宏霞

业务 29

辽宁省增值税专用发票

2100081160　　（印章：全国统一发票监制章　发票联　辽宁省　国家税务局监制）　　No：05862123

开票日期：2017 年 12 月 8 日

购货单位	名　　称：辽宁华宇起重机有限公司 纳税人识别号：210703987654321 地址、电话：锦州市凌河区凌云路 255 号 开户行及账号：中国银行锦州分行凌南支行 021686822882537			密码区	2＊－〉7＋24〉－ 加密版本：01 〉2〉6/8〈－77＊/12346〉16＋210 9998＊〈＊12〈〈98765－/4〉/8 〈034005915＊12－37〉 8＊238/89〈〈48/1890		
货物或应税劳务名称	规格型号	单位	数量	单价	金额	税率	税额
铸铜件		千克	8 000.00	20.50	￥164 000.00	17%	￥27 880.00
价税合计	（大写）壹拾玖万壹仟捌佰捌拾元整				（小写）￥191 880.00		
销货单位	名　　称：锦州方圆铸件厂 纳税人识别号：210703987654321 地址、电话：锦州市凌河区 20 号　5921766 开户行及账号：中行太和支行 021848412129235			备注	（印章：锦州方圆铸件厂 210703987654321 发票专用章）		

第三联：发票联　购货方记账凭证

收款人：　　复核：　　开票人：柴进　　销货单位（章）：

辽宁省增值税专用发票

2100081160　　　　　　No:05862123

开票日期:2017年12月8日

购货单位	名　　称:辽宁华宇起重机有限公司 纳税人识别号:210703987654321 地 址 、电 话:锦州市凌河区凌云路255号 开户行及账号:中国银行锦州分行凌南支行 021686822882537			密码区	2＊－〉7＋24〉－ 加密版本:01 〉2〉6/8〈－77＊/12346〉16＋210 9998＊〈＊12〈〈98765－/4〉/8 〈034005915＊12－37〉 8＊238/89〈〈48/1890		
货物或应税劳务名称	规格型号	单位	数量	单价	金额	税率	税额
铸铜件		千克	8 000.00	20.50	￥164 000.00	17%	￥27 880.00
价税合计	(大写)壹拾玖万壹仟捌佰捌拾元整　　(小写)￥191 880.00						
销货单位	名　　称:锦州方圆铸件厂 纳税人识别号:210703987654321 地 址 、电 话:锦州市凌河区20号　5921766 开户行及账号:中行太和支行021848412129235			备注	锦州方圆铸件厂 210703987654321 发票专用章		

收款人:　　复核:　　开票人:柴进　　销货单位(章):

第二联:抵扣联　购货方扣税凭证

辽宁华宇起重机有限公司

材料入库单

收到:锦州方圆铸件厂　　2017年12月8日　　第303号

产品名称	计量单位	数量		实际成本		计划单价	金额	差异
		应收	实收	单价(元/千克)	金额(元)	(元/千克)	(元)	(元)
铸铜件	千克	8 000	8 000	20.50	164 000.00	20.00	160 000.00	4 000.00
合　计					164 000.00		160 000.00	4 000.00

负责人:杜雷　　仓库负责人:余东　　经手人:陆宏霞

业务30

辽宁华宇起重机有限公司

材料入库单

收到:美菱公司　　2017年12月8日　　第304号

产品名称	计量单位	数量		实际成本		计划单价	金额	差异
		应收	实收	单价(元/千克)	金额(元)	(元/千克)	(元)	(元)
铸铁件	千克	25 000	25 000	8.50	212 500.00	8.00	200 000.00	12 500.00
合　计					212 500.00		200 000.00	12 500.00

负责人:杜雷　　仓库负责人:余东　　经手人:陆宏霞

业务 31

辽宁省增值税专用发票

3400811600　　　　**No:**05620503

开票日期:2017 年 12 月 8 日

<table>
<tr><td>购货单位</td><td colspan="4">名　　　称:辽宁华宇起重机有限公司
纳税人识别号:210703987654321
地 址 、电 话:锦州市凌河区凌云路 255 号
开户行及账号:中国银行锦州分行凌南支行 021686822882537</td><td>密码区</td><td colspan="3">2＊－〉7＋24567〉－48/1890　加密版本:01
〉2〉6/8〈－77＊/12346〉16＋　210009998
＊〈＊12〈〈98765－/4〉/8〈　00340059
15＊12－37〉8＊238/89〈〈＋＋</td></tr>
<tr><td colspan="2">货物或应税劳务名称</td><td>规格型号</td><td>单 位</td><td>数 量</td><td>单 价</td><td>金　额</td><td>税 率</td><td>税额</td></tr>
<tr><td colspan="2">铸铜件</td><td></td><td>千克</td><td>8 000</td><td>20.80</td><td>¥166 400.00</td><td>17%</td><td>¥28 288.00</td></tr>
<tr><td colspan="2">价税合计</td><td colspan="7">(大写)壹拾玖万肆仟陆佰捌拾捌元整　　(小写)¥194 688.00</td></tr>
<tr><td>销货单位</td><td colspan="4">名　　　称:大连鑫宇有限公司
纳税人识别号:220340019294567
地 址 、电 话:大连市甘井子 358 号　233158791
开户行及账号:工行甘井子支行 021343455664321</td><td>备注</td><td colspan="3">款项以支票支付
大连鑫宇有限公司 发票专用章 220340019294567</td></tr>
</table>

收款人:　　　复核:　　　开票人:李玉海　　　销货单位(章):

第三联:发票联　购货方记账凭证

辽宁省增值税专用发票

3400811600　　　　**No:**05620503

开票日期:2017 年 12 月 8 日

<table>
<tr><td>购货单位</td><td colspan="4">名　　　称:辽宁华宇起重机有限公司
纳税人识别号:210703987654321
地 址 、电 话:锦州市凌河区凌云路 255 号
开户行及账号:中国银行锦州分行凌南支行 021686822882537</td><td>密码区</td><td colspan="3">2＊－〉7＋24567〉－48/1890　加密版本:01
〉2〉6/8〈－77＊/12346〉16＋　210009998
＊〈＊12〈〈98765－/4〉/8〈　00340059
15＊12－37〉8＊238/89〈〈＋＋</td></tr>
<tr><td colspan="2">货物或应税劳务名称</td><td>规格型号</td><td>单 位</td><td>数 量</td><td>单 价</td><td>金　额</td><td>税 率</td><td>税额</td></tr>
<tr><td colspan="2">铸铜件</td><td></td><td>千克</td><td>8 000</td><td>20.80</td><td>¥164 000.00</td><td>17%</td><td>¥28 880.00</td></tr>
<tr><td colspan="2">价税合计</td><td colspan="7">(大写)壹拾玖万肆仟陆佰捌拾捌元整　　(小写)¥194 688.00</td></tr>
<tr><td>销货单位</td><td colspan="4">名　　　称:大连鑫宇有限公司
纳税人识别号:220340019294567
地 址 、电 话:大连市甘井子 358 号　233158791
开户行及账号:工行甘井子支行 021343455664321</td><td>备注</td><td colspan="3">款项以电汇支付
大连鑫宇有限公司 发票专用章 220340019294567</td></tr>
</table>

收款人:　　　复核:　　　开票人:李玉海　　　销货单位(章):

第二联:抵扣联　购货方扣税凭证

中国银行　电汇凭证(回单)　1

□普通　□加急　　委托日期：2017 年 12 月 8 日

汇款人	全　称	辽宁华宇起重机有限公司	收款人	全　称	大连鑫宇有限公司
	账　号	21686822882537		账　号	021343455664321
	汇出地点	辽宁省锦州市／县		汇入地点	辽宁省大连市／县
汇出行名称		中行锦州分行凌南支行	汇入行名称		工行大连分行甘井子支行

金额	人民币(大写)壹拾贰万捌仟壹佰贰拾捌元整	亿	千	百	十	万	千	百	十	元	角	分
				¥	1	2	8	1	2	8	0	0

中国银行锦州分行 凌南支行 2017年12月8日 业务清讫 (12)

汇出行签章

支付密码

附加信息及用途：

复核　　记账

此联汇出行给汇票人的回单

辽宁华宇起重机有限公司

材料入库单

收到：大连鑫宇有限公司　　2017 年 12 月 8 日　　第 305 号

产品名称	计量单位	数量		实际成本		计划单价	金　额	差　异
		应收	实收	单价(元/千克)	金额(元)	(元/千克)	(元)	(元)
铸铜件	千克	8 000	8 000	20.80	166 400.00	20.00	160 000.00	6 400.00
合　计					166 400.00		160 000.00	6 400.00

负责人：杜雷　　仓库负责人：余东　　经手人：陆宏霞

业务 32

托收凭证(汇款依据或收账通知)　4

委托日期：2017 年 12 月 3 日　　付款期限：2017 年 12 月 10 日

业务类型	委托收款(□邮划 □电划)　托收承付(□邮划 ☑ 电划)					
付款人	全称	广州茂源有限公司	收款人	全称	辽宁华宇起重机有限公司	
	账号	240477004113476		账号	021686822882537	
	地址	广东省　市　开户行　工行		地址	辽宁省锦州市　开户行　中行	

金额	人民币(大写)伍万捌仟伍佰元整	亿	千	百	十	万	千	百	十	元	角	分
					¥	5	8	5	0	0	0	0

款项内容	货款	托收凭据名称		附寄单证张数	
商品发运情况	已发运	合同名称号码		1098	

备注：

复核　　记账

上列款项已划回收入你方账户内。

中国银行锦州分行 凌南支行 2017年12月8日 业务清讫 (12)

收款人开户银行盖章
年　月　日

此联付款人开户行凭以汇款或收款人开户银行作收账通知

业务 33

委托加工收料单

No.00112

加工单位：委托悦林木器加工厂

加工合同：　　　　2017 年 12 月 8 日　　　　收料仓库：050

材料类别	名称及规格	计量单位	实收数量	单价(元/只)	金额
包装箱		只	500	16.00	¥8 000.00
合　计					¥8 000.00

记账联

质量检验：刘黎　　　　仓库验收：王为　　　　仓库保管：王兰

业务 34

领料单(二)

第 6 号

领料部门：修理车间　　　　2017 年 12 月 8 日　　　　发料仓库：材料仓库

材料名称	规格	计量单位	数量	单价(元/块)	金额(元)	用途
压力表		块	6	620	3 720.00	
合　计			6		3 720.00	

仓库主管：余东　　　　发料人：王兰　　　　领料部门主管：张大江　　　　领料人：秦枫

领料单(二)

第 7 号

领料部门：供电车间　　　　2017 年 12 月 8 日　　　　发料仓库：材料仓库

材料名称	规格	计量单位	数量	单价(元/台)	金额(元)	用途
电动机		台	3	1 100	3 300.00	
合　计			3		3 300.00	

仓库主管：余东　　　　发料人：王兰　　　　领料部门主管：高众　　　　领料人：白功

领料单(二)

第 8 号

领料部门:第一车间　　2017 年 12 月 8 日　　发料仓库:材料仓库

材料名称	规格	计量单位	数量	单价(元/套)	金额(元)	用途
工作服		套	35	200	7 000.00	
合　计			35		7 000.00	

仓库主管:余东　　发料人:王兰　　领料部门主管:张顺　　领料人:崔放

领料单(二)

第 9 号

领料部门:第二车间　　2017 年 12 月 8 日　　发料仓库:材料仓库

材料名称	规格	计量单位	数量	单价(元/套)	金额(元)	用途
工作服		套	30	200	6 000.00	
合　计			30		6 000.00	

仓库主管:余东　　发料人:王兰　　领料部门主管:刘明业　　领料人:李子放

领料单(二)

第 10 号

领料部门:管理部门　　2017 年 12 月 8 日　　发料仓库:材料仓库

材料名称	规格	计量单位	数量	单价(元/套)	金额(元)	用途
工作服		套	25	200	5 000.00	
合　计			25		5 000.00	

仓库主管:余东　　发料人:王兰　　领料部门主管:王丽丽　　领料人:张影

业务 35

辽宁省增值税专用发票

记 账 联

2100081160　　　　　　　　**No:**00340004

开票日期:2017 年 12 月 8 日

购货单位	名　　称:杭州新民重型机械销售公司 纳税人识别号:520245000947210 地 址 、电 话:杭州市望江路 78 号　23235588 开户行及账号:工行杭州分行 052025836410031	密码区	2＊－＞7＋24567＞－48/1890　加密版本:01 ＞2＞6/8＜－77＊/12346＞16＋　210009998 ＊＜＊12＜＜98765－/4＞/8＜　00340059 15＊12－37＞8＊238/89＜＜＋＋

货物或应税劳务名称	规格型号	单位	数量	单价	金额	税率	税额
旋臂起重机	LN 型	台	10	50 000.00	￥500 000.00	17%	￥85 000.00
汽车起重机	GF12	台	5	100 000.00	￥500 000.00	17%	￥85 000.00
价税合计	(大写)壹佰壹拾柒万元整			(小写)　￥1 170 000.00			

销货单位	名　　称:辽宁华宇起重机有限公司 纳税人识别号:210703987654321 地 址 、电 话:锦州市凌河区凌云路 255 号 开　　户　　行:中国银行锦州分行凌南支行 账　　　　　号:021686822882537	备注	辽宁华宇起重机有限公司 发票专用章 210703987654321

第四联：记账联销货方记账凭证

收款人:　　　复核:　　　开票人:王　　　销货单位(章):

领料单(二)　　　　第 11 号

领料部门:销售部门　　　2017 年 12 月 8 日　　　发料仓库:材料仓库

材料名称	规格	计量单位	数量	单价(元/只)	金额(元)	用途
包装箱		只	100	16.50	1 650.00	借用
			100	16.00	1 600.00	
合　计			200		￥3 250.00	

仓库主管:余东　　　发料人:王兰　　　领料部门主管:文品　　　领料人:范立杰

业务 36

记账特殊附件

大连星海电机厂欠我公司的 210 000 元无法偿还。经协商,同意以一辆马自达 450 小轿车抵偿债务。该车牌号:辽 B－11198;原值为365 000元,累计折旧为178 000元,经评估确认价值为190 000元。

车辆过户费用由大连星海电机厂承担。

该笔应收账款已经计提坏账准备 12 000 元。

会计主管:李国俊

固定资产竣工(验收)单

2017 年 12 月 9 日

固定资产编号	名称	规格	型号	计量单位	数量	建造单位	建造编号	资金来源	附属技术资料
520—7	马自达	小汽车	450	台	1			自有	
总价(净值)	土建工程费	设备费	安装费	运杂费	包装费	其他	合计	预计年限	净残值率
		190 000					¥190 000	5	5%
备注：	债务重组取得					原值	¥365 000	已提折旧	¥178 000
验收意见	合格，交付使用		验收人签章	方大成		保管使用人签章		刘艳叶	

业务 37

税务机关代开统一发票

记 账 联

开票日期：2017 年 12 月 9 日

发票代码：121000761089

发票号码：00188089

付款方名称	锦州岚隆公司	代开普通发票申请表号码	
收款方名称及地址、电话	辽宁华宇起重机有限公司 锦州市凌河区凌云路 255 号	收款方识别号或证件号码	21080219761003256874
品目及金额		备注	
非专利技术的使用权转让 45 000.00		锦州市地方税务局凌河分局 代开发票专用章 22107890000	
合计人民币	(大写)肆万伍仟元整	(小写)¥45 000.00	
税额(大写)		完税凭证号码	

税控码：　　　　　　开票人：艾兵

中国银行进账单(回单)　1

2017 年 12 月 9 日

付款人	全　称	锦州岚隆公司	收款人	全　称	辽宁华宇起重机有限公司
	账　号	0214563210005		账　号	021686822882537
	开户银行	锦州商业银行桥南分行		开户银行	中行锦州分行凌南支行

人民币（大写）	百	十	万	千	百	十	元	角	分
肆万伍仟元整		¥	4	5	0	0	0	0	0

票据种类	转账支票	票据张数	1	中行锦州凌南支行 2017.12.09 收讫
票据号码				
复核　　记账				开户银行签章

此联是开户银行交给持票人的回单

中国银行进账单(收账通知)　3

2017 年 12 月 9 日

付款人	全　称	锦州岚隆公司	收款人	全　称	辽宁华宇起重机有限公司
	账　号	0214563210005		账　号	021686822882537
	开户银行	锦州商业银行桥南分行		开户银行	中行锦州分行凌南支行

人民币（大写）	百	十	万	千	百	十	元	角	分
肆万伍仟元整		¥	4	5	0	0	0	0	0

票据种类	转账支票	票据张数	1	中行锦州凌南支行 2017.12.09 收讫
票据号码				
复核　　记账				收款人开户银行签章

此联是开户银行交给收款人的收账通知

业务 38

辽宁华宇起重机有限公司

材料入库单

收到：银湖电子科技有限公司　　2017 年 12 月 9 日　　第 306 号

产品名称	计量单位	数量		实际成本		计划单价	金额	差异
		应收	实收	单价(元/套)	金额(元)			
电器元件	套	100	100	1 126.20	112 620.00			
合　计					￥112 620.00			

负责人：杜雷　　仓库负责人：余东　　经手人：陆宏霞

记账特殊附件

公司以 GF12 汽车起重机(账面价值为82 400元，市场价格为100 000元)一台置换银湖公司 100 套电器元件(双方确认的电器元件市场价格为114 000元)；公司另外支付银湖公司补价14 000元。

本次资产置换发生的相关税费各自承担。

会计主管：李国俊

辽宁省增值税专用发票

发　票　联

2100081160　　No：00231098

开票日期：2017 年 12 月 9 日

购货单位	名　　称：辽宁华宇起重机有限公司 纳税人识别号：210703987654321 地 址 、电 话：锦州市凌河区凌云路 255 号 开户行及账号：中国银行锦州分行凌南支行 021686822882537	密码区	2＊－>7＋24567>－48/1890　加密版本：01 >2>6/8<－77＊/12346>16＋　210009998 ＊<＊12<<98765－/4>/8<　00340059 15＊12－37>8＊238/89<<＋＋

货物或应税劳务名称	规格型号	单位	数量	单价	金额	税率	税额
电器元件		套	100	1 140.00	￥114 000.00	17%	￥19 380.00
价税合计	(大写)壹拾叁万叁仟叁佰捌拾元整				(小写)　￥ 133 380.00		

销货单位	名　　称：银湖电子科技有限公司 纳税人识别号：220503910000221I 地 址 、电 话：葫芦岛连山区锦工路 50 号　3885118 开户行及账号：农行连山支行 220373755660009	备注	汽车起重机交换

收款人：　　复核：　　开票人：艾晶晶　　销货单位(章)：

第三联：发票联　购货方记账凭证

辽宁省增值税专用发票

抵　扣　联

2100081160　　　　　　　　　　**No:**00231098

开票日期:2017 年 12 月 9 日

购货单位	名　　称:辽宁华宇起重机有限公司 纳税人识别号:210703987654321 地 址 、电 话:锦州市凌河区凌云路 255 号 开户行及账号:中国银行锦州分行凌南支行 021686822882537	密码区	2＊－＞7＋24567＞－48/1890　加密版本:01 ＞2＞6/8＜－77＊/12346＞16＋　210009998 ＊＜＊12＜＜98765－/4＞/8＜　00340059 15＊12－37＞8＊238/89＜＜＋＋

货物或应税劳务名称	规格型号	单位	数量	单价	金额	税率	税额
电器元件		套	100	1 140.00	¥114 000.00	17%	¥19 380.00
价税合计(大写)	壹拾叁万叁仟叁佰捌拾元整			(小写)　¥ 133 380.00			

销货单位	名　　称:银湖电子科技有限公司 纳税人识别号:220503910000221 地 址 、电 话:葫芦岛连山区锦工路 50 号　3885118 开户行及账号:农行连山支行 220373755660009	备注	汽车起重机交换

收款人:　　　　复核:　　　　开票人:艾晶晶　　　　销货单位(章):

第二联:抵扣联　购货方扣税凭证

中国银行

(辽)

转账支票存根

DS00051007

附加信息

出票日期:2017 年 12 月 9 日

收款人:银湖电子科技有限公司
金　额:14 000.00
用　途:补价

单位主管　　　　会计:王丽

税务机关代开统一发票

发票代码：121000761456

开票日期：2017 年 12 月 9 日　　　　发票联　　　　发票号码：00186781

付款方名称	辽宁华宇起重机有限公司	代开普通发票申请表号码	
收款方名称及地址、电话	锦州驰聘快运有限公司 锦州市开发区滨海路 55 号	收款方识别号或证件号码	21080219761003256874
品目及金额		备注	
运费 1 000.00 （锦州驰聘快运有限公司 财务专用章 210703987653341）		代开单位盖章 （锦州市地方税务局凌河分局 代开发票专用章 22107890000）	
合计人民币（大写）	壹仟元整　　（小写）¥1 000.00		
税额（大写）		完税凭证号码	

税控码：　　　　开票人：艾兵

中国银行　　（辽）

转账支票存根

DS00275008

附加信息

出票日期：2017 年 12 月 9 日

收款人：锦州驰聘快运有限公司
金　额：1 000.00
用　途：运费

单位主管　　会计：王丽

辽宁省增值税专用发票

2100081160　　　　No:00340005

开票日期:2017 年 12 月 9 日

购货单位	名　　称:银湖电子科技有限公司 纳税人识别号:220503910000221l 地 址 、电 话:葫芦岛连山区锦工路 50 号　3885118 开户行及账号:农行连山支行 220373755660009	密码区	2＊－＞7＋24567＞－48/1890　加密版本:01 ＞2＞6/8＜－77＊/12346＞16＋　210009998 ＊＜＊12＜＜98765－/4＞/8＜　00340059 15＊12－37＞8＊238/89＜＜＋＋

货物或应税劳务名称	规格型号	单位	数量	单价	金额	税率	税额
汽车起重机	GF12	台	1	100 000.00	¥100 000.00	17%	¥17 000.00
价税合计	(大写)壹拾壹万柒仟元整			(小写)　¥117 000.00			

销货单位	名　　称:辽宁华宇起重机有限公司 纳税人识别号:210703987654321 地 址 、电 话:锦州市凌河区凌云路 255 号 开户行及账号:中国银行锦州分行凌南支行 021686822882537	备注	辽宁华宇起重机有限公司 发票专用章 210703987654321

收款人:　　　复核:　　　开票人:王　　　销货单位(章):

第四联:记账联　销货方记账凭证

辽宁华宇起重机有限公司

产 品 出 库 单

编号:1014　　　　2017 年 12 月 9 日

货号	购货单位	品名	规格型号	数量	单位	结算方式	
						合同	现款
10101	银湖电子科技有限公司	汽车起重机	GF12	1		√	

销售员:范立杰　　　　库管员:韩筇

业务 39

辽宁省增值税专用发票

2300811600　　　　发票联　　　　**No:** 05620545

开票日期:2017 年 12 月 9 日

购货单位	名　　称:辽宁华宇起重机有限公司 纳税人识别号:210703987654321 地 址 、电 话:锦州市凌河区凌云路 255 号 开户行及账号:中国银行锦州分行凌南支行 021686822882537	密码区	2*—>7+24567>—48/1890　加密版本:01 >2>6/8<—77*/12346>16+　210009998 *<*12<<98765—/4>/8<　00340059 15*12—37>8*238/89<<++

货物或应税劳务名称	规格型号	单位	数量	单价	金额	税率	税额
钢材		吨	20	3 000.00	¥60 000.00	17%	¥10 200.00
价税合计	(大写)柒万零贰佰元整			(小写) ¥70 200.00			

销货单位	名　　称:凌源钢铁股份有限公司 纳税人识别号:210605019294321 地 址 、电 话:凌源市　2318877 开户行及账号:工行凌源支行　021345566664321	备注	款项以支票支付

收款人:　　　复核:　　　开票人:李珏　　　销货单位(章):

第三联:发票联　购货方记账凭证

辽宁省增值税专用发票

2300811600　　　　抵扣联　　　　**No:** 05620545

开票日期:2017 年 12 月 9 日

购货单位	名　　称:辽宁华宇起重机有限公司 纳税人识别号:210703987654321 地 址 、电 话:锦州市凌河区凌云路 255 号 开户行及账号:中国银行锦州分行凌南支行 021686822882537	密码区	2*—>7+24567>—48/1890　加密版本:01 >2>6/8<—77*/12346>16+　210009998 *<*12<<98765—/4>/8<　00340059 15*12—37>8*238/89<<++

货物或应税劳务名称	规格型号	单位	数量	单价	金额	税率	税额
钢材		吨	20	3 000.00	¥60 000.00	17%	¥10 200.00
价税合计	(大写)柒万零贰佰元整			(小写) ¥70 200.00			

销货单位	名　　称:凌源钢铁股份有限公司 纳税人识别号:210605019294321 地 址 、电 话:凌源市　2318877 开户行及账号:工行凌源支行　021345566664321	备注	 款项以支票支付

收款人:　　　复核:　　　开票人:李珏　　　销货单位(章):

第二联:抵扣联　购货方扣税凭证

中国银行

（辽）

转账支票存根

DS00275009

附加信息

出票日期：2017 年 12 月 9 日

收款人：凌钢公司
金　额：￥70 200.00
用　途：货款

单位主管　　会计：王丽

辽宁省朝阳市交通运输业通用发票

221070870011

流水号：103394748　　2017 年 12 月 9 日

付款单位（个人）：锦州华宇起重机有限公司

PAYER

收款单位：凌源飞龙快运有限公司 税务登记号：210605019292341

PAYLE　　TAX REGISTRY NO　　№10339008

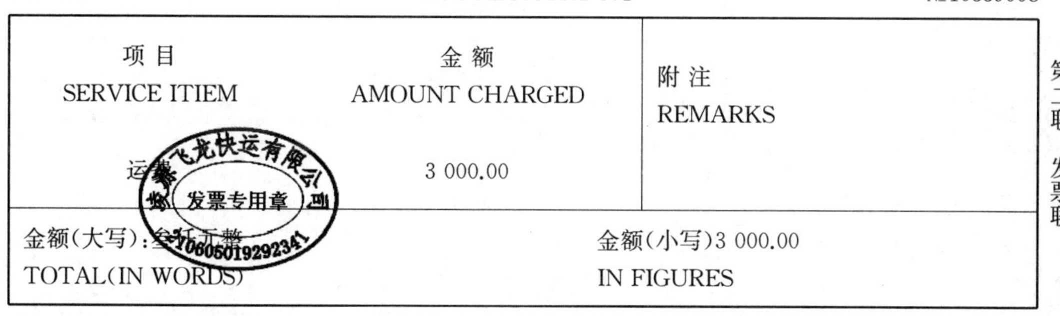

项 目 SERVICE ITIEM	金 额 AMOUNT CHARGED	附 注 REMARKS
运费	3 000.00	
金额（大写）：叁仟元整 TOTAL(IN WORDS)	金额（小写）3 000.00 IN FIGURES	

第二联　发票联

收款单位：　　收款人：　　开票人：杨左（手写无效）

Payle　　Payee　　Issued by　　Hand-Writing Invalid

（盖章有效）：

(Seal)

中国银行
(辽)
转账支票存根
DS00275009
附加信息
出票日期:2017 年 12 月 9 日
收款人:凌源飞龙快运有限公司
金 额:¥3 000.00
用 途:运费
单位主管 会计:王丽

辽宁华宇起重机有限公司

材料入库单

收到:凌源钢铁股份有限公司　　2017 年 12 月 9 日　　第 307 号

产品名称	计量单位	数量		实际成本		计划单价(元/吨)	金额(元)	差异
		应收	实收	单价(元/吨)	金额(元)			
钢材	吨	20	20	3 150	63 000.00			
合　计					63 000.00			

负责人:杜雷　　仓库负责人:余东　　经手人:陆宏霞

领料单(二)

第 12 号

领料部门:工程　　2017 年 12 月 9 日　　发料仓库:材料仓库

材料名称	规格	计量单位	数量	单价(元/吨)	金额(元)	用途
钢材		吨	10	3 150	31 500.00	冷却塔
合　计			10		31 500.00	

仓库主管:余东　　发料人:王兰　　领料部门主管:朋宁　　领料人:和田

业务 40

固定资产出售(调拨)单

2017 年 12 月 9 日

<table>
<tr><td rowspan="9">固定资产出售(调拨)理由</td><td>编号</td><td>500—98</td><td>数量</td><td>1</td><td>规定使用年限</td><td>8</td><td>已提折旧</td><td>30 000</td></tr>
<tr><td>名称</td><td>拖板车</td><td>启用时间</td><td>2013</td><td>已使用年限</td><td>3</td><td>净 值</td><td>50 000</td></tr>
<tr><td>规格</td><td></td><td>停用时间</td><td>2016</td><td>原值</td><td>80 000</td><td>出售价格</td><td>60 000</td></tr>
<tr><td colspan="4" rowspan="6">原项目已完成,不再需要。</td><td>调入单位名称</td><td colspan="3">新迪运输公司</td></tr>
<tr><td>所有制性质</td><td colspan="3"></td></tr>
<tr><td>无偿调拨或价拨</td><td colspan="3">有偿</td></tr>
<tr><td>备注</td><td colspan="3"></td></tr>
<tr><td>调入单位签字</td><td>设备科签字</td><td colspan="2">负责人签字</td></tr>
<tr><td>杨兰花</td><td>李二磊
2017.12.8</td><td colspan="2">同意处理。
高飞
2017.12.9</td></tr>
</table>

2100081650 **辽宁省增值税普通发票** № 00619653

记账联

校验码 67301 20024 22061 00416 开票日期:2017 年 12 月 9 日

<table>
<tr><td>购货单位</td><td colspan="4">名 称:新迪运输公司
纳税人识别号:210703123459876
地 址 、电 话:北京路 678 号
开户行及账号:太和信用社 021686845632151</td><td>密码区</td><td colspan="3"></td></tr>
<tr><td colspan="2">货物或应税劳务名称</td><td>规格型号</td><td>单位</td><td>数量</td><td>单价</td><td>金额</td><td>税率</td><td>税额</td></tr>
<tr><td colspan="2">拖板车

合 计</td><td></td><td>台</td><td>1</td><td>60 000</td><td>60 000.00</td><td></td><td></td></tr>
<tr><td colspan="2">价税合计(大写)</td><td colspan="7">陆万元整 (小写)¥60 000.00</td></tr>
<tr><td>销货单位</td><td colspan="4">名 称:辽宁华宇起重机有限公司
纳税人识别号:210703987654321
地 址 、电 话:锦州市凌河区凌云路 255 号
开户行及账号:中国银行锦州分行凌南支行
021686822882537</td><td>备注</td><td colspan="3"></td></tr>
</table>

第三联:记账联 销货方记账凭证

辽宁华宇起重机有限公司 财务专用章 210703987654321

收款人: 复核: 开票人:王 销货单位(章):

中国银行进账单(回单)　1

2017年12月9日

<table>
<tr><td rowspan="3">付款人</td><td>全　称</td><td>新迪运输公司</td><td rowspan="3">收款人</td><td>全　称</td><td colspan="9">辽宁华宇起重机有限公司</td></tr>
<tr><td>账　号</td><td>021686845632151</td><td>账　号</td><td colspan="9">021686822882537</td></tr>
<tr><td>开户银行</td><td>太和信用社</td><td>开户银行</td><td colspan="9">中行锦州分行凌南支行</td></tr>
<tr><td colspan="5" rowspan="2">人民币
（大写）　陆万元整</td><td>百</td><td>十</td><td>万</td><td>千</td><td>百</td><td>十</td><td>元</td><td>角</td><td>分</td></tr>
<tr><td></td><td>¥</td><td>6</td><td>0</td><td>0</td><td>0</td><td>0</td><td>0</td><td>0</td></tr>
<tr><td colspan="2">票据种类</td><td>票据张数</td><td colspan="11" rowspan="3">中行锦州凌南支行
2017.12.09
收讫

开户银行签章</td></tr>
<tr><td colspan="2">票据号码</td><td></td></tr>
<tr><td colspan="3">复核　　　记账</td></tr>
</table>

此联是开户银行交给持票人的回单

中国银行进账单(收账通知)　3

2017年12月9日

<table>
<tr><td rowspan="3">付款人</td><td>全　称</td><td>新迪运输公司</td><td rowspan="3">收款人</td><td>全　称</td><td colspan="9">辽宁华宇起重机有限公司</td></tr>
<tr><td>账　号</td><td>021686845632151</td><td>账　号</td><td colspan="9">021686822882537</td></tr>
<tr><td>开户银行</td><td>太和信用社</td><td>开户银行</td><td colspan="9">中行锦州分行凌南支行</td></tr>
<tr><td colspan="5" rowspan="2">人民币
（大写）　陆万元整</td><td>百</td><td>十</td><td>万</td><td>千</td><td>百</td><td>十</td><td>元</td><td>角</td><td>分</td></tr>
<tr><td></td><td>¥</td><td>6</td><td>0</td><td>0</td><td>0</td><td>0</td><td>0</td><td>0</td></tr>
<tr><td colspan="2">票据种类</td><td>票据张数</td><td colspan="11" rowspan="3">中行锦州凌南支行
2017.12.09
收讫

收款人开户银行签章</td></tr>
<tr><td colspan="2">票据号码</td><td></td></tr>
<tr><td colspan="3">复核　　　记账</td></tr>
</table>

此联是开户银行交给收款人的收账通知

业务 41

固定资产清理损益计算表

2017 年 12 月 10 日

<table>
<tr><td>固定资产清理项目</td><td colspan="2">拖板车</td><td>清理原因</td><td colspan="2">出售</td></tr>
<tr><td>原值</td><td colspan="2">¥80 000.00</td><td colspan="2">已提折旧</td><td>¥30 000.00</td></tr>
<tr><td colspan="3">固定资产清理借方发生额</td><td colspan="3">固定资产清理贷方发生额</td></tr>
<tr><td>清理支出内容</td><td colspan="2">金额</td><td colspan="2">清理收入内容</td><td>金额</td></tr>
<tr><td>固定资产净值</td><td colspan="2">50 000.00</td><td colspan="2">固定资产报废残值</td><td>60 000.00</td></tr>
<tr><td></td><td colspan="2"></td><td colspan="2"></td><td></td></tr>
<tr><td></td><td colspan="2"></td><td colspan="2"></td><td></td></tr>
<tr><td>借方合计</td><td colspan="2">¥50 000.00</td><td colspan="2">贷方合计</td><td>¥60 000.00</td></tr>
<tr><td colspan="6">固定资产清理净损失金额：－10 000.00</td></tr>
</table>

负责人：高飞　　　　部门主管：李二磊　　　　制单：保胜

业务 42

领料单(二)　　　　第 13 号

领料部门：工程　　　　2017 年 12 月 10 日　　　　发料仓库：材料仓库

材料名称	规格	计量单位	数量	单价(元/吨)	金额(元)	用途
钢材		吨	10	3 150	31 500.00	冷却塔
合　计			10		31 500.00	

仓库主管：余东　　　　发料人：王兰　　　　领料部门主管：朋宁　　　　领料人：和田

领料单(二)　　　　第 13 号

领料部门：工程　　　　2017 年 12 月 10 日　　　　发料仓库：材料仓库

材料名称	规格	计量单位	数量	单价(元/套)	金额(元)	用途
螺栓		套	2 000	14.80	29 600.00	冷却塔
合　计			2 000		29 600.00	

仓库主管：余东　　　　发料人：王兰　　　　领料部门主管：朋宁　　　　领料人：和田

业务 43

辽宁省增值税专用发票

2100081160　　　　No:00345234

发　票　联　　　　开票日期:2017 年 12 月 10 日

购货单位	名　　称:辽宁华宇起重机有限公司 纳税人识别号:210703987654321 地 址 、电 话:锦州市凌河区凌云路 255 号 开户行及账号:中国银行锦州分行凌南支行 021686822882537	密码区	2＊－>7＋24567>－48/1890　加密版本:01 >2>6/8<－77＊/12346>16＋　210009998 ＊<＊12<<98765－/4>/8<　00340059 15＊12－37>8＊238/89<<＋＋				
货物或应税劳务名称	规格型号	单位	数量	单价	金额	税率	税额
电焊机		台	1	18 000	￥18 000.00	17%	￥3 060.00
价税合计	(大写)贰万壹仟零陆拾元整　　(小写)　￥21 060.00						
销货单位	名　　称:锦州大定机电设备有限公司 纳税人识别号:210703192954123 地 址 、电 话:锦州开发区　3881587 开户行及账号:工行凌河办事处　021484855667823	备注	款项以支票支付 锦州大定机电设备有限公司 发票专用章 210703192954123				

收款人:　　　复核:　　　开票人:王珏　　　销货单位(章):

第三联:发票联　购货方记账凭证

辽宁省增值税专用发票

2100081160　　　　No:00345234

抵　扣　联　　　　开票日期:2017 年 12 月 10 日

购货单位	名　　称:辽宁华宇起重机有限公司 纳税人识别号:210703987654321 地 址 、电 话:锦州市凌河区凌云路 255 号 开户行及账号:中国银行锦州分行凌南支行 021686822882537	密码区	2＊－>7＋24567>－48/1890　加密版本:01 >2>6/8<－77＊/12346>16＋　210009998 ＊<＊12<<98765－/4>/8<　00340059 15＊12－37>8＊238/89<<＋＋				
货物或应税劳务名称	规格型号	单位	数量	单价	金额	税率	税额
电焊机		台	1	18 000	￥18 000.00	17%	￥3 060.00
价税合计	(大写)贰万壹仟零陆拾元整　　(小写)￥21 060.00						
销货单位	名　　称:锦州大定机电设备有限公司 纳税人识别号:210703192954123 地 址 、电 话:锦州开发区　3881587 开户行及账号:工行凌河办事处 021484855667823	备注	款项以支票支付 锦州大定机电设备有限公司 发票专用章 210703192954123				

收款人:　　　复核:　　　开票人:王珏　　　销货单位(章):

第二联:抵扣联　购货方扣税凭证

中国银行

（辽）

转账支票存根

DS00275011

附加信息

出票日期：2017 年 10 月 9 日

收款人：锦州大定机电设备有限公司
金　额：21 060.00
用　途：购电焊机

单位主管　　会计：王丽

固定资产竣工（验收）单

2017 年 12 月 10 日

固定资产编号	名称	规格	型号	计量单位	数量	建造单位	建造编号	资金来源	附属技术资料
520—7	电焊机			台	1			自有	
总价（净值）	土建工程费	设备费	安装费	运杂费	包装费	其他	合计	预计年限	净残值率
		18 000					18 000	5	0%
备注：	新购					原值	18 000	已提折旧	0
验收意见	合格，交付使用	验收人签章	李二磊		保管使用人签章		方大成		

业务 44

广东省增值税专用发票

5600023500　　　　全国统一发票监制章 广东省 国家税务局监制　　发票联　　　　**No:**00341201

开票日期:2017 年 12 月 10 日

购货单位	名　　称:辽宁华宇起重机有限公司 纳税人识别号:210703987654321 地 址 、电 话:锦州市凌河区凌云路 255 号 开户行及账号:中国银行锦州分行凌南支行 021686822882537	密码区	2＊－>7＋24567>－48/1890　加密版本:01 >2>6/8<－77＊/12346>16＋　210009998 ＊<＊12<<98765－/4>/8<　00340059 15＊12－37>8＊238/89<<＋＋

货物或应税劳务名称	规格型号	单位	数量	单价	金额	税率	税额
计算机		台	10	8 500.00	¥85 000.00	17%	¥14 450.00
价税合计	(大写)玖万玖仟肆佰伍拾元整				(小写)　¥99 450.00		

销货单位	名　　称:香港国际(珠海)电子有限公司 纳税人识别号:720890683554100 地 址 、电 话:珠海开发区　38811877 开户行及账号:民生银行珠海分行 998800885566877	备注	香港国际（珠海）电子有限公司 发票专用章 720890683554100

收款人:　　　复核:　　　开票人:黄贡　　　销货单位(章):

第二联:发票联　购货方记账凭证

广东省增值税专用发票

5600023500　　　　全国统一发票监制章 广东省 国家税务局监制　　抵扣联　　　　**No:**00341201

开票日期:2017 年 12 月 10 日

购货单位	名　　称:辽宁华宇起重机有限公司 纳税人识别号:210703987654321 地 址 、电 话:锦州市凌河区凌云路 255 号 开户行及账号:中国银行锦州分行凌南支行 021686822882537	密码区	2＊－>7＋24567>－48/1890　加密版本:01 >2>6/8<－77＊/12346>16＋　210009998 ＊<＊12<<98765－/4>/8<　00340059 15＊12－37>8＊238/89<<＋＋

货物或应税劳务名称	规格型号	单位	数量	单价	金额	税率	税额
计算机		台	10	8 500.00	¥85 000.00	17%	¥14 450.00
价税合计	(大写)玖万玖仟肆佰伍拾元整				(小写)　¥99 450.00		

销货单位	名　　称:香港国际(珠海)电子有限公司 纳税人识别号:720890683554100 地 址 、电 话:珠海开发区　38811877 开户行及账号:民生银行珠海分行 998800885566877	备注	

收款人:　　　复核:　　　开票人:黄贡　　　销货单位(章):

第三联:抵扣联　购货方扣税凭证

收　据

今收到：香港国际（珠海）电子有限公司
交来：计算机 10 台
金额：￥85 000

辽宁华宇起重机有限公司 财务专用章 210703987654321

接收人：辽宁华宇起重机有限公司
2017 年 12 月 10 日

单位盖章：　　负责人：　　经手人：白光

固定资产竣工（验收）单

2017 年 12 月 10 日

<table>
<tr><td>固定资产编号</td><td>名称</td><td>规格</td><td>型号</td><td>计量单位</td><td>数量</td><td>建造单位</td><td>建造编号</td><td>资金来源</td><td>附属技术资料</td></tr>
<tr><td>520-7</td><td>计算机</td><td></td><td></td><td>台</td><td>10</td><td></td><td></td><td>自有</td><td></td></tr>
<tr><td rowspan="2">总价（净值）</td><td>土建工程费</td><td>设备费</td><td>安装费</td><td>运杂费</td><td>包装费</td><td>其他</td><td>合计</td><td>预计年限</td><td>净残值率</td></tr>
<tr><td></td><td>85 000</td><td></td><td></td><td></td><td></td><td>85 000</td><td>5</td><td>0%</td></tr>
<tr><td colspan="6">备注：　　接受捐赠</td><td>原值</td><td>85 000</td><td>已提折旧</td><td>0</td></tr>
<tr><td>验收意见</td><td colspan="2">合格，交付使用</td><td>验收人签章</td><td>李二磊</td><td colspan="3">保管使用人签章</td><td colspan="2">刘艳叶</td></tr>
</table>

业务 45

财产物资盘盈盘亏报告单

类别：　　年　月　日

<table>
<tr><td rowspan="2">名称</td><td rowspan="2">规格</td><td rowspan="2">单位</td><td rowspan="2">单价</td><td colspan="2">账面数</td><td colspan="2">清点数</td><td colspan="2">盘盈</td><td colspan="2">盘亏</td><td rowspan="2">备注</td></tr>
<tr><td>数量</td><td>金额</td><td>数量</td><td>金额</td><td>数量</td><td>金额</td><td>数量</td><td>金额</td></tr>
<tr><td></td><td></td><td></td><td></td><td></td><td></td><td></td><td></td><td></td><td></td><td></td><td></td><td></td></tr>
<tr><td></td><td></td><td></td><td></td><td></td><td></td><td></td><td></td><td></td><td></td><td></td><td></td><td></td></tr>
<tr><td colspan="4">合　计</td><td>×</td><td></td><td>×</td><td></td><td>×</td><td>￥</td><td>×</td><td></td><td></td></tr>
<tr><td colspan="7">分析原因：</td><td colspan="6">审批意见：</td></tr>
</table>

第一联

单位（盖章）　　财务科负责人：　　制表：

财产物资盘盈盘亏报告单

类别：　　　　　　　　　　　　年　　月　　日

名称	规格	单位	单价	账面数		清点数		盘盈		盘亏		备注
				数量	金额	数量	金额	数量	金额	数量	金额	
合　计				×		×		×	¥	×		
分析原因：						审批意见：						

第二联

单位(盖章)　　　　财务科负责人：　　　　制表：

业务 46

辽宁华宇起重机有限公司

产品出库单

编号:1015　　　　2017 年 12 月 11 日

货号	购货单位	品名	规格型号	数量	单位	结算方式	
						合同	现款
10101	冷却塔工程	汽车起重机	GF12	1			

销售员:范立杰　　　　库管员:韩筇

建设业统一发票(自开)

发票代码:456000710321

发票号码:00581111

开票日期:2017 年 12 月 11 日

机打代码 机打代码 机器编号	456780710118 40589876 557000335816	税控码	2＊－>7＋24567>－48/1890/＋＋0503>7>9＋7 >2>6/8<－77＊/12346>16＋<7＋36>89＋＊41－65/ ＊<＊12<<98765－/4>/8<7＊<45812/－8＋－58＋4		
付款方名称	辽宁华宇起重机有限公司	身份证号/组织机构代码/纳税人识别号	210703987654321	是否为总包人	
收款方名称	锦州大同建筑工程有限公司	身份证号/组织机构代码/纳税人识别号	210703123456789	是否为分包人	

工程项目名称	工程项目编号	结算项目	金额(元)	完税凭证号码
冷却塔工程		土建	17 000.00	
合计	(大写)壹万柒仟元整		(小写)¥17 000.00	
备注		主管税务机关及代码		

开票人:冉清泉　　　　开票单位签章:

第一联　发票联　付款方付款凭证

中国银行　　(辽)

转账支票存根

DS00275012

附加信息

出票日期:2017 年 10 月 11 日

收款人:锦州大同建筑工程有限公司
金　额:17 000.00
用　途:冷却塔工程款

单位主管　　　　会计:王丽

业务 47

11/12/17/

成交过户交割单 卖

锦州市税务局监制

股东编号 电脑编号 公司名称	锦州华宇起重机有限公司	成交证券 成交数量 成交价格	北辰实业 50 000 股 13.50
申报编号 申报时间 成交时间	2017.12.11	成交金额 佣金 过户费	675 000.00 2 025.00
上次余额 本次成交 本次余额 本次库存	20 000.00 672 975.00 692 975.00	印花税 应收金额 到期日期 到期金额	 672 975.00

③通知联

经办单位：广发证券公司　　　　客户签章：

业务 48

11/12/17/

成交过户交割单 买

锦州市税务局监制

股东编号 电脑编号 公司名称	锦州华宇起重机有限公司	成交证券 成交数量 成交价格	长江电力 50 000 股 10.8
申报编号 申报时间 成交时间	2017.12.11	成交金额 佣金 过户费	540 000 1 200
上次余额 本次成交 本次余额 本次库存	692 975.00 541 200.00 151 775.00	印花税 应收金额 到期日期 到期金额	 541 200.00

③通知联

经办单位：广发证券公司　　　　客户签章：

注：不准备长期持有。

业务 49

广发证券公司　　No.00541

业 务 委 托 书

合同序号：

资金账号 158123456784796

证券账号________

第三联：客户委托留存

委托人辽宁华宇起重机有限公司 2017 年 12 月 11 日 上(下) 午 时 分

证券名称	股数与面额	限价	有效时间	附注
大华债券	60 000 份 1 元	1.06 元		
场内成交单号码				

（印章：锦州华宇起重机有限公司 财务专用章 21070398765432l）

委托方式	
电话	是
电报	
书信	
当面委托	
划款方式	
自动划账	是
当面签收	

营业员签章 利菲　　委托人签章________

注意
1.未填明(限价)者视为市价委托。
2.未填明(有效期限)者视为当日有效。
3.委托方式应予标明。
4.书面或电报委托者应黏附函电。
5.买卖如未成交，委托书应保存。

①

11/12/17/

成交过户交割单　卖

锦州市税务局监制

股东编号 电脑编号 公司名称	锦州华宇起重机有限公司	成交证券 成交数量 成交价格	大华债券 600 000 股 1.064
申报编号 申报时间 成交时间	2017.12.11	成交金额 佣金 过户费	638 400.00 1 400.00
上次余额 本次成交 本次余额 本次库存	151 775.00 637 000.00 788 775.00	印花税 应收金额 到期日期 到期金额	 637 000.00

（印章：广发证券股份有限公司 财务专用章 210703987655431；锦州华宇起重机有限公司 财务专用章 21070398765432l）

③ 通知联

经办单位：广发证券公司　　客户签章：

业务 50

11/12/17/

成交过户交割单 买

锦州市税务局监制

股东编号 电脑编号 公司名称	锦州华宇起重机有限公司	成交证券 成交数量 成交价格	深华股份 500 000 股 1.5
申报编号 申报时间 成交时间	2017.12.11	成交金额 佣金 过户费	750 000 3 750
上次余额 本次成交 本次余额 本次库存	788 775.00 753 750.00 35 025.00	印花税 应收金额 到期日期 到期金额	 753 750.00

③ 通知联

（印章：广发证券股份有限公司 财务专用章 210703987655431）
（印章：锦州华宇起重机有限公司 财务专用章 210703987654321）

经办单位：广发证券公司　　　　客户签章：

注：占 25%，被投资方可辨认净资产公允价值为 3 062 400 元。

业务 51

辽宁华宇起重机有限公司

产品入库单

编号：09-1201　　　　2017 年 12 月 12 日

货号	品　名	规格型号	数量	生产日期	生产车间	检验单号
10101	汽车起重机	GF12	3	12 月 1 日	第二车间	√
10201	旋臂起重机	LN 型	8	12 月 1 日	第一车间	√

入库人：范成　兰桂　　　　复核人：王兰　　　　库管员：韩筇

业务 52

锦州市职工社会保险基金结算表

2017 年 12 月

单位名称：辽宁华宇起重机有限公司

单位编码：98765432－1　　本月扣款日期：2017.12.12　　NO.40542-1

应缴项目	核定金额(元)	应付项目	核定金额(元)
1.养老保险缴费基数	345 020	19.月养老金基数	0
2.补缴历年养老保险缴费工资总额	0	20.一次性调整金额	0
3.养老保险单位缴费率(%)	20	21.一次性补助金额	0
4.单位应缴养老保险费金额	69 004.78	22.新中国成立前参加革命加发生活费	0
5.其他应缴养老保险费金额	0	23.其他按规定支付额	0
6.养老保险费个人缴费总额	27 600.82	24.一次性补充养老金	0
7.其中：个人缴费月基数	19 359.24	25.丧葬补助费、抚恤金	0
8.养老保险缴纳合计	96 605.60	26.其他按规定一次性支付金额	0
9.失业保险缴费基数	345 020	27.终止养老保险关系支付额	0
10.补缴历年失业保险缴费工资总额	0	28.房贴	0
11.失业保险单位缴费率(%)	2	29.应支付医疗费	0
12.单位应缴失业保险费金额	6 900.14	30.	
13.其他应缴失业保险费金额	0	31.	
14.失业保险费个人缴费总额	3 450.46	32.	
15.其中：个人缴费月总额	2 419.91	33.	
16.失业保险缴纳合计	10 350.60	34.支付合计	0
17.单位缓缴社会保险费金额	0	35.自负金额	0
18.应缴纳金额	106 956.20	36.应拨付金额	0
盖章后代收付款凭证			
合　计(大写)壹拾万陆仟玖佰伍拾陆元贰角			

打印日期：2017.12.12　　社会保险经办机构(盖章)：

补充资料：

1. 月末养老保险账户职工　110 人
2. 月末养老保险缴费人数　110 人
3. 月末领取养老金　0 人
4. 单位缓缴社会保险费含单位缓缴养老保险费 0 元、失业保险费 0 元

锦州市社会保险事业基金结算管理中心结算专用章

结算账本号：1　　打印版本号：1

锦州市职工社会保险基金结算表(医疗保险费部分)

2017 年 12 月

单位名称:辽宁华宇起重机有限公司

单位编码:98765432—1　　本月扣款日期:2017.12.12　　NO.40542-2

应 缴 项 目	核定金额(元)	应 付 项 目	核定金额(元)
1.医疗保险缴费基数	345 020	19. 工伤保险单位缴费率	0
2.补缴历年医保缴费工资总额	0	20. 单位应缴工伤保险费金额	0
3.医疗保险单位缴费率(%)	7	21. 其他应缴工伤保险费金额	0
4.单位应缴医疗保险费金额	24 150.88	22. 工伤保险费个人缴费金额	0
5.其他应缴医疗保险费金额	0	23. 其中:个人缴费月基数	0
6.医疗保险费个人缴费总额	6 900.92	24. 工伤保险缴纳合计	0
7.其中:个人缴费月基数	19 359.24	25. 单位缓缴社会保险费金额	0
8.医疗保险缴纳合计	31 051.80	26. 应缴纳金额	31 051.8
9.生育保险缴费基数	0		
10.补缴历年生保缴费工资总额	0		
11.生育保险单位缴费率(%)	0		
12.单位应缴生育保险费金额	0		
13.其他应缴生育保险费金额	0		
14.生育保险费个人缴费总额	0		
15.其中:个人缴费月总额	0		
16.生育保险缴纳合计	0		
17. 工伤保险缴费基数	0		
18. 补缴历年医保缴费工资总额	0		
盖章后代收付款凭证			
合　计(大写)叁万壹仟零伍拾壹元捌角			

打印日期:2017.12.12　　社会保险经办机构(盖章):

补充资料:

1. 月末养老保险账户职工　110 人
2. 月末养老保险缴费人数　110 人
3. 月末领取养老金　0 人
4. 单位缓缴社会保险费含单位缓缴养老保险费 0 元、失业保险费 0 元

锦州市社会保险事业基金结算管理中心结算专用章

结算账本号:1　　打印版本号:1

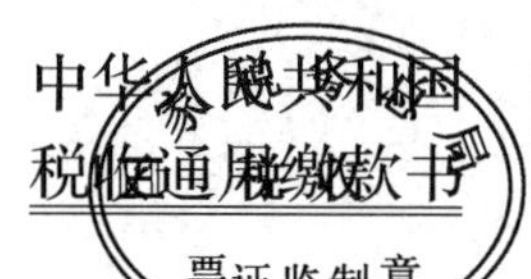

中华人民共和国
税收通用缴款书　地　系统税票号码：210703987654321

隶属关系：街　　　　(2009)辽地缴电

注册类型：私营有限公司　　填发日期：2017 年 12 月 12 日　　征收机关：锦州市地方税务局凌河分局

<table>
<tr><td rowspan="4">缴款单位（人）</td><td>代　码</td><td>210703987654321</td><td rowspan="2">收缴国库</td><td>编码</td><td>06070500</td></tr>
<tr><td>全　称</td><td>辽宁华宇起重机有限公司</td><td>名称</td><td>国库凌河区支库</td></tr>
<tr><td>开户银行</td><td>中国银行锦州分行凌南支行</td><td colspan="2" rowspan="2">限缴日期</td><td rowspan="2">2017 年 12 月 20 日</td></tr>
<tr><td>账　号</td><td>021686822882537</td></tr>
</table>

税（费）种	品目名称	所属时间	预算科目	预算级次	实缴金额
企业基本养老保险费	企业基本养老保险费社会统筹	2017.12.01～2017.12.31	102010101 养老保险费社会统筹部分收入	市 100%	69 004.78
企业基本养老保险费	企业基本养老保险费个人账户（8%）	2017.12.01～2017.12.31	102010101 养老保险费个人部分收入	市 100%	27 600.82
失业保险费	企业失业保险单位缴费	2017.12.01～2017.12.31	102020101 失业保险费收入	市 100%	6 900.14
失业保险费	企业失业保险个人缴费	2017.12.01～2017.12.31	102020101 失业保险费收入	市 100%	3 450.46
基本医疗保险费	企业基本医疗保险单位缴费	2017.12.01～2017.12.31	102030101 企业基本医疗保险费统筹部分收入	市 100%	24 150.88
基本医疗保险费	企业基本医疗保险个人缴费	2017.12.01～2017.12.31	102030101 企业基本医疗保险个人缴费部分收入	市 100%	6 900.92
金额合计（大写）	壹拾叁万捌仟零捌元整　¥138 008.00				

缴款单位（人）（盖章）	税务机关（盖章）	上列款项已收妥并划转收款单位账户	备注：
高飞		锦州市地方税务局凌河分局凌南地税所 锦州市地方税务局凌河分局计划征收科	
经办人（章）	填票人（章）	国库（银行）盖章　　年　月　日	

微机用票　　手写无效　　逾期不缴按税法规定加收滞纳金

第二联（付款凭证）　缴款单位（人）的支付凭证，开户银行作借方凭证

中国银行　　（辽）

转账支票存根

DS00275012

附加信息

出票日期：2017 年 12 月 12 日

收款人：	锦州市社会保险事业基金结算管理中心
金　额：	¥144 906.00
用　途：	社会保险费

应拨交工会经费缴款书

缴款单位电话　　　　缴款日期：2017 年 12 月 12 日　　　　字第　　号

每月最后缴款日期：十五日

<table>
<tr><td>所属月份</td><td colspan="3">12</td><td colspan="4">职工人数</td><td>110</td><td colspan="3">本月工资总额</td><td colspan="4">¥344 752</td><td>按 2%计应拨交经费</td><td colspan="7">¥6 895.04</td></tr>
<tr><td colspan="8">收入基层工会　工作费户</td><td colspan="8">上解上级工会　工作费户</td><td colspan="8">缴费单位</td></tr>
<tr><td>户名</td><td colspan="7"></td><td>户名</td><td colspan="7"></td><td>户名</td><td colspan="7">辽宁华宇起重机有限公司</td></tr>
<tr><td>账号</td><td colspan="7"></td><td>账号</td><td colspan="7"></td><td>账号</td><td colspan="7">021686822882537</td></tr>
<tr><td>开户行</td><td colspan="7"></td><td>开户行</td><td colspan="7"></td><td>开户行</td><td colspan="7">中国银行锦州分行凌南支行</td></tr>
<tr><td>比例</td><td>万</td><td>千</td><td>百</td><td>十</td><td>元</td><td>角</td><td>分</td><td>比例</td><td>万</td><td>千</td><td>百</td><td>十</td><td>元</td><td>角</td><td>分</td><td>合计</td><td>万</td><td>千</td><td>百</td><td>十</td><td>元</td><td>角</td><td>分</td></tr>
<tr><td>60%</td><td></td><td></td><td></td><td></td><td></td><td></td><td></td><td>40%</td><td></td><td></td><td></td><td></td><td></td><td></td><td></td><td></td><td>¥</td><td>6</td><td>8</td><td>9</td><td>8</td><td>0</td><td>0</td></tr>
<tr><td colspan="12">中行锦州凌南支行
2017.12.12
付讫
合计金额人民币
（大写）陆仟捌佰玖拾捌元整</td><td colspan="12">上列款项已划转有关工会账户。

银行盖章　中国银行专用章</td></tr>
</table>

第一联　由银行退缴款单位作回单

业务 53

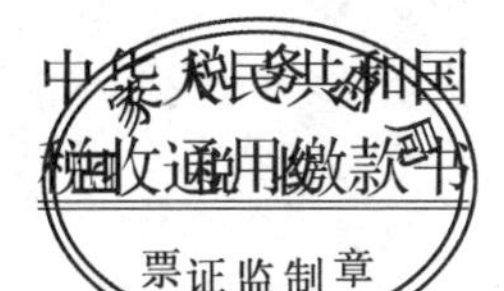

中华人民共和国
税收通用缴款书

票证监制章

地　　系统税票号码：210703987654321

隶属关系：街　　(2009)辽地缴电

注册类型：私营有限公司　　填发日期：2017 年 12 月 12 日　　征收机关：锦州市地方税务局凌河分局

缴款单位（人）		收缴国库		
代　码	210703987654321		编码	06070500
全　称	辽宁华宇起重机有限公司		名称	国库凌河区支库
开户银行	中国银行锦州分行凌南支行	限缴日期		2017 年 12 月 20 日
账　号	021686822882537			

税（费）种	品目名称	所属时间	预算科目	预算级次	实缴金额
城镇土地使用税	四级土地	2017.11.01～2017.11.30	1011205 私营企业城镇土地使用税收入	市 100%	700.00
房产税	房产税收入	2017.11.01～2017.11.30	1011006 私营企业房产税收入	市 100%	1 932.00
城市维护建设税	城市维护建设税收入	2017.11.01～2017.11.30	1010906 私营企业城市维护建设税收入	市 100%	14 700.00
教育费附加	教育费附加收入	2017.11.30～2017.11.30	103020301 教育费附加收入	市 100%	2 100.00
地方教育费	地方教育费附加	2017.11.30～2017.11.30	1030127 地方教育费附加收入	市 100%	6 300.00
企业所得税	企业所得税收入	2017.11.30～2017.11.30	1010401 私营企业所得税	市 100%	112 000.00
个人所得税	代扣代缴个人所得税	2017.11.30～2017.11.30	101060109 其他个人所得税收入	市 100%	12 474.00
金额合计（大写）	壹拾伍万零贰佰零陆元整				¥150 206.00

缴款单位（人）（盖章）	税务机关（盖章）	上列款项已收妥并划转收款单位账户	备注：
高飞	锦州市地方税务局凌河分局 5号 征税专用章	锦州市地方税务局凌河分局凌南地税所 锦州市地方税务局凌河分局计划征收科	
经办人（章）	填票人（章）	国库（银行）盖章　　年　月　日	

辽宁华宇起重机有限公司 财务专用章 210703987654321

中行锦州凌南支行 2017.12.12 付讫

微机用票　　手写无效　　逾期不缴按税法规定加收滞纳金

第二联（付款凭证）　缴款单位（人）的支付凭证，开户银行作借方凭证

中国银行　（辽）
转账支票存根
DS00275012
附加信息
出票日期：2017 年 12 月 12 日
收款人：锦州市地税局
金　额：￥150 206.00
用　途：11 月份税费
单位主管：　　会计：王丽

业务 54

锦州市住房公积金汇(补)缴书①

2017 年 12 月 12 日　附清册　页　N0.0076397

单位住房公积金账号：021—78982244

付款人			收款人		
名　称	辽宁华宇起重机有限公司		名　称	锦州市住房公积金管理中心	
账　号	021686822882537		账　号	021789822443176	
开户银行	中行凌南支行		开户银行	中行凌南支行	

缴交金额（人民币大写）	百	十	万	千	百	十	元	角	分
肆万捌仟叁佰零贰元捌角		￥	4	8	3	0	2	8	0

上月汇缴		本月增加汇缴		本月减少汇缴		本月汇缴	
人数	金额	人数	金额	人数	金额	人数	金额
补缴月份	补缴人数	中心盖章					

付款人作支款受理凭证

会计　　复核　　记账

中国银行　（辽）
转账支票存根
DS00275013
附加信息
出票日期：2017 年 12 月 12 日
收款人：住房公积金管理中心
金　额：￥48 302.80
用　途：住房公积金
单位主管　　会计：王丽

业务 55

中国银行(短期贷款)借款凭证(回单) ③

单位编号:3501　　日期:2017 年 12 月 12 日　　银行编号:

<table>
<tr><td rowspan="3">收款单位</td><td>名 称</td><td>辽宁华宇起重机有限公司</td><td rowspan="3">付款单位</td><td>名 称</td><td colspan="3">中国银行锦州分行凌南支行</td></tr>
<tr><td>往来账户号</td><td>021686822882537</td><td>往来户账号</td><td colspan="3">451818300445511</td></tr>
<tr><td>开户银行</td><td>中国银行锦州分行凌南支行</td><td>开户银行</td><td colspan="3"></td></tr>
<tr><td colspan="2">借款期限
(最后还款日)</td><td>2017 年 3 月 12 日</td><td colspan="2">利率 8%</td><td>起息日期</td><td colspan="2">2017 年 12 月 12 日</td></tr>
<tr><td colspan="2">借款申请金额</td><td colspan="4">人民币
(大写) 叁拾万元整</td><td colspan="2">千 百 十 万 千 百 十 元 角 分
¥ 3 0 0 0 0 0 0 0</td></tr>
<tr><td colspan="2">借款原因及用途</td><td>生产经营</td><td colspan="3">银行核定金额</td><td colspan="2">千 百 十 万 千 百 十 元 角 分
¥ 3 0 0 0 0 0 0 0</td></tr>
<tr><td colspan="3" rowspan="5">备注

中国银行锦州分行
凌南支行
★ 2017年12月12日 ★
业务清讫
(12)</td><td colspan="2">期限</td><td colspan="2">计划还款日期</td><td>计划还款金额</td></tr>
<tr><td colspan="2">3 个月</td><td colspan="2">2018 年 3 月 12 日</td><td>¥300 000.00</td></tr>
<tr><td colspan="2"></td><td colspan="2"></td><td></td></tr>
<tr><td colspan="2"></td><td colspan="2"></td><td></td></tr>
<tr><td colspan="5">上述借款业已同意贷给并转入你单位往来户账,借款到期时应按期归还。 此致
借款单位:
(银行盖章)　　年　月　日</td></tr>
</table>

短期借款申请书

2017 年 12 月 12 日

<table>
<tr><td>企业名称</td><td>辽宁华宇起重机有限公司</td><td>法人代表</td><td>高飞</td><td>企业性质</td><td>私营</td></tr>
<tr><td>地 址</td><td>锦州市凌河区凌云路 255 号</td><td>财务负责人</td><td>李国俊</td><td>联系电话</td><td></td></tr>
<tr><td>经营范围</td><td>起重机生产</td><td>主管部门</td><td></td><td></td><td></td></tr>
<tr><td>借款期限</td><td colspan="3">自 2017 年 12 月 12 日至 2018 年 3 月 12 日</td><td>申请金额</td><td>300 000</td></tr>
<tr><td colspan="6">主要用途及效益说明:
用于日常生产经营。</td></tr>
<tr><td colspan="2">申请单位章:
辽宁华宇起重机有限公司 财务专用章 2107039876543210
财务部门
负责人:李国俊　　经办人:曲荫</td><td colspan="4">信贷员意见:同意

银行主管　郭博　　信贷部门
领导:　　负责人:李大民</td></tr>
</table>

业务 56

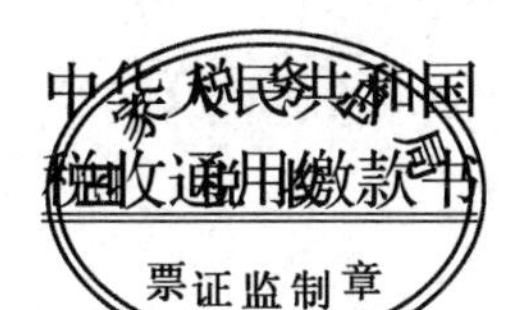

中华人民共和国 税收通用缴款书

国　系统税票号码：210703987654321

隶属关系：街　　(2017)辽国缴电

注册类型：私营有限公司　　填发日期：2017年12月12日　　征收机关：锦州市地方税务局凌河分局

缴款单位(人)	代码	210703987654321	收缴国库	编码	06070500
	全称	辽宁华宇起重机有限公司		名称	国库凌河区支库
	开户银行	中国银行锦州分行凌南支行	限缴日期		2017年12月20日
	账号	021686822882537			

税(费)种	品目名称	所属时间	预算科目	预算级次	实缴金额
增值税		20171201		市 100%	205 000.00
金额合计(大写)	贰拾万零伍仟元整		￥205 000.00		
缴款单位(人)(盖章) 经办人(章)	税务机关(盖章) 填票人(章)	上列款项已收妥并划转收款单位账户 国库(银行)盖章　年　月　日		备注：	

第二联（付款凭证）缴款单位（人）的支付凭证，开户银行作借方凭证

微机用票　　手写无效　　逾期不缴按税法规定加收滞纳金

业务 57、业务 58

中国银行　（辽）

转账支票存根

DS00275014

附加信息

出票日期：2017年12月12日

收款人：辽宁华宇起重机有限公司
金　额：270 322.40
用　途：发放工资

单位主管　　会计：王丽

十二月份工资结算汇总表

2017 年 12 月 12 日　　　　单位:元

部门、人员类别	基本工资	奖金	应扣工资		应付工资	代扣款项					实发工资	签名
			事假工资	病假工资		医疗保险	养老保险	失业保险	住房公积金	个人所得税		
第一车间												
生产工人	52 000	25 000			77 000	1 540.40	6 161.60	770.2	5 391.40	1 888.00	61 248.40	
管理人员	8 000	4 100	500	600	11 000	220.00	880.00	110	770.00	226.00	8 794.00	
小计	60 000	29 100	500	600	88 000	1 760.40	7 041.60	880.20	6 161.40	2 114.00	70 042.40	
第二车间												
生产工人	56 000	25 000			81 000	1 620.12	6 480.48	810.06	5 670.42	1 000.00	65 418.92	
管理人员	6 100	2 800			8 900	178.00	712.00	89	623.00	120.00	7 178.00	
小计	62 100	27 800			89 900	1 798.12	7 192.48	899.06	6 293.42	1 120.00	72 596.92	
机修车间												
生产工人	12 000	6 000			18 000	360.00	1 440.00	180	1 260.00	385.00	14 375.00	
管理人员	2 900	1 100			4 000	80.00	320.00	40	280.00	143.00	3 137.00	
小计	14 900	7 100			22 000	440.00	1 760.00	220	1 540.00	528.00	17 512.00	
供电车间												
生产工人	10 500	6 000	150	350	16 000	320.00	1 280.00	160	1 120.00	264.00	12 856.00	
管理人员	2 750	1 300		50	4 000	80.00	320.00	40	280.00	150.00	3 130.00	
小计	13 250	7 300	150	400	20 000	400.00	1 600.00	200	1 400.00	414.00	15 986.00	
管理部门	61 300	28 700			90 000	1 800.00	7 200.00	900	6 300.00	2 969.80	70 830.20	
销售部门	16 000	5 000			21 000	420.00	1 677.14	210	1 468.18	4 260.00	12 964.68	
冷却塔工程	14 000				14 000	282.40	1 129.60	141.2	988.40	1 068.20	10 390.20	
合　计	241 550	105 000	650	1 000	344 900	6 900.92	27 600.82	3 450.46	24 151.40	12 474.00	270 322.4	

业务 59

辽宁华宇起重机有限公司

材料入库单

收到：大连黎明公司　　2017 年 12 月 15 日　　第 308 号

产品名称	计量单位	数量		实际成本		计划单价	金额(元)	差异
		应收	实收	单价	金额			
煤	吨	50	50	360	18 000.00	365	18 250.00	−250.00
合计					18 000.00		18 250.00	−250.00

负责人：杜雷　　仓库负责人：余东　　经手人：陆宏霞

业务 60

中国银行(长期贷款)借款凭证(回单)　③

单位编号：3501　　日期：2017 年 12 月 15 日　　银行编号：

收款单位	名称	辽宁华宇起重机有限公司	付款单位	名称	中国银行锦州分行凌南支行
	往来账户号	021686822882537		往来户账号	451818300445511
	开户银行	中国银行锦州分行凌南支行		开户银行	

借款期限(最后还款日)	2027 年 12 月 14 日	利率 8%	起息日期	2017 年 12 月 12 日

借款申请金额	人民币(大写)　玖拾万元整	千	百	十	万	千	百	十	元	角	分
			¥	9	0	0	0	0	0	0	0

借款原因及用途	高频设备改造	银行核定金额	千	百	十	万	千	百	十	元	角	分
				¥	9	0	0	0	0	0	0	0

备注

期限	计划还款日期	计划还款金额
10 年	2027 年 12 月 14 日	900 000

中国银行锦州分行
凌南支行
★ 2017年12月15日 ★
业务清讫
(12)

上述借款业已同意贷给并转入你单位往来账户，借款到期时应按期归还。　此致

借款单位：

(银行盖章)　　年　　月　　日

长期借款申请书

2017 年 12 月 15 日

企业名称	辽宁华宇起重机有限公司	法人代表	高飞	企业性质	私营
地　　址	锦州市凌河区凌云路 255 号	财务负责人	李国俊	联系电话	
经营范围	起重机生产	主管部门			
借款期限	自 2017 年 12 月 15 日至 2027 年 12 月 15 日		申请金额		￥900 000
主要用途及效益说明： 高频设备改造。					
申请单位章：辽宁华宇起重机有限公司 财务专用章 210703987654321 财务部门 负责人：李国俊　经办人：曲荫		信贷员意见：同意 银行主管 领导：郭博　　信贷部门 负责人：李大民			

业务 61

（流动资金贷款）还款凭证（回单）　4

单位编号　　日期：2017 年 12 月 16 日　　原借款凭证银行编号

付款人	全称	同右		借款人	全称	辽宁华宇起重机有限公司	
	往来户账号	021686822882537			放款户账号	021686822882587	
	开户银行	中行凌南支行	行号		开户银行	中行凌南支行	行号

借款金额	人民币 （大写）陆拾万元整	千	百	十	万	千	百	十	元	角	分
			￥	6	0	0	0	0	0	0	0

计划还款日期	2017 年 12 月 15 日	还款次序　　第　　次还款
备注： 中国银行锦州分行 凌南支行 2017年12月16日 业务清讫（12）		还款内容 上述借款已从你单位往来账户内转还。 （银行盖章） 2017 年 12 月 15 日

业务 62

委托代理发行债券协议书(摘抄)

债券面值:壹拾万元(¥100 000)　　期限:5 年　　票面利率:10%

发行金额:壹拾万零柒仟玖佰捌拾伍元整(¥107 985)　　发行方式:余额包销

还本付息方式:每年年末付息一次,到期一次还本

代理人:广发证券公司　　发行费用:伍仟贰佰伍拾元整(¥5 250)

划款时间:2017 年 12 月 16 日

辽宁华宇起重机有限公司　财务专用章　210703987654321

中国银行锦州分行特种转账贷方传票

代银行转账传票
代银行支款通知

2017 年 12 月 15 日

付款人	全称		收款人	全称	辽宁华宇起重机有限公司	
	账号或地址			账号	15812345678	
	开户银行			开户银行	建行凌南支行	行号

金额	千	百	十	万	千	百	十	元	角	分
人民币 (大写)壹拾万零柒仟玖佰捌拾伍元整		¥	1	0	7	9	8	5	0	0

原凭证金额		罚款赔偿金		科目(贷)
原凭证名称		号码		

转账原因:债券发行款

对方科目(借)

会计　　复核　　记账　　制票

中国建设银行股份有限公司　锦州凌河支行　2017.12.16　业务专用章

业务 63

辽宁省地方税务统一发票

发票联

流水号:103394748　　2017 年 12 月 17 日　　**221070870756**

付款单位(个人):辽宁华宇起重机有限公司

PAYER　　№10331231

企业所属行业 Kind of Business	金融业	税务登记号 Tax Registry No	210703987655431

项目	单位	数量	单价	金额
债券发行费		1	5 250.00	5 250.00
缴款方式:支票				
金额(大写):伍仟贰佰伍拾元整				金额(小写)¥5 250.00

第二联　报销凭证

收款单位 Payer (盖章有效):　　收款人 Payee:　　开票人 Issued by:孙卫　　(手写无效) Hand-writing Invalid

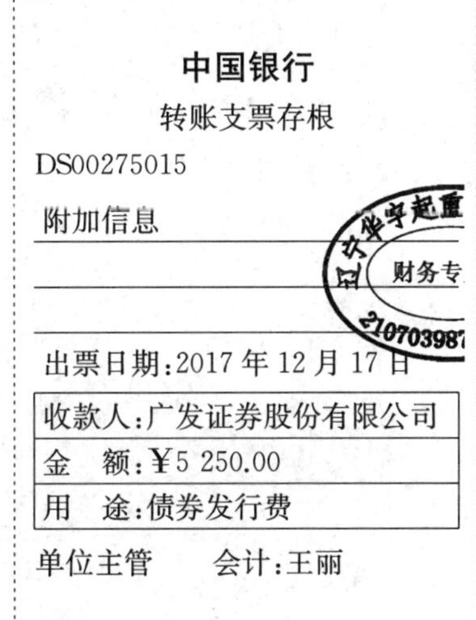

中国银行

转账支票存根

DS00275015

附加信息

出票日期:2017 年 12 月 17 日

收款人:广发证券股份有限公司
金　额:¥5 250.00
用　途:债券发行费

单位主管　　会计:王丽

业务 64

出资证明书(代收据)

一、公司全称：辽宁华宇起重机有限公司

二、公司住址：锦州市凌河区凌云路 255 号

三、公司注册资本：伍佰捌拾万元。

四、公司股东：锦州美林铸件有限公司于 2017 年 12 月 17 日向本公司缴纳货币出资 60 万元(500 000元为注册资本，100 000 元为资本溢价)。

本出资证明经公司正式授权的法人代表人签字并加盖公司印鉴，方为有效，特此为证。

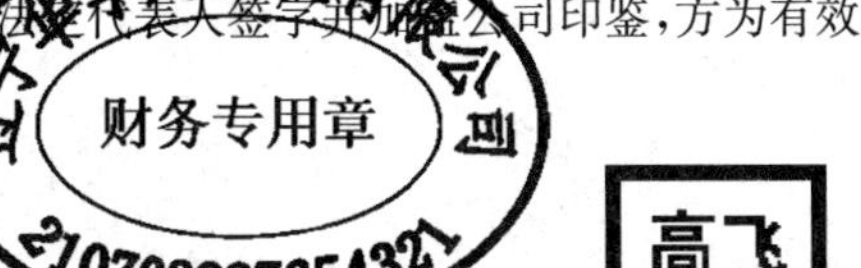

公司(公章)

法人代表(签章)：　高飞

核发日期：2017 年 12 月 17 日

中国银行进账单(回单)　1

2017 年 12 月 17 日

付款人	全　称	锦州美林铸件有限公司	收款人	全　称	辽宁华宇起重机有限公司
	账　号	021686833222678		账　号	021686822882537
	开户银行	中行桥南支行		开户银行	中行锦州分行凌南支行

人民币(大写)　陆拾万元整	百	十	万	千	百	十	元	角	分
	¥	6	0	0	0	0	0	0	0

票据种类	转账支票	票据张数	1 张
票据号码			
复核　　记账		开户银行签章（中行锦州凌南支行 2017.12.17 收讫）	

此联是开户银行交给持票人的回单

中国银行进账单(收账通知)　3

2017 年 12 月 17 日

付款人	全　称	锦州美林铸件有限公司	收款人	全　称	辽宁华宇起重机有限公司
	账　号	021686845632151		账　号	021686822882537
	开户银行	中行桥南支行		开户银行	中行锦州分行凌南支行

人民币(大写)　陆拾万元整	百	十	万	千	百	十	元	角	分
	¥	6	0	0	0	0	0	0	0

票据种类	转账支票	票据张数	1 张
票据号码			
复核　　记账		收款人开户银行签章（中行锦州凌南支行 2017.12.17 收讫）	

此联是开户银行交给收款人的收账通知

业务 65

出资证明书(代收据)

一、公司全称：辽宁华宇起重机有限公司

二、公司住址：锦州市凌河区凌云路 255 号

三、公司注册资本：伍佰捌拾万元

四、公司股东：辽宁凯旋重型机械有限公司于 2017 年 12 月 17 日向本公司出资一项专利权，价值 35 万元(协议约定的价值为 300 000 元，300 000 元为资本溢价)。本出资证明经公司正式授权的法定代表人签字并加盖公司印鉴，方为有效，特此为证。

辽宁华宇起重机有限公司 财务专用章 210703987654321

公司(公章)

法人代表(签章)：高飞

核发日期：2017 年 12 月 17 日

业务 66

辽宁华宇起重机有限公司

产品出库单(代销商品)　　第　号

付给：杭州新民重型机械销售公司　　2017 年 12 月 17 日　　类别：代销商品　　编号：

货号	品名	规格	单位	数量	单价	金额
110102	挖掘机	W2 型	台	5	25 000.00	125 000.00

负责人	余东	仓库负责人	丰立	出库经手人	韩竼	记账	范立杰	合计	125 000.00

中国人民银行　支付系统专用凭证　№000110842047

报文种类：CMT100 交易种类：HVPS 贷记 业务种类：11 支付交易序号：00012568

发起行行号：415530400370 汇款人开户行行号：415530400370 委托日期：2017—12—15

发起行名称：中国建设银行

汇款人账号：052025836410031

汇款人名称：杭州新民重型机械销售公司

汇款人地址：

接收行行号：102227000029 收款人开户行行号：102227000029 收报日期：2017—12—17

收款人账号：021686822882537

收款人名称：辽宁华宇起重机有限公司

收款人地址：

货币名称、金额(大写)：人民币壹拾肆万陆仟贰佰伍拾元整

货币符号、金额(小写)：RMB146 250.00

附言：货

报文状态：已入账

流水号：133714　　打印时间：2017—12—17 09:30:23

第一次打印，注意重复！

中国银行锦州分行 凌南支行 ★ 2017年12月5日 ★ 业务清讫 (12)

第二联　作客户通知单　　会计　　复核　　记账

辽宁省增值税专用发票

2100081160　　　　No:00340007

开票日期:2017 年 12 月 17 日

<table>
<tr><td>购货单位</td><td colspan="4">名　　　称:杭州新民重型机械销售公司
纳税人识别号:520245000947210
地 址 、电 话:杭州市望江路 78 号　23235588
开户行及账号:工行杭州分行
052025836410031</td><td>密码区</td><td colspan="3">2＊－〉7＋24567〉－48/1890　加密版本:01
〉2〉6/8〈－77＊/12346〉16＋　210009998
＊〈＊12〈〈98765－/4〉/8〈　00340059
15＊12－37〉8＊238/89〈〈＋＋</td></tr>
<tr><td colspan="2">货物或应税劳务名称</td><td>规格型号</td><td>单 位</td><td>数 量</td><td>单 价</td><td>金　额</td><td>税 率</td><td>税额</td></tr>
<tr><td colspan="2">W2 型挖掘机</td><td></td><td>台</td><td>5</td><td>25 000.00</td><td>¥125 000.00</td><td>17%</td><td>¥21 250.00</td></tr>
<tr><td colspan="2">价税合计</td><td colspan="7">(大写)壹拾肆万陆仟贰佰伍拾元整　　(小写)　¥146 250.00</td></tr>
<tr><td>销货单位</td><td colspan="4">名　　　称:辽宁华宇起重机有限公司
纳税人识别号:210703987654321
地 址 、电 话:锦州市凌河区凌云路 255 号
开　　户　　行:中国银行锦州分行凌南支行
账　　　　号:021686822882537</td><td>备注</td><td colspan="3">辽宁华宇起重机有限公司 财务专用章 210703987654321</td></tr>
</table>

第四联：记账联销货方记账凭证

收款人:　　复核:　　开票人:　　销货单位(章):

业务 67

领料单(一)　　第 11 号

领料部门:第一车间　　2017 年 12 月 17 日　　发料仓库: 材料仓库

材料类别	名称及规格	计量单位	数量		计划单价	金额	用途
			请领	实领			
铸铜件		千克	4 109.71	4 109.71	20	82 194.20	生产
合　计			4 109.71	4 109.71	20	¥82 194.20	

仓库主管:余东　　发料人:王兰　　领料部门主管:张顺　　领料人:崔放

领料单(一)　　第 12 号

领料部门:第一车间　　2017 年 12 月 17 日　　发料仓库: 材料仓库

材料类别	名称及规格	计量单位	数量		计划单价	金额	用途
			请领	实领			
铸铁件		千克	8 267.34	8 267.34	8	66 138.72	生产
合　计			8 267.34	8 267.34		¥66 138.72	

仓库主管:余东　　发料人:王兰　　领料部门主管:张顺　　领料人:崔放

领料单(一) 第13号

领料部门:第一车间 2017年12月17日 发料仓库:材料仓库

材料类别	名称及规格	计量单位	数量		计划单价	金额	用途
			请领	实领			
锻件		千克	5 452.21	5 452.21	10	54 522.10	生产
合 计			5 452.21	5 452.21		¥54 522.10	

仓库主管:余东 发料人:王兰 领料部门主管:张顺 领料人:崔放

领料单(一) 第14号

领料部门:供电车间 2017年12月17日 发料仓库:材料仓库

材料类别	名称及规格	计量单位	数量		计划单价	金额	用途
			请领	实领			
煤		吨	50	50	365	18 250.00	生产
合 计			50	50		¥18 250.00	

仓库主管:余东 发料人:王兰 领料部门主管:高众 领料人:白功

领料单(二) 第15号

领料部门:第一车间 2017年12月17日 发料仓库:材料仓库

材料名称	规格	计量单位	数量	单价	金额	用途
螺栓		套	2 000	15	30 000.00	生产
合 计			2 000		¥30 000.00	

仓库主管:余东 发料人:王兰 领料部门主管:张顺 领料人:崔放

领料单(二) 第16号

领料部门:第一车间 2017年12月17日 发料仓库:材料仓库

材料名称	规格	计量单位	数量	单价	金额	用途
油漆		千克	350	21.348	7 471.8	生产
合 计			350		¥7 471.8	

仓库主管:余东 发料人:王兰 领料部门主管:张顺 领料人:崔放

业务 68

领料单(一)　　第 15 号

领料部门:第二车间　　2017 年 12 月 18 日　　发料仓库：材料仓库

材料类别	名称及规格	计量单位	数量		计划单价	金额	用途
			请领	实领			
铸铜件		千克	5 040.50	5 040.50	20	100 810.00	生产
合　计			5 040.50	5 040.50		¥100 810.00	

仓库主管:余东　　发料人:王兰　　领料部门主管:刘明业　　领料人:李子放

领料单(一)　　第 16 号

领料部门:第二车间　　2017 年 12 月 18 日　　发料仓库：材料仓库

材料类别	名称及规格	计量单位	数量		计划单价	金额	用途
			请领	实领			
铸铁件		千克	8 143.75	8 143.75	8	65 150.00	生产
合　计			8 143.75	8 143.75		¥65 150.00	

仓库主管:余东　　发料人:王兰　　领料部门主管:刘明业　　领料人:李子放

领料单(一)　　第 17 号

领料部门:第二车间　　2017 年 12 月 18 日　　发料仓库：材料仓库

材料类别	名称及规格	计量单位	数量		计划单价	金额	用途
			请领	实领			
锻件		千克	6 365.20	6 365.20	10	63 652.00	生产
合　计			6 365.20	6 365.20		¥63 652.00	

仓库主管:余东　　发料人:王兰　　领料部门主管:刘明业　　领料人:李子放

领料单(二)　　第 17 号

领料部门:第二车间　　2017 年 12 月 18 日　　发料仓库：材料仓库

材料名称	规格	计量单位	数量	单价	金额	用途
螺栓		套	1 800	15	27 000.00	生产
合　计			1 800		¥27 000.00	

仓库主管:余东　　发料人:王兰　　领料部门主管:刘明业　　领料人:李子放

领料单(二)　　第 18 号

领料部门:第二车间　　2017 年 12 月 18 日　　发料仓库:材料仓库

材料名称	规格	计量单位	数量	单价	金额	用途
油漆		千克	300	21.348	6 404.4	生产
合　计			300		¥6 404.4	

仓库主管:余东　　发料人:王兰　　领料部门主管:刘明业　　领料人:李子放

领料单(一)　　第 18 号

领料部门:管理部门(行政科)　　2017 年 12 月 18 日　　发料仓库:材料仓库

材料类别	名称及规格	计量单位	数量		计划单价	金额	用途
			请领	实领			
煤		吨	3	3	365	1 095.00	取暖
合　计			3	3		¥1 095.00	

仓库主管:余东　　发料人:王兰　　领料部门主管:王丽丽　　领料人:丛林侑

领料单(一)　　第 19 号

领料部门:销售部门　　2017 年 12 月 18 日　　发料仓库:材料仓库

材料类别	名称及规格	计量单位	数量		计划单价	金额	用途
			请领	实领			
煤		吨	2	2	365	730.00	取暖
合　计			2	2		¥730.00	

仓库主管:余东　　发料人:王兰　　领料部门主管:章立江　　领料人:备世战

业务 69

辽宁省普通高(中)等院校学费、住宿费专用收据

辽财政监字第021号　　800437909

收款单位:新兴技术培训学校　　2017年12月18日

学号		姓名	章洋	班级	3人	缴费年份	
收费项目		收费标准(元/人·年)			收费金额(元)		
学　费		1 000.00 ×3			3 000.00		
住宿费							
合　计					3 000.00		
金额(大写)		叁仟元整					

第二联 缴款凭证

收款单位(盖章)　　收款人:扁恒

业务 70

同城特约委托收款专用发票

发票联

代码:221070540222

2017年12月19日　　NO.00961076

用户名称	辽宁华宇起重机有限公司	电话号码	5858588	局编账号	20005042005
合计金额	人民币: (大写)柒佰贰拾捌元陆角		人民币: (小写)¥728.60		
项目	污水排放费　728.60				

第二联 报销凭证

付款方式:划转　　收款员:王一来(手写无效)

业务 71

辽宁省增值税专用发票

发票联

2100081160　　No:00342789

开票日期:2017 年 12 月 19 日

购货单位	名称:辽宁华宇起重机有限公司 纳税人识别号:210703987654321 地址、电话:锦州市凌河区凌云路 255 号 开户行及账号:中国银行锦州分行凌南支行 021686822882537	密码区	2＊－＞7＋24567＞－48/1890　加密版本:01 ＞2＞6/8＜－77＊/12346＞16＋　210009998 ＊＜＊12＜＜98765－/4＞/8＜　00340059 15＊12－37＞8＊238/89＜＜＋＋				
货物或应税劳务名称	规格型号	单位	数量	单价	金额	税率	税额
账簿		本	60	4.50	￥270.00	17%	￥45.90
会计报表		套	30	1.50	￥45.00	17%	￥7.65
价税合计	(大写)叁佰陆拾捌元伍角伍分　(小写) ￥368.55						
销货单位	名称:锦州博澳特文化用品有限公司 纳税人识别号:210703192945355 地址、电话:锦州凌河区解放路 8 段 123 号 2158700 开户行及账号:建行凌河支行 025111000678877	备注	锦州博澳特文化用品有限公司 发票专用章 210703192945355				

收款人:　　复核:　　开票人:席莫大　　销货单位(章):

第三联:发票联 购货方记账凭证

辽宁省增值税专用发票

抵扣联

2100081160　　No:00342789

开票日期:2017 年 12 月 25 日

购货单位	名称:辽宁华宇起重机有限公司 纳税人识别号:210703987654321 地址、电话:锦州市凌河区凌云路 255 号 开户行及账号:中国银行锦州分行凌南支行 021686822882537	密码区	2＊－＞7＋24567＞－48/1890　加密版本:01 ＞2＞6/8＜－77＊/12346＞16＋　210009998 ＊＜＊12＜＜98765－/4＞/8＜　00340059 15＊12－37＞8＊238/89＜＜＋＋				
货物或应税劳务名称	规格型号	单位	数量	单价	金额	税率	税额
账簿		本	60	4.50	￥270.00	17%	￥45.90
会计报表		套	30	1.50	￥45.00	17%	￥7.65
价税合计	(大写)叁佰陆拾捌元伍角伍分　(小写) ￥368.55						
销货单位	名称:锦州博澳特文化用品有限公司 纳税人识别号:210703192945355 地址、电话:锦州凌河区解放路 8 段 123 号 2158700 开户行及账号:建行凌河支行 025111000678877	备注	锦州博澳特文化用品有限公司 发票专用章 210703192945355				

收款人:　　复核:　　开票人:席莫大　　销货单位(章):

第二联:抵扣联 购货方扣税凭证

业务 72

辽宁华宇起重机有限公司
职工生活困难补助申请单

<table>
<tr><td>部门</td><td>材料仓库</td><td>姓名</td><td>陆宏霞</td><td>本人工资收入</td><td>1 086.00</td><td>家庭其他人员收入</td><td>600.00</td></tr>
<tr><td rowspan="3">补助原因</td><td colspan="4" rowspan="3">丈夫病后在家休养，收入减少，另需支出医药费，造成生活困难。

现金付讫</td><td>补助性质</td><td colspan="2">定期　临时补助</td></tr>
<tr><td>申请金额</td><td colspan="2">人民币伍佰元整</td></tr>
<tr><td rowspan="2">代收据</td><td colspan="2" rowspan="2">今收到困难补助费人民币伍佰元整。
领款人(签字):陆宏霞
2017 年 12 月 19 日</td></tr>
<tr><td>部门意见</td><td colspan="2">建议临时补助伍佰元整。
余东
2017 年 12 月 17 日</td><td>厂工会意见</td><td>同意。
李三丽
2017 年 12 月 17 日</td></tr>
</table>

注:共 5 份，金额合计 2 500 元，其他 4 份略。

元旦慰问金支出表

2017 年 12 月 19 日

姓　名	支出项目	标　准	金　额	领款人签字
佟吉林	慰问金		300.00	佟吉林
李二丽	慰问金		300.00	李二丽
徐文革	慰问金		300.00	徐文革
地文豪	慰问金		300.00	地文豪
和　坤	慰问金		300.00	和　坤
林　在	慰问金		300.00	林　在
张　丰	慰问金		200.00	张　丰
白　研	慰问金		200.00	白　研
鲍庆川	慰问金		200.00	鲍庆川
江晓庆	慰问金		200.00	江晓庆
田　正	慰问金		200.00	田　正
朋光荣	慰问金		200.00	朋光荣
于运定	慰问金		200.00	于运定
于运宁	慰问金		100.00	于运宁
丛　珊	慰问金		100.00	丛　珊
刘　磊	慰问金		100.00	刘　磊
合　计		(大写)叁仟伍佰元整		￥3 500.00

审批:李三丽　　　　制表:关偃

业务 73

印花税票报销专用凭证 甲 NO. 11951085

购买单位:辽宁华宇起重机有限公司 地址:锦州市凌河区凌云路 255 号 2017 年 12 月 22 日

印花税票面值	单 位	数 量	税额								备 注
			十	万	千	百	十	元	角	分	
壹 角	枚										
贰 角											
伍 角											
壹 元											
伍 元											
拾 元											
伍拾元											
壹佰元											
合计人民币(大写)壹佰壹拾元整					¥	1	1	0	0	0	

第一联 收据联

锦州市地方税务局凌河分局 5号 征税专用章

经办单位: 经办人:李慧

中国银行 (辽)
转账支票存根
DS00275016
附加信息
出票日期:2017 年 12 月 22 日

收款人:锦州地税局
金 额:¥110.00
用 途:印花税票

单位主管 会计:王丽

业务 74

辽宁省地方税务统一发票

流水号:103394748　　　　2017年12月17日　　　　**221070870756**

付款单位(个人):锦州华宇起重机有限公司

Payer　　　　№10339478

企业所属行业 Kind of Business	服务业	税务登记号 Tax Registry No	210703987655431

项目	单位	数量	单价	金额
广告费		1	68 000.00	68 000.00
缴款方式:支票				
金额(大写):陆万捌仟元整				金额(小写)¥68 000.00

锦州有线电视台 广告部 财务专用章 210703111655600

第二联 报销凭证

收款单位 锦州有线电视台广告部　收款人　　开票人　　(手写无效)
Payee :　　Payee :　　Issued by :孙卫　　Hand-writing Invalid
(盖章有效):

中国银行 (辽)
转账支票存根
DS00275017

附加信息

出票日期:2017年12月23日

收款人:锦州有线电视台
金　额:¥68 000.00
用　途:广告费

单位主管　　会计:王丽

业务 75

中国银行 信汇凭证(收账通知) 4

委托日期:2017 年 12 月 23 日

<table>
<tr><td rowspan="3">汇款人</td><td>全 称</td><td>辽宁华宇起重机有限公司</td><td rowspan="3">收款人</td><td>全 称</td><td colspan="9">辽宁华宇起重机有限公司</td></tr>
<tr><td>账 号</td><td>09990090876(临时户)</td><td>账 号</td><td colspan="9">021686822882537</td></tr>
<tr><td>汇出地点</td><td>江苏省 南京 市/县</td><td>汇入地点</td><td colspan="9">辽宁省 锦州 市/县</td></tr>
<tr><td colspan="2">汇出行名称</td><td>中行江陵支行</td><td colspan="2">汇入行名称</td><td colspan="9">中行锦州分行凌南支行</td></tr>
<tr><td colspan="2" rowspan="2">借款金额</td><td colspan="3" rowspan="2">人民币
(大写):肆仟零壹拾元整</td><td>千</td><td>百</td><td>十</td><td>万</td><td>千</td><td>百</td><td>十</td><td>元</td><td>角</td><td>分</td></tr>
<tr><td></td><td></td><td></td><td>¥</td><td>4</td><td>0</td><td>1</td><td>0</td><td>0</td><td>0</td></tr>
<tr><td colspan="3" rowspan="2">中国银行锦州分行
凌南支行
★ 2017年12月23日 ★
业务清讫
(12)
汇入行签章</td><td colspan="2">支付密码</td><td colspan="9"></td></tr>
<tr><td colspan="11">附加信息及用途
外埠存款 退余款

复核 记账</td></tr>
</table>

此联是给收款人的收账通知

2017 年 12 月 23 日

付费账号:021686822882537

付费户名:辽宁华宇起重机有限公司

开户行:凌南支行

付费币种:人民币

合计实收金额(大写):人民币贰拾元整

合计实收金额(小写):RMB20.00

应收金额:RMB20.00

付费方式:转账

摘要(收费项目):电汇——异地跨行

收费

	实收金额	应收金额
1.	20.00	20.00
2.		
3.		
4.		
5.		

中国银行锦州分行
凌南支行
★ 2017年12月23日 ★
业务清讫
(12)

业务 76

CNC
中国网通

代码:221070540222
2017 年 12 月 24 日
NO.00969354

用户名称	辽宁华宇起重机有限公司	电话号码	5858588	局编账号	20005041997
合计金额	人民币:(大写)贰仟玖佰叁拾元伍角柒分		人民币:(小写)¥2 930.57		
项目	本地通话费 478.57 国内长话费 1 409.68 港澳台话费 272.43		国际长话费 720.51 基本月租费 18.00 增值业务费 6.00		

第二联 报销凭证

中行锦州凌南支行 2017.12.24 付讫

中国网通(集团)有限公司锦州分公司 2017.12.24 收费专用章

通话费周期:2017.11.24～2017.12.24 付款方式: 收款员:S0445(手写无效)

业务 77

中国银行

(流动资金借款)利息清单 00764245

币别:人民币 2017 年 12 月 24 日 流水号:

户名:辽宁华宇起重机有限公司			账号:021686822882537		
计息项目	起息日	结息日	本金(积数)	利 率	利 息
	2017—9—21	2017—12—21	150 743.75	8%	12 059.50
合计(大写)	人民币壹万贰仟零伍拾玖元伍角				12 059.50
上列借款利息,已照收你单位 021686822882537 账户划出			银行签章		

中行锦州凌南支行 2017.12.24 付讫

会计主管 授权 复核 录入

业务 78

财产物资盘盈盘亏报告单

类别:存货　　　　　　　　　　　　2017 年 12 月 10 日

名称	规格	单位	单价	账面数		清点数		盘盈		盘亏		备　注
				数量	金额	数量	金额	数量	金额	数量	金额	
铸铁件		千克	8	27 000		26 900				100	800	
钢质螺栓		套	14.80	6 020		6 000				20	346.32	含税
合计						×		×		×	¥1 146.32	
分析原因						审批意见:按公司《关于财产盘盈盘亏的处理意见》执行。						

第二联

单位(盖章)辽宁华宇起重机有限公司 财务专用章 2107039876543210　　财务科负责人:李国俊　　　　制表:李密

关于财产盘盈盘亏的处理意见

对于在财产清查中发现的盘盈盘亏问题,有关部门已经查明盘盈盘亏的原因,经公司研究,针对具体情况作出如下处理:

从江苏丰华公司购入的锻件入库时短缺 100 千克,系运输途中被盗,由运输部门负责赔偿,材料采购部门负责催要。

财产清查中盘亏的 100 千克铸铁件,系在仓库保管过程中遭雨淋而变质,由仓库保管员赔偿 50%的损失,其余转入管理费用。

盘亏的 20 套外购材料,属于收发计量差错,转入管理费用。

辽宁华宇起重机有限公司

2017 年 12 月 25 日

业务 79

辽宁省增值税专用发票

2100081160　　　　**No:**00342789

开票日期:2017 年 12 月 25 日

购货单位	名　　称:辽宁华宇起重机有限公司 纳税人识别号:210703987654321 地 址 、电 话:锦州市凌河区凌云路 255 号 开户行及账号:中国银行锦州分行凌南支行 021686822882537			密码区	2＊－>7+24567>－48/1890　加密版本:01 >2>6/8<－77＊/12346>16+　210009998 ＊<＊12<<98765－/4>/8<　00340059 15＊12－37>8＊238/89<<++		
货物或应税劳务名称	规格型号	单位	数量	单价	金额	税率	税额
水		吨	1 461.08	4.78	￥6 984.00	13%	￥907.92
价税合计	(大写)柒仟捌佰玖拾壹元玖角贰分				(小写) ￥7 891.92		
销货单位	名　　称:锦州华明能源有限公司 纳税人识别号:210703192945367 地 址 、电 话:锦州市凌河区解放路 8 段 158 号 2158799 开户行及账号:建行凌河支行 025111000678898			备注	发票专用章		

第三联：发票联　购货方记账凭证

收款人:　　　复核:　　　开票人:王玉欣

辽宁省增值税专用发票

2100081160　　　　**No:**00342789

开票日期:2017 年 12 月 25 日

购货单位	名　　称:辽宁华宇起重机有限公司 纳税人识别号:210703987654321 地 址 、电 话:锦州市凌河区凌云路 255 号 开户行及账号:中国银行锦州分行凌南支行 021686822882537			密码区	2＊－>7+24567>－48/1890　加密版本:01 >2>6/8<－77＊/12346>16+　210009998 ＊<＊12<<98765－/4>/8<　00340059 15＊12－37>8＊238/89<<++		
货物或应税劳务名称	规格型号	单位	数量	单价	金额	税率	税额
水		吨	1 461.08	4.78	￥6 984.00	13%	￥907.92
价税合计	(大写)柒仟捌佰玖拾壹元玖角贰分				(小写) ￥7 891.92		
销货单位	名　　称:锦州华明能源有限公司 纳税人识别号:210703192945367 地 址 、电 话:锦州市凌河区解放路 8 段 158 号 2158799 开户行及账号:建行凌河支行 025111000678898			备注	发票专用章		

第二联：抵扣联　购货方扣税凭证

收款人:　　　复核:　　　开票人:王玉欣

辽宁省增值税专用发票

发票联

2100081160　　　　No:00342790

开票日期:2017 年 12 月 25 日

<table>
<tr><td>购货单位</td><td colspan="4">名　　称:辽宁华宇起重机有限公司
纳税人识别号:210703987654321
地 址 、电 话:锦州市凌河区凌云路 255 号
开户行及账号:中国银行锦州分行凌南支行
021686822882537</td><td>密码区</td><td colspan="3">2*—>7+24567>—48/1890　加密版本:01
>2>6/8<—77*/12346>16+　210009998
*<*12<<98765—/4>/8<　00340059
15*12—37>8*238/89<<++</td></tr>
<tr><td colspan="2">货物或应税劳务名称</td><td>规格型号</td><td>单 位</td><td>数 量</td><td>单 价</td><td>金　额</td><td>税 率</td><td>税额</td></tr>
<tr><td colspan="2">电</td><td></td><td>度</td><td>11 250</td><td>0.68</td><td>¥7 650.00</td><td>17%</td><td>¥1 300.50</td></tr>
<tr><td colspan="2">价税合计</td><td colspan="7">(大写)捌仟玖佰伍拾元零伍角　　　　(小写)¥8 950.50</td></tr>
<tr><td>销货单位</td><td colspan="4">名　　称:锦州华明能源有限公司
纳税人识别号:210703192945367
地 址 、电 话:锦州凌河区解放路 8 段 158 号
2158799
开户行及账号:建行凌河支行 025111000678898</td><td>备注</td><td colspan="3">锦州博澳特文化用品有限公司
发票专用章
210703192945355</td></tr>
</table>

收款人:　　　复核:　　　开票人:王玉欣　　　销货单位(章):

第三联:发票联 购货方记账凭证

辽宁省增值税专用发票

抵扣联

2100081160　　　　No:00342790

开票日期:2017 年 12 月 25 日

<table>
<tr><td>购货单位</td><td colspan="4">名　　称:辽宁华宇起重机有限公司
纳税人识别号:210703987654321
地 址 、电 话:锦州市凌河区凌云路 255 号
开户行及账号:中国银行锦州分行凌南支行
021686822882537</td><td>密码区</td><td colspan="3">2*—>7+24567>—48/1890　加密版本:01
>2>6/8<—77*/12346>16+　210009998
*<*12<<98765—/4>/8<　00340059
15*12—37>8*238/89<<++</td></tr>
<tr><td colspan="2">货物或应税劳务名称</td><td>规格型号</td><td>单 位</td><td>数 量</td><td>单 价</td><td>金　额</td><td>税 率</td><td>税额</td></tr>
<tr><td colspan="2">电</td><td></td><td>度</td><td>11 250</td><td>0.68</td><td>¥7 650.00</td><td>17%</td><td>¥1 300.50</td></tr>
<tr><td colspan="2">价税合计</td><td colspan="7">(大写)捌仟玖佰伍拾元零伍角　　　　(小写)¥8 950.50</td></tr>
<tr><td>销货单位</td><td colspan="4">名　　称:锦州华明能源有限公司
纳税人识别号:210703192945367
地 址 、电 话:锦州凌河区解放路 8 段 158 号
2158799
开户行及账号:建行凌河支行 025111000678898</td><td>备注</td><td colspan="3">锦州博澳特文化用品有限公司
发票专用章
210703192945355</td></tr>
</table>

收款人:　　　复核:　　　开票人:王玉欣　　　销货单位(章):

第二联:抵扣联 购货方扣税凭证

中国银行
转账支票存根 （辽）
DS00275018

附加信息

出票日期:2017年12月日

收款人:华明能源有限公司
金 额:¥7 891.92
用 途:水费

单位主管 会计:王丽

中国银行
转账支票存根 （辽）
DS00275019

附加信息

出票日期:2017年12月25日

收款人:华明能源有限公司
金 额:¥8 950.50
用 途:电费

单位主管 会计:王丽

业务 80

中国银行

（存款）利息清单　　00764609

币别：人民币　　2017 年 12 月 26 日　　流水号：

户名：辽宁华宇起重机有限公司			账号：021686822882537		
计息项目	起息日	结息日	本金（积数）	利率	利息
	2017－9－21	2017－12－21	15 402 000.00	0.3%	4 620.60
合　计	（大写）人民币肆仟陆佰贰拾元零陆角				4 620.60
上列存款利息，已照收你单位 021686822882537 账户			银行签章　中行锦州凌南支行 2017.12.26 收讫		

会计主管　　授权　　复核　　录入

业务 81

辽宁省锦州市餐饮娱乐服务业统一发票

发　票　联

发票代码：221070875311

发票号码：01244886

税务登记号：210702120615236

客户：辽宁华宇起重机有限公司

2017－12－26

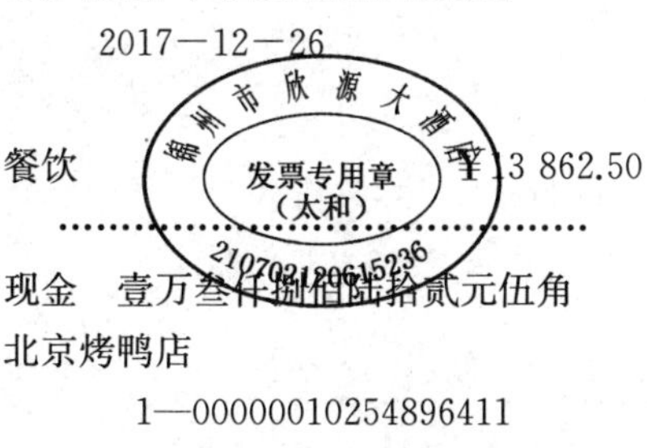

餐饮　　￥13 862.50

现金　壹万叁仟捌佰陆拾贰元伍角

北京烤鸭店

1—00000010254896411

非机器打印及无发票专用章无效

中国银行（辽）

转账支票存根

DS00275020

附加信息

出票日期：2017 年 12 月 26 日

收款人：锦州市欣源大酒店
金　额：¥13 862.50
用　途：餐费

单位主管　　会计：王丽

业务 82

中华人民共和国

税收通用缴款书

地　系统税票号码：210703987654334

隶属关系：街　　(2009)辽地缴电

注册类型：私营有限公司　填发日期：2017 年 12 月 29 日　征收机关：锦州市地方税务局凌河分局

缴款单位(人)	代　码	210703987654321	收缴国库	编码	06070500
	全　称	辽宁华宇起重机有限公司		名称	国库凌河区支库
	开户银行	中国银行锦州分行凌南支行	限缴日期		2017 年 12 月 20 日
	账　号	021686822882537			

税(费)种	品目名称	所属时间	预算科目	预算级次	实缴金额
营业税	制造	20171201—20171231	1010304 一般营业税	省 30%市 70%	¥2 500.00
滞纳金					¥135.00
金额合计	(大写)贰仟陆佰叁拾伍元整				¥2 635.00

缴款单位(人)(盖章) 经办人(章)	税务机关(盖章) 填票人(章)	上列款项已收妥并划转收款单位账户 国库(银行)盖章　年　月　日	备注：

第二联(付款凭证)缴款单位(人)的支付凭证，开户银行作借方凭证

微机用票　　手写无效　　　逾期不缴按税法规定加收滞纳金

业务 83

中国银行 收费凭证(付出传票)

币别:人民币 2017 年 12 月 29 日 流水号:210670801115364201

<table>
<tr><td colspan="2">付款人:辽宁华宇起重机有限公司</td><td colspan="3">账号:021686822882537</td><td>信汇笔数 电汇笔数
异地托收信用证 笔数(邮)
(电)</td></tr>
<tr><td>项目名称</td><td>笔数</td><td>工本费</td><td>邮电费</td><td>手续费</td><td rowspan="4">中行锦州凌南支行
2017.12.29
转讫
收款银行盖章
年 月 日</td></tr>
<tr><td></td><td></td><td></td><td>12.00</td><td>204.50</td></tr>
<tr><td></td><td></td><td></td><td></td><td></td></tr>
<tr><td>合计
金额</td><td colspan="4">人民币
(大写)贰佰壹拾陆元伍角 ¥216.50</td></tr>
</table>

业务 84

无形资产摊销计算表

2017 年 12 月 30 日

项　目	原　值	摊销期限(年)	本月摊销金额

注:本月无形资产有商标权(10 年)、专利权(10 年)和非专利技术(20 年)共 3 项,其中,非专利技术已于本月将其使用权转让,另外两项均为本企业管理部门自用。

业务 85

费用摊销计算表

2017 年 12 月 30 日

部门或用途	财产保险费	机动车辆保险费	报刊费	合 计
第一车间	340.30			340.30
第二车间	331.70			331.70
机修车间	156.20			156.20
供电车间	280.50			280.50
行政管理部门	612.30	570.84	351.22	1 534.36
合 计	1 721.00	570.84	351.22	2 643.06

业务 86

产 品 入 库 单

编号:17—1202　　2017 年 12 月 30 日

货号	品 名	规格型号	数量	生产日期	生产车间	检验单号
10101	汽车起重机	GF12	7	12 月 1 日	第二车间	√
10201	旋臂起重机	LN 型	11	12 月 1 日	第一车间	√

入库人:范成　兰桂　　复核人:王兰　　库管员:韩筇

业务 87

记账特殊附件

中国新能源股份有限公司股东大会决议公告于 2017 年 12 月 27 日公布分红派息公告。截至 2017 年 6 月 30 日,公司上半年实现净利润 200 万元,向全体股东每 10 股派现金红利 5.00 元。红利发放日:2018 年 1 月 2 日。

辽宁华宇起重机有限公司 财务专用章 210703987654321

会计主管:李国俊

业务 88

外购水费分配表

2017 年 12 月 31 日　　　　金额单位:元

部门及用途		耗水量(吨)	分配率(单价)	分配金额
基本车间	第一车间			
	第二车间			
辅助车间	供电车间			
	机修车间			
管理部门				
销售部门				
在建工程——冷却塔				
合　计				

业务 89

原材料成本差异率计算表

2017 年 12 月 31 日　　　　金额单位:元

类　别	月初结存		本月收入		合　计		成本差异率
	计划成本	成本差异	计划成本	成本差异	计划成本	成本差异	
铸铁件							
铸铜件							
锻件							
燃料							
合　计							

业务 90

原材料发出汇总表

2017 年 12 月 31 日

金额单位:元

原材料类别 / 部门及用途		计划成本								计划成本合计	差异额（差异率+2%）	实际成本	实际成本								实际成本合计
		原料及主要材料						燃料					外购材料								
		铸铁件		铸铜件		锻件							液压件		电器元件		螺栓		油漆		
		数量	金额	数量	金额	数量	金额	数量	金额				数量	金额	数量	金额	数量	金额	数量	金额	
第一车间	生产																				
	一般																				
第二车间	生产																				
	一般																				
供电车间																					
机修车间																					
管理部门																					
销售部门																					
冷却塔工程																					
合　计																					

业务 91

财产物资盘盈盘亏报告单

类别:存货　　　　2017 年 12 月 10 日

名称	规格	单位	单价	账面数		清点数		盘盈		盘亏		备注
				数量	金额	数量	金额	数量	金额	数量	金额	
铸铁件		千克	8	27 000		26 900				100	800	
钢质螺栓		套	14.80	6 020		6 000				20	346.32	含税
合计				×		×		×		×	¥1 146.32	
分析原因:							审批意见:按公司《关于财产盘盈盘亏的处理意见》执行。					

第二联

辽宁华宇起重机有限公司 财务专用章 210703987654321

单位(盖章)　　　财务科负责人:李国俊　　　制表:李密

此财产物资盘盈盘亏报告单为复制件,原件为 12 月 25 日第 78 号凭证。

盘亏原材料成本差异分配表

2017 年 12 月 31 日

盘亏材料种类	计划成本	成本差异率	成本差异额
合　计			

业务 92

低值易耗品发出汇总表

2017 年 12 月 31 日　　　　金额单位:元

部门及用途	压力表		电动机		工作服		成本合计
	数量	金额	数量	金额	数量	金额	
第一车间							
第二车间							
机修车间							
供电车间							
管理部门							
销售部门							
合　计							

业务 93

固定资产折旧费计算表

2017 年 12 月 31 日　　　　金额单位:元

使用部门	固定资产项目	上月折旧额	上月增加固定资产		上月减少固定资产		本月折旧额	费用分配
			原值	月折旧额	原值	月折旧额		
第一车间	房屋建筑物	8 400						制造费用——一车间
	机器设备	7 600	180 000	1 440				
	管理设备	3 000						
	小计	19 000						
第二车间	房屋建筑物	9 200						制造费用——二车间
	机器设备	8 600						
	管理设备	2 150			98 000	1 568		
	小计	19 950						
供电车间	房屋建筑物	9 500						辅助生产成本——供电车间
	机器设备	5 300			35 000	280		
	小计	14 800						
机修车间	房屋建筑物	5 180						辅助生产成本——机修车间
	机器设备	2 900						
	小计	8 080						
行政管理部门	房屋建筑物	6 400						管理费用
	办公设备	3 300	30 000	480				
	运输工具	5 600						
	小计	15 300						
销售部门	房屋建筑物	4 200						销售费用
	办公设备	3 080						
	小计	7 280						
合　计								

业务 94

工资及福利费用分配表

2017 年 12 月 31 日　　　　金额单位:元

应借科目		应付工资	应付福利费（比例 2%）	合　计
总账科目	明细科目	分配工资额		
基本生产成本	一车间			
	二车间			
	小计			
辅助生产成本	机修车间			
	供电车间			
制造费用	一车间			
	二车间			
管理费用	人工费			
销售费用	工资福利费			
冷却塔工程	工资福利费			
合　计				

业务 95

各项保险费、公积金、经费计算表

2017 年 12 月　　人数:110　　单位:元

部门		各项保险费、公积金计提数(按上年月平均工资计提,上年月平均工资总额为 345 020 元)				上年月平均工资	本月应付工资	各项经费计提数(按本月工资计提,本月工资总额为 344 900 元)			总计
		养老保险	医疗保险	失业保险	住房公积金			工会经费	教育经费	合计	
第一车间	生产工人					77 020.00	77 000.00				
	管理人员					11 005.00	11 000.00				
第二车间	生产工人					81 006.00	81 000.00				
	管理人员					8 900.00	8 900.00				
供电车间						20 010.00	20 000.00				
机修车间						22 009.00	22 000.00				
管理部门						90 050.00	90 000.00				
销售部门						21 000.00	21 000.00				
在建工程						14 020.00	14 000.00				
合　计						345 020.00	344 900.00				

业务 96

包装物发出汇总表

2017 年 12 月 31 日　　金额单位:元

用　途	包装箱			会计科目
	数量	单位成本	金额	
出售(单独计价)				
出借(五五摊销)				
合　计				

业务 97

外购电费分配表

2017 年 12 月 31 日　　金额单位:元

耗用部门	数量(度)	单位成本	金额	会计科目
合　计				

业务 98

辅助生产费用分配表

2017 年 12 月 31 日　　　　金额单位:元

项　目		供电车间	机修车间	合　计
待分配辅助生产费用(元)				
供应辅助生产以外的劳务数量				
单位成本(分配率)				
基本生产成本——一车间	耗用数量			
	分配金额			
基本生产成本——二车间	耗用数量			
	分配金额			
制造费用——一车间	耗用数量			
	分配金额			
制造费用——二车间	耗用数量			
	分配金额			
行政管理部门	耗用数量			
	分配金额			
销售部门	耗用数量			
	分配金额			
冷却塔工程	耗用数量			
	分配金额			
合　计				

业务 99

第一车间制造费用分配表

2017 年 12 月 31 日　　　　金额单位:元

分配对象	会计科目	金　额

第二车间制造费用分配表

2017 年 12 月 31 日　　　　金额单位:元

分配对象	会计科目	金　额

业务 100

第一车间产品成本计算单

产品名称:LN 型旋臂起重机　　2017 年 12 月 31 日　　金额单位:元

本月投产:20 台　　月初在产:2 台　　月末在产:3 台　　本月完工:19 台

摘　要		原材料	直接动力	直接人工	制造费用	成本合计
月初在产品成本						
本月生产费用						
生产费用合计						
约当产量						
完工产品成本	单位成本					
	总成本					
月末在产品成本						

注:月末在产品完工率均为 50%。

第二车间产品成本计算单

产品名称:GF12 汽车起重机　　2017 年 12 月 31 日　　金额单位:元

本月投产:8 台　　月初在产:3 台　　月末在产:1 台　　本月完工:10 台

摘　要		原材料	直接动力	直接人工	制造费用	成本合计
月初在产品成本 本月生产费用						
生产费用合计						
约当产量						
完工产品成本	单位成本					
	总成本					
月末在产品成本						

注:月末在产品完工率均为 50%。

业务 101

银行贷款(短期)应计利息计算表

2017 年 12 月 31 日　　金额单位:元

贷款种类	贷款金额	贷款期限	计息时间	贷款利率(年)	应计利息
合　计					

注:月末短期借款共 1 笔,是流动资金借款,本月借入,3 个月到期,利率为 8%。

业务 102

长期借款利息费用计算表

2017 年 12 月 31 日

金额单位:元

借款项目	金额	利率	借款期限(年)	计息期限	月利息金额	借款日期
合 计						

注:月末长期借款共两笔,一笔是一号生产线借款,2013 年 10 月借入,2018 年 10 月到期,利率为 6%,该工程已经完工;另一笔是本月借入的高频设备改造借款,利率为 8%,该工程尚未开始。

业务 103

辽宁华宇起重机有限公司

产 品 出 库 单

编号:1015

2017 年 12 月 31 日

货 号	购货单位	品 名	规格型号	数量	单位	结算方式	
						合同	现款
10101	杭州新民重型机械销售公司	汽车起重机	GF12	5	台	√	
10201	同上	旋臂起重机	LN 型	10	台		

销售员:范立杰　　　　库管员:韩筇

业务 104

鞍山市中级人民法院

通知书

(2017)鞍经破字第 012 号

辽宁华宇起重机有限公司:

本院根据债权人(或债务人)的申请,已于 2017 年 12 月 25 日作出裁定,宣告鞍山益达公司破产。你单位作为该破产企业的债权人,应在收到本通知之日起一个月内向本院申报债权,说明债权的数额和有无财产担保情况,并提交有关证明材料。逾期未申报的,视为放弃债权。望认真填报本通知所附的法定代表人身份证明书、委托代理人授权书和债权申报书。

本院定于二〇一八年二月一日上午九时在鞍山市财政局五楼会议室召开第一次债权人会议,望准时参加。

本院通信地址:鞍山市兴国路二段 35 号　　邮政编码:114001

联系人:吴金鼎　　　　联系电话:0412-2145678

特此通知

鞍山市中级人民法院

2017 年 12 月 30 日

坏账损失审批表

债务单位(债务人)	应收账款总额	坏账损失金额	发生时间
鞍山益达有限公司		50 000.00	2017 年 12 月
合　计		50 000.00	
损失原因	法院已宣告破产		
财务部门意见： 同意注销 李国俊 2017 年 12 月 31 日		管理部门意见： 无法收回 吴用绍 2017 年 12 月 31 日	

业务 105

坏账准备计算表

2017 年 12 月 31 日

应收账款余额	计提比例	计提后坏账准备余额	计提前坏账准备余额	应计提金额

业务 106

固定资产减值准备计提表

2017 年 12 月 31 日

资产名称	数量	原值	已提折旧	已提减值准备	账面价值	预计可收回额	计提减值准备
切割成型机	1	345 780	218 540	0	127 240	79 940	48 300
合　计							48 300
减值原因	设备工艺技术落后，现已不再生产，目前该设备市场价格不到 8 万元。						
财务部门意见： 同意 李国俊 2017 年 12 月 31 日				管理部门意见： 同意 阚闻博 2017 年 12 月 31 日			

业务 107

存货跌价准备计提表

2017 年 12 月 31 日

商品	数量	成本(元)		可变现净值(元)		按存货类别确定的账面价值(元)	由此计提的存货跌价准备(元)
		单价	总额	单价	总额		
第一组原料及主要材料							
铸铁件	10 488.91	8.160	85 589.51	10.00	104 889.10		
铸铜件	7 849.79	20.40	160 135.72	21.50	168 770.49		
锻件	1 082.59	10.20	11 042.42	10.00	10 825.90		
煤	121.00	367.20	44 431.20	380.00	45 980.00		
合　计			301 198.85		330 465.49	301 198.85	0
第二组外购材料							
螺栓	2 200	15	33 000.00	15	33 000.00		
液压件	5	3 407.424	17 037.12	3 407.424	17 037.12		
电器元件	108	1 126.89	121 704.00	987.77	106 679.22		
油漆	150	2.13	320.22	2.30	345.00		
合　计			172 061.34		157 061.34	157 061.34	15 000.00
第三组库存商品							
GF12 汽车起重机	5	82 200.00	411 000.00	82 991.19	401 000.00		
LN 型旋臂起重机	11	38 632.35	314 955.85	38 632.35	314 955.85		
合　计			725 955.85		715 955.85	715 955.85	10 000.00
总　计							25 000.00

业务 108

交易性金融资产账面余额和公允价值表

2017 年 12 月 31 日

交易性金融资产项目	调整前账面余额	期末公允价值	公允价值变动损益	调整后账面余额
合　计				

注:年末交易性金融资产为长江电力股票(共 50 000 股),其本年末公允价值为每股 11.8 元。

业务 109

长期股权投资减值准备计提表

2017 年 12 月 31 日　　单位:元

股票(债券)名称	数量	账面余额	已提减值准备	账面价值	预计可收回额	计提减值准备
深华股票	1	345 780	0	765 600	700 000	65 600
合　计						65 600
减值原因	公司内部经营出现严重问题,导致股票价格持续下跌,在短期内无好转迹象。					
财务部门意见: 同意 李国俊 2017 年 12 月 31 日			管理部门意见: 同意 王士夫 2017 年 12 月 31 日			

业务 110

委托代销商品清单

2017 年 12 月 31 日　　编号

商品名称	规格	单位	数量	单价	金额	税金	购货单位
挖掘机	W2 型	台	5	25 000	125 000	21 250	杭州新民公司
合计金额	人民币(大写)壹拾肆万陆仟贰佰伍拾元整						¥146 250.00
代销费用	人民币(大写)壹万贰仟伍佰元整						¥12 500.00
应付代销商品款金额		112 500		应付税金	21 250	应付总额	133 750
受托单位	辽宁华宇起重机有限公司			税务登记号码	210703987654321		
委托单位	锦州矿山机械厂			税务登记号码	210703987654123		

负责人:　　　　经手人:

辽宁增值税专用发票

发票联

2100081160　　　　N0.00340321

开票日期:2017 年 12 月 31 日

购货单位	名　　称:辽宁华宇起重机有限公司 纳税人识别号:210703987654321 地 址 、电 话:锦州市凌河区凌云路 255 号 开户行及账号:凌南支行　021686822882537			密码区	2＊—〉7+24567〉—48/1890　加密版本:01 〉2〉6/8〈—77＊/12346〉16+　210009998 ＊〈＊12〈〈98765—/4〉/8〈　00340059 15＊12—37〉8＊238/89〈〈++		
货物或应税劳务名称	规格型号	单 位	数 量	单 价	金　额	税 率	税额
挖掘机	W2 型	台	5	25 000.00	￥125 000.00	17%	￥21 250.00
价税合计	(大写)壹拾肆万陆仟贰佰伍拾元整　　(小写)￥146 250.00						
销货单位	名　　称:锦州矿山机械厂 纳税人识别号:210703987654123 地 址 、电 话:锦州市解放路六段 75 号 开户行及账号:解放路支行 021676733552534			备注			

收款人:　　　复核:　　　开票人:哲正　　　销货单位(章):

第三联:发票联　购货方记账凭证

辽宁增值税专用发票

抵扣联

2100081160　　　　N0.00340321

开票日期:2017 年 12 月 31 日

购货单位	名　　称:辽宁华宇起重机有限公司 纳税人识别号:210703987654321 地 址 、电 话:锦州市凌河区凌云路 255 号 开户行及账号:凌南支行　021686822882537			密码区	2＊—〉7+24567〉—48/1890　加密版本:01 〉2〉6/8〈—77＊/12346〉16+　210009998 ＊〈＊12〈〈98765—/4〉/8〈　00340059 15＊12—37〉8＊238/89〈〈++		
货物或应税劳务名称	规格型号	单 位	数 量	单 价	金　额	税 率	税额
挖掘机	W2 型	台	5	25 000.00	￥125 000.00	17%	￥21 250.00
价税合计	(大写)壹拾肆万陆仟贰佰伍拾元整　　(小写)￥146 250.00						
销货单位	名　　称:锦州矿山机械厂 纳税人识别号:210703987654123 地 址 、电 话:锦州市解放路六段 75 号 开户行及账号:解放路支行 021676733552534			备注			

收款人:　　　复核:　　　开票人:哲正　　　销货单位(章):

第二联:抵扣联　购货方扣税凭证

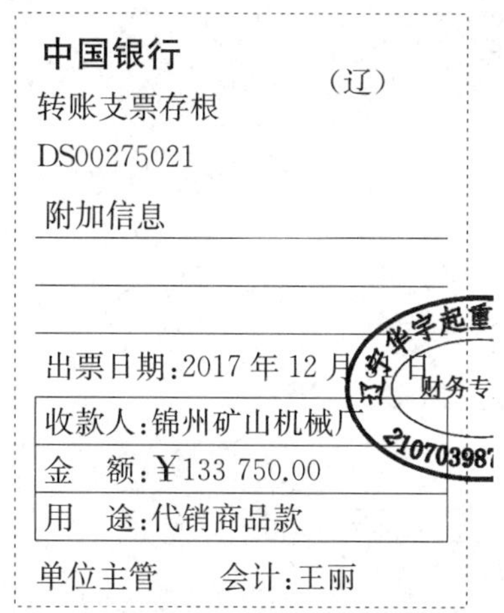

中国银行 （辽）

转账支票存根

DS00275021

附加信息

出票日期:2017 年 12 月 [illegible] 日

收款人:锦州矿山机械厂
金　额:¥133 750.00
用　途:代销商品款

单位主管　　会计:王丽

业务 111

财产物资盘盈盘亏报告单

类别:固定资产　　　　2017 年 12 月 10 日

名称	规格	单位	单价	账面数		清点数		盘盈		盘亏		备注
				数量	金额	数量	金额	数量	金额	数量	金额	
电钻		台	3 000	2	6 000	4	12 000	2	5 400			9 成新
合　计				×		×		×	¥5 400	×		
分析原因:漏记						审批意见:转营业外收入　　2009.12.31						

第二联

单位(盖章)　　财务科负责人:李国俊　　制表:李密

业务 112

开具红字增值税普通发票证明单

销售方单位名称	辽宁华宇起重机有限公司		销售方税务登记号码		210703987654321
购买方单位名称	广州茂源有限公司		购买方税务登记号码		870000192945200
开具红字增值税普通发票内容	货物(劳务)名称	单价	数量	销售额	对应蓝字发票代码—号码
	LN 旋臂起重机	50 000	1	50 000.00	00340002
	合　计	—	—	50 000.00	—
开具红字增值税普通发票理由 质量未达到要求					

第二联销售方留存

申明:我单位提供的证明单的内容真实,否则将承担相关法律责任。

经办人:王一　　　　主管税务机关

单位名称(印章)　　　　审核盖章

2017 年 12 月 31 日　　　　2017 年 12 月 31 日

辽宁省增值税专用发票

记账联

2100081160　　　　　　　　　　　　　　　　N0.00340008

开票日期:2017年12月31日

<table>
<tr><td rowspan="1">购货单位</td><td colspan="3">名　　称:广州茂源有限公司
纳税人识别号:870000192945200
地 址 、电 话:广州市黄花岗区188号　21375533
开户行及账号:工行黄花岗分行240477004113476</td><td>密码区</td><td colspan="4">2*－>7+24567>－48/1890　加密版本:01
>2>6/8<－77*/12346>16+　210009998
*<*12<<98765－/4>/8<　00340059
15*12－37>8*238/89<<++</td></tr>
<tr><td colspan="2">货物或应税劳务名称</td><td>规格型号</td><td>单位</td><td>数量</td><td>单价</td><td>金额</td><td>税率</td><td>税额</td></tr>
<tr><td colspan="2">旋臂起重机</td><td>LN型</td><td>台</td><td>1</td><td>50 000.00
(红字)</td><td>¥50 000.00
(红字)</td><td>17%</td><td>¥8 500.00
(红字)</td></tr>
<tr><td colspan="2">价税合计</td><td colspan="5">(大写)伍万捌仟伍佰元整(红字)</td><td colspan="2">(小写)¥58 500.00(红字)</td></tr>
<tr><td>销货单位</td><td colspan="3">名　　称:辽宁华宇起重机有限公司
纳税人识别号:210703987654321
地 址 、电 话:锦州市凌河区凌云路255号
开户行及账号:中国银行锦州分行凌南支行
021686822882537</td><td>备注</td><td colspan="4">辽宁华宇起重机有限公司
财务专用章
210703987654321</td></tr>
</table>

第四联：记账联　销货方记账凭证

收款人：　　复核：　　开票人:王　　销货单位(章)：

中国银行　电汇凭证(回单)　　1

□普通　□加急　　　委托日期:2017年12月31日

<table>
<tr><td rowspan="3">汇款人</td><td>全　称</td><td>辽宁华宇起重机有限公司</td><td rowspan="3">收款人</td><td>全　称</td><td colspan="10">广州茂源有限公司</td></tr>
<tr><td>账　号</td><td>21686822882537</td><td>账　号</td><td colspan="10">21686822882537</td></tr>
<tr><td>汇出地点</td><td>辽宁省锦州市/县</td><td>汇入地点</td><td colspan="10">广东省广州 市/县</td></tr>
<tr><td colspan="2">汇出行名称</td><td>中行锦州分行凌南支行</td><td colspan="2">汇入行名称</td><td colspan="10">工行大连分行甘井子支行</td></tr>
<tr><td rowspan="2">金额</td><td colspan="4" rowspan="2">人民币
(大写)伍万捌仟伍佰元整</td><td>千</td><td>百</td><td>十</td><td>万</td><td>千</td><td>百</td><td>十</td><td>元</td><td>角</td><td>分</td></tr>
<tr><td></td><td></td><td>¥</td><td>5</td><td>8</td><td>5</td><td>0</td><td>0</td><td>0</td><td>0</td></tr>
<tr><td colspan="3" rowspan="2">中国银行锦州分行
凌南支行
★2017年12月8日★
业务清讫
(12)
汇出行签章</td><td colspan="2">支付密码</td><td colspan="10"></td></tr>
<tr><td colspan="12">附加信息及用途：

复核　　记账</td></tr>
</table>

此联汇出行给汇票人的回单

辽宁华宇起重机有限公司

产品出库单

编号:1015　　　　2017 年 12 月 31 日

货号	购货单位	品名	规格型号	数量	单位	结算方式	
						合同	现款
10201	广州茂源有限公司	旋臂起重机	LN 型	1(红字)	台	退库	

销售员:范立杰　　　　库管员:韩�

业务 113

中国银行　进账单(回单)　　1

2017 年 12 月 31 日

付款人	全　称	鞍山通达有限公司	收款人	全　称	辽宁华宇起重机有限公司
	账　号	348760045612009		账　号	021686822882537
	开户银行	中行鞍山分行		开户银行	中行锦州分行凌南支行

人民币(大写)捌拾壹万玖仟元整

百	十	万	千	百	十	元	角	分
¥	8	1	9	0	0	0	0	0

票据种类	银行汇票	票据张数	
票据号码			

复核　　记账　　　　中行锦州凌南支行 201×.12.31 收讫　　开户银行签章

此联是开户银行交给持票人的回单

中国银行　进账单(收账通知)　　3

2017 年 12 月 31 日

付款人	全　称	鞍山通达有限公司	收款人	全　称	辽宁华宇起重机有限公司
	账　号	348760045612009		账　号	021686822882537
	开户银行	锦州商业银行桥南分行		开户银行	中行锦州分行凌南支行

人民币(大写)捌拾壹万玖仟元整

百	十	万	千	百	十	元	角	分
¥	8	1	9	0	0	0	0	0

票据种类	银行汇票	票据张数	
票据号码			

复核　　记账　　　　中行锦州凌南支行 201×.12.31 收讫　　收款人开户银行签章

此联是开户银行交给收款人的收账通知

辽宁增值税专用发票

记账联

2100081160　　　　　　　　　　N0.00340009

开票日期：2017 年 12 月 31 日

<table>
<tr><td rowspan="4">购货单位</td><td colspan="4">名　　　称：鞍山通达有限公司</td><td rowspan="4">密码区</td><td colspan="3">2＊—〉7＋24567〉—48/1890　加密版本：01</td></tr>
<tr><td colspan="4">纳税人识别号：210201987784321</td><td colspan="3">〉2〉6/8〈—77＊/12346〉16＋　210009998</td></tr>
<tr><td colspan="4">地 址 、电 话：鞍山市兴业路 77 号　21333766</td><td colspan="3">＊〈＊12〈〈98765—/4〉/8〈　00340059</td></tr>
<tr><td colspan="4">开户行及账号：中行鞍山分行 348760045612009</td><td colspan="3">15＊12—37〉8＊238/89〈〈＋＋</td></tr>
<tr><td colspan="2">货物或应税劳务名称</td><td>规格型号</td><td>单 位</td><td>数 量</td><td>单 价</td><td>金　额</td><td>税 率</td><td>税额</td></tr>
<tr><td colspan="2">旋臂起重机</td><td>LN 型</td><td>台</td><td>10</td><td>50 000.00</td><td>￥500 000.00</td><td>17%</td><td>￥85 000.00</td></tr>
<tr><td colspan="2">汽车起重机</td><td>GF12</td><td>台</td><td>2</td><td>100 000.00</td><td>￥200 000.00</td><td>17%</td><td>￥34 000.00</td></tr>
<tr><td colspan="2">价税合计</td><td colspan="5">（大写）捌拾壹万玖仟元整</td><td colspan="2">（小写）￥819 000.00</td></tr>
<tr><td rowspan="5">销货单位</td><td colspan="4">名　　　称：辽宁华宇起重机有限公司</td><td rowspan="5">备注</td><td colspan="3" rowspan="5">辽宁华宇起重机有限公司
财务专用章
210703987654321</td></tr>
<tr><td colspan="4">纳税人识别号：210703987654321</td></tr>
<tr><td colspan="4">地 址 、电 话：锦州市凌河区凌云路 255 号</td></tr>
<tr><td colspan="4">开　　户　　行：中国银行锦州分行凌南支行</td></tr>
<tr><td colspan="4">账　　　　　号：021686822882537</td></tr>
</table>

第四联：记账联　销货方记账凭证

收款人：　　　　复核：　　　　开票人：王　　　　销货单位（章）：

辽宁华宇起重机有限公司

产品出库单

编号：1016　　　　2017 年 12 月 31 日

货号	购货单位	品名	规格型号	数量	单位	结算方式	
						合同	现款
10101	鞍山益达公司	汽车起重机	GF12	2	台		√
10201	同上	旋臂起重机	LN 型	10	台		√

销售员：范立杰　　　　　　　　库管员：韩筇

业务 114

本月产品销售成本计算表

2017 年 12 月

项 目	LN 型旋臂起重机			GF12 汽车起重机			成本合计（元）
	数量(台)	单位成本	金额	数量(台)	单位成本	金额	
月初结存							
本月入库							
合 计							
平均单位成本							
本月销售							
工程领用							

业务 115

冷却塔工程成本计算表

2017 年 12 月 31 日　　单位:元

工程耗用项目	成本金额
工程物资	
外购水费	
工程费	
材料	
职工薪酬	
供电车间电费	
自产产品	
合 计	

固定资产竣工(验收)单

2017 年 12 月 31 日　　单位:元

固定资产编号	名称	规格	型号	计量单位	数量	建造单位	建造编号	资金来源	附属技术资料
220－3	冷却塔			座	1			自有	
总价(净值)	土建工程费	设备费	安装费	运杂费	包装费	其他	合计	预计年限	净残值率
	17 000	82 200				112 948.2	212 148.2	10	0%
备注:	自建					原值	212 148.2	已提折旧	0
验收意见	合格,交付使用		验收人签章	李二磊		保管使用人签章		刘艳叶	

业务 116

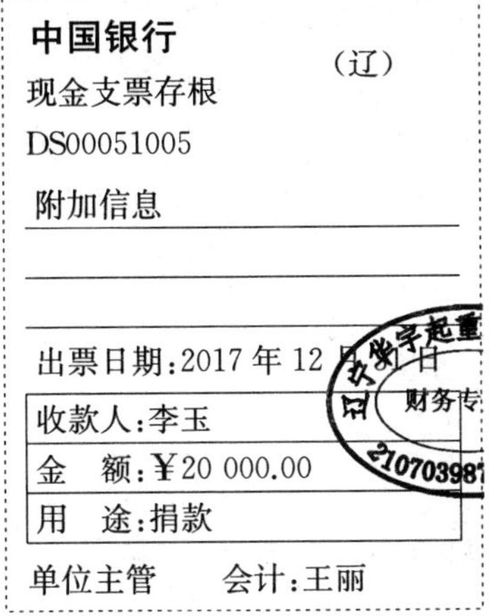
中国银行
现金支票存根　（辽）
DS00051005
附加信息

出票日期:2017 年 12 月 31 日
收款人:李玉
金　额:¥20 000.00
用　途:捐款
单位主管　　会计:王丽

收　条

今收到　辽宁华宇起重机有限公司
捐赠款　人民币贰万元整(¥20 000.00)

收款人:李玉
2017 年 12 月 31 日

业务 117

国债利息收入计算表

2017 年 12 月 31 日

计息日期	应计利息	实际利率	利息收入	利息调整	摊余成本

业务 118

应交税费计算表

2017 年 12 月

税种	税率	月应纳税额
房产税	1.2%	自用:2 760 000×(1－30%)×1.2%÷12＝1 932
营业税	5%	转让非专利技术使用权:45 000×5% ＝ 2 250 受托代销手续费:12 500×5% ＝625 合计:2 875
印花税		订立购销合同: (117 000＋58 500＋194 688＋105 300＋191 880)×0.03%＝200.21 借款合同:(300 000＋900 000)×0.005%＝60 财产租赁合同:120 000×0.1%＝120 合计:380.21
土地使用税		2×4 200÷12＝700
车船使用税		(320×2＋120)÷12＝63.33
个人所得税		12 488
合　计		15 563.54

业务 119

应交增值税计算表

2017 年 12 月 31 日

项　目	金　额
内销产品销项税额	
在建工程领用产品销项税额	
销项税额合计	
进项税额	
进项税额转出	
应纳增值税额	

业务 120

城建税、教育费附加、地方教育费计算表

2017 年 12 月 31 日

应交税费项目	税率(%)	应交税费金额
本月应交增值税额 本月应交营业税额		
计税基础合计		
本月应交城建税额 本月应交教育费附加 本月应交地方教育费 合　计	7 3 1	

业务 121

记账特殊附件

"应付职工薪酬——职工福利"账面有余额 3 698 元，结转入"管理费用"账户。

会计主管：李国俊

2017 年 12 月 31 日

业务 122

本月各项费用汇总表

2017 年 12 月 31 日

单位：元

账户名称	借方金额	贷方金额	结转净额
主营业务成本 ——LN 型旋臂起重机 ——GF12 汽车起重机			
其他业务成本			
营业税金及附加			
管理费用			
财务费用			
销售费用			
资产减值损失			
营业外支出			
合　计			

业务 123

本月各项收入汇总表

2017 年 12 月 31 日

单位：元

账户名称	借方金额	贷方金额	结转净额
主营业务收入 ——LN 型旋臂起重机 ——GF12 汽车起重机			
其他业务收入			
投资收益			
营业外收入			
公允价值变动损益			
合　计			

业务 124

应纳企业所得税额计算表

2017 年 12 月 31 日

单位:元

项　目	税　率	金　额
利润总额		
调整事项: 加:资产减值损失 　业务招待费(40%) 　税收罚款支出 　捐赠支出 减:持有国债的利息收入 　公允价值变动损益 　投资收益——股利		
本月应纳税所得额		
本月应纳所得税额	25%	

业务招待费调增金额=13 862.50×(1−60%)=5 545(元)

业务 125

资产、负债账面价值与计税基础比较表

2017 年 12 月 31 日

单位:元

项　目	账面余额	累计折旧	减值准备	账面价值	计税基础	暂时性差异	
						应纳税暂时性差异	可抵扣暂时性差异
交易性金融资产 存货: 　原材料 　库存商品 固定资产 长期股权投资							
合　计							

业务 126/业务 127

公积金提取及股利分配表

2017 年 12 月 31 日

单位:元

项　目	提取/分配基数	提取/分配比例	合　计
提取法定盈余公积			
提取任意盈余公积			
向投资者分配利润			
合　计			

业务 128

利润及利润分配余额表

2017 年 12 月 31 日　　　　单位:元

账户名称	借方金额	贷方金额	结转净额
本年利润			
利润分配——法定盈余公积			
利润分配——任意盈余公积			
利润分配——应付利润			
合　计